I0246239

www.ingramcontent.com/pod-product-compliance
Lightning Source LLC
Chambersburg PA
CBHW071143160426
43196CB00011B/1998
9789657450697

מדיטציה לכל סיטואציה

אלה גבאי

אלה גבאי

מדיטציה לכל סיטואציה

64 מסעות בדמיון מודרך
לפי ספר התמורות הסיני

Contento de Semrik

Meditation For Every Situation
Ella Gabbai

מדיטציה לכל סיטואציה
אלה גבאי

עורכים ראשיים: קונטנטו דה סמריק - הוצאה לאור בינלאומית
עריכה: ורד לוי ברזילי
איור: יונת קציר
עיצוב גרפי: מירי ורסנו | סטודיו קונטנטו דה סמריק

© 2013 כל הזכויות בעברית שמורות לאלה גבאי
ולהוצאה לאור בינלאומית Contento de Semrik
איסרליש 22 תל אביב 67014
www.bookpublish.co.il

אין להעתיק ספר זה או חלק ממנו וכן לאחסן בבנק נתונים או להעביר בשירותים מקוונים, לשכפל, לעבד או לתרגם בכתב, ללא אישור בכתב מהמו"ל

מסת"ב: 978-965-7450-69-7
דאנאקוד: 488-157

מהדורה שנייה 2014
נדפס בישראל תשע"ד 2014
Printed in Israel

מוקדש באהבה לרוני, אישי האהוב,
שמאפשר לי להגשים חלומות,
ולילדיי אמיר, עידן ואביב,
שמביאים איתם את ההשראה.

תוכן עניינים

הקדמה	12
תרגיל התנסות - מסע ראשון בדמיון	16
המדיטציות על פי סוגיהן	20
איך נכנסים למדיטציה?	21
המדיטציות	25

1. השראה שמימית	26
2. אמא אדמה	30
3. הנביטה	34
4. סיפור המערה	38
5. ברכבת התחתית	42
6. יונת השלום	46
7. קן הנמלים	50
8. הדרך לזוגיות טובה	54
9. לאפות את הלחם	58
10. מפגש עם עצמי העתידי	62
11. לקטוף את הפירות	66
12. לפני הפשרת השלגים	70
13. צבעוניות בחיים	74
14. הכרת תודה	78
15. גבעות של מתינות	82
16. יום של פינוק	86
17. פשוט לזרום	90
18. שירת הצפרדעים	94
19. מסר סיני עתיק	98
20. מסע עם הרוח	102
21. חלון הראווה	106
22. כדור פורח	110
23. פאזל חיי	114

24. צמיחה מחודשת	118
25. מעיין הרגיעה	122
26. סוללות אנרגיה	126
27. ממלכת התזונה הנכונה	130
28. שק המטלות	134
29. צלילה לעומק	138
30. אש משותפת	142
31. המגנט	146
32. מכתב מהילד הפנימי	150
33. עת לסגת	154
34. חדר העוצמה	158
35. האור הפנימי	162
36. צמיחה אל האור	166
37. השבט	170
38. תיבת המחשבות	174
39. לשוט בסירה	178
40. דלי המים	182
41. משפל לגאות	186
42. מצפן רגשות	190
43. צומת דרכים	194
44. עישוב הגן	198
45. נשף ההצלחות	202
46. מסר מהילדות	206
47. חיבור לאור	210
48. באר המים	214
49. אוטובוס העתיד	218
50. צלחת האבנים	222
51. השקט שאחרי הסערה	226
52. ההר	230
53. להיוולד מחדש	234
54. החזון שבי	238
55. אוקיינוס השפע	242

56. שוק האפשרויות	246
57. מסר מהרוח	250
58. שיחה עם חברה טובה	254
59. הנהר	258
60. ליצור גבולות	262
61. חוכמת הינשוף	266
62. לסדר את החדר	270
63. אחרי הפסגה	274
64. במעלה ההר	278

טבלת המדיטציות

על פי סוגיהן וייעודיהן	282
ביבליוגרפיה	290

תודה ואהבה

ברצוני להודות לכל מי שסייע לי בכתיבת הספר הזה.
לסבתא רותי - שלימדה אותי שלא צריך לדעת לכתוב עברית בשביל לכתוב ספר ובכלל - שהכול אפשרי!
להוריי, מירה ויעקב מילר, ששניהם אמנים בדם. שניהם יחד וכל אחד מהם בנפרד לימדו אותי את המחויבות בכל מחיר לדרך היצירה, כשזו פועמת בלבך.
לרוני, אהוב לבי, שהוא שותף לכל דבר ביצירת הספר;
לאחיות שלי - סמדר ועינב מילר - שותפות אקטיביות בכל שלבי המסע היצירתי;
לחוה בוהק דודתי - שתמיד נכונה לכל שאלה לשונית (ואחרת) שעולה בדעתי.
לחמותי, סוזי גבאי (אמנית בפני עצמה), שעזרה אין-ספור שעות בתהליך המורכב של גידול ספר ושל גידול ילדים...
לחברותיי היקרות, התומכות והמפרגנות, שהן רבות ממה שדף זה יכול להכיל, ועם זאת כן אזכיר את רותי קולטון המופלאה, אחותי המפרגנת למסע; רוית דומינסקי, אחותי לכתיבה; שולמית אל-ים ברדיז'ק, אחותי הרוחנית; שני אלפסי-קקון; יפעת סולומון; אירית טסלר, החברה-מאמנת אישית;
לחברותיי מקורס דמיון מודרך, שהולכות אתי במסע וכבר מתנסות בחומרים: מירי יפרח, זיוה גרוסמן, רעיה רייס, גלית שמיר ועוד ועוד...
למשתתפות הסדנה הראשונה, שנתנו משובים לאורך כל הדרך: חלי פודה, אפי קרפ, שרון קציר וענת גרין;
לנתנאל סמריק, המו"ל שהאמין במוצר; לורד לוי-ברזילי, העורכת; ליונת קציר, שדרכה הגעתי להוצאה, והיא המאיירת הכי מוכשרת שיש; לרמה אשוח, העורכת הלשונית; לנטשה המפיקה; לגיל ולאיילת מסטודיו מוזה, שהכניסו את הטקסט והאיורים בסבלנות אין-קץ;
ליעל גריבי, לדפנה ולאמיר רטר ממכללת רטר, שלימדו אותי איך לכתוב הדמיות;
ותודה מיוחדת להדס אריאל-פז ולאדית פורת, שבדקו את כל המדיטציות מבחינה מקצועית ותרמו מהידע שלהן רבות לספר זה;
לכל אלה שנתנו עצה, קראו, התבוננו בחומרים ולכל מי שבעוונותיי שכחתי.

אלה גבאי

גם אם לא נזוז
מילימטר ממקומנו,
ימשיכו עונות השנה
לנוע במחזוריות,
ודברים סביבנו יקרו
וישתנו.

גם אם נשתנה
ב-180 מעלות,
יהיו דברים שיישארו
כמות שהם.

הקדמה

כשבני היה בן ארבעה חודשים, הוא לא עלה במשקל. הרופאים מסביב דיברו על מחלות מסכנות חיים. היטלטלתי בין חרדות ודאגות לבריאותו של ילדי לבין תחושת הבטן שלי, שאמרה שבני בסדר גמור.

לבסוף, נעזרתי בדמיוני. יכולתי לראות את בני. דמיינתי אותו חי ונושם, מדבר וצוחק, כשהוא כבר נער בן שבע עשרה. כאשר עשיתי זאת, רווח לי ולבי אמר לי: הוא בסדר והוא יהיה בסדר. היום הוא בן ארבע ותודה לאל, הוא אכן בריא והתפתחותו תקינה.

להתנסות הזו היו ועדיין יש השלכות רבות על חיי.

כיום אני יודעת, גם על סמך ניסיוני האישי, שלדמיון יש כוח מרפא חזק מאין כמוהו. התמונה בדמיוני של בני חי ובריא, היתה חזקה פי כמה וכמה מחוות הדעת המקצועיות הפסימיות של הרופאים. ועם מתן הכבוד הראוי לרפואה ולמדע, חשתי כי התמונה הזו היתה שווה אלף מילים. היא עזרה לי לוותר על החרדות ועל החששות לטובת אמונה, אמונה שמגשימה את עצמה.

בעקבות אותו חיזיון ובשל היכולת שלי להתחבר אל הדמיון בעוצמה, בחרתי ללמוד דמיון מודרך ו-NLP והוסמכתי כמטפלת. שיטת NLP מבוססת על תקשורת עם התת-מודע ומעין "תכנות מחדש" שלו בשילוב טכניקות של דמיון מודרך. בשנתיים שלמדתי, הגשמתי מטרות רבות וחשובות בחיי.

כולנו מגיעים אל העולם מצוידים במתנות רבות וביניהן מתנה מופלאה: היכולת לדמיין, לראות בעיני רוחנו תמונות, לשמוע באוזנינו קולות, לשחזר תחושות וריחות. אנו יכולים לבחור כיצד להשתמש במתנה קסומה זו.

יש אנשים הבוחרים לדמיין דווקא פורענויות ואסונות הקורים לעצמם וליקיריהם, אך באותה מידה אנו יכולים לבחור לדמיין את עצמנו מוגנים ומצליחים, ליצור תמונות שבהן דברים מיטיבים ונפלאים קורים לנו וליקירינו.

השלב הבא במסע שלי היה כאשר הצבתי לעצמי מטרה, להוציא לאור את קלפי "שיקופים להתבוננות פנימית". אלה הם קלפי מסרים שכתבתי בהשראת "ספר התמורות הסיני" (I CHING).
המטרה הוגשמה, ולשמחתי, הקלפים ראו אור והם נמכרים יפה כבר זמן-מה.

"ספר התמורות הסיני", שבהשראתו נכתבו הקלפים וספר זה, הוא ספר חיזוי וניבוי עתיק יומין.

זהו ספר חשוב בתרבות הסינית. הוא מתאר שישים וארבעה מצבים ("הקסוגרמות") בחיינו שמשתנים כל הזמן במחזוריות, ומציע דרכי התמודדות המתאימות לכל מצב ומצב. על פי תפיסה זו, שישים וארבעת המצבים מושתתים על שמונה יסודות בסיסיים: שמים, אדמה, מים, אש,

רעם, רוח, אגם והר. על ידי הטלת מטבעות, או בדרכים אחרות, אפשר לברר מהו המצב שלנו, וכיצד מומלץ לנו להתמודד איתו.

לתורה העתיקה והחכמה הזו נוספו עם השנים אלף פרשנויות, כמו לתנ"ך שלנו. בחרתי להביאה לחברה המערבית בדרך נגישה יותר, כדי שנוכל ללמוד ולהפיק ממנה דרכי התמודדות בחיי היומיום.

בהמשך, וככל שעבדתי יותר עם הקלפים וטיפלתי באמצעות הדמיון המודרך, הבנתי כי הסינים יצרו למעשה שפת אבחון. באמצעות השפה הייחודית הזו אני יכולה לזהות את המצב שהאדם נתון בו ולהציע דרכים להתמודד עם הקושי שהוא ניצב מולו. כשהבנתי עד כמה הכלי הזה רב-עוצמה, החלטתי לחבר מדיטציה של דמיון מודרך לכל אחד משישים וארבעת המצבים שעליהם מדבר "ספר התמורות הסיני" החכם, וכך נולד ספר זה.

לפניכם שישים וארבע מדיטציות מונחות המרפאות באמצעות הדמיון. אנו יכולים להפעיל אותן כאמצעי ריפוי על אחרים, וכמובן, לעשות איתן עבודה עצמית.

שני האלמנטים הקיימים בספר זה – הריפוי של הדמיון המודרך וה-NLP השזור כחוט השני במדיטציות עצמן, יחד עם החוכמה של "ספר התמורות הסיני" – מהווים כלי עבודה חדש רב-עוצמה למטפלים, למנחי קבוצות, למאמנים ולכל אדם המעוניין בצמיחה ובהתפתחות אישית.

תקוותי היא שכל אדם שיקרא את הספר, ימצא בו כוח ריפוי וייעזר בו על מנת לרפא מצבים שונים בחייו ובחיי יקיריו.

אלה גבאי

יוקנעם, 2010

לכבוד המהדורה השנייה, נוסף לספר דיסק עם שלוש מדיטציות מוקלטות.

המדיטציות מועברות בקולה של איילת שחר, מנחה מוסמכת בדמיון מודרך ו- NLP.

הדיסק מוקלט בלשון נקבה ומאפשר לנשים ולגברים להאזין למדיטציות ולקבל ישירות את קולות הריפוי.

תרגיל התנסות - מסע ראשון בדמיון

דמיינו את עצמכם יוצאים למסע...

זהו יום יפה, יום נעים. שימו לב למקום שאתם נמצאים בו עכשיו. מכאן אתם יוצאים למסע לעבר היעד הרצוי לכם. המחשבה על כך יוצרת בכם תחושה של רוגע ושל שלווה. תחושה נעימה... היום תוכלו לעשות משהו למען עצמכם, משהו שיעשה לכם טוב.

לכולנו יש מקום או מצב בחיים שאנו רוצים להגיע אליו.

והיום יש לכם הזדמנות להתחיל את המסע לשם. אולי זהו מסע אל מקום שאתם רוצים להגיע אליו כבר זמן רב, אולי אתם יוצאים למסע ליעד בלתי ידוע, שיתגלה לכם רק במהלך הדרך. אולי אתם מרגישים שקשה לכם להתחיל במסע, או שכבר התחלתם במסע הזה כמה פעמים ונתקעתם בדרך?

תוכלו לדמיין לעצמכם את היעד שלכם: לאן אתם רוצים להגיע? איך ייראה המקום? אילו קולות תשמעו שם? מה תרגישו? על מה תחשבו? מה תעשו כשתגיעו אל היעד שלכם?

כעת, דמיינו שאתם כבר במקום היעד. האם יש משהו בדרך לשם, או שם, שעלול להזיק לכם? האם תאבדו משהו בהליכה לשם? תוכלו לבדוק: מהם היתרונות במקום הזה? מהם החסרונות?

אפשרו לעצמכם לבחור את כלי הרכב שתצאו בו היום אל המסע לעבר יעדכם: אולי תרצו לבחור כלי רכב קטן ואולי גדול, אולי חשוב לכם שיהיה

הרבה מקום בתא המטען, כי אתם רוצים לקחת איתכם דברים רבים למסע, ואולי תרצו לקחת רק מעט דברים או לצאת בידיעה שכל דבר שתצטרכו, יימצא לכם בהמשך הדרך? אפשרו לעצמכם לבחור את הרכב המתאים לכם ביותר, שייקח אתכם אל היעד שלכם.

אתם נכנסים אל הרכב. היכנסו והתיישבו. הנסיעה מתחילה - התבוננו מבעד לחלון ושימו לב לנוף; האם זהו נוף שאתם אוהבים? מה אתם שומעים? מהי הטמפרטורה במכונית? נעים לכם? חם לכם? קר לכם? חושו את מגע גופכם על המושב. הנסיעה מרגיעה אתכם, יש משהו נעים בתנועה, בתזוזה.

וכשאתם בנסיעה, תוכלו לברר לעצמכם מהם התמרורים שמובילים אתכם אל היעד שלכם: אולי שלטים בדרך? אולי סימון הכבישים? אולי אתם עוצרים ושואלים אנשים? אולי יש לכם מפה, שמסבירה בדיוק כיצד מגיעים, או אפילו GPS?

התבוננו בנוף - האם הוא משתנה במהלך הנסיעה? האם משהו מתחיל להשתנות גם אצלכם, בכם? אפשרו לעצמכם לעצור לתדלוק. עוד מעט תראו בצד הדרך תחנת דלק מיוחדת, שם תוכלו להצטייד בכל מה שדרוש לכם כדי להצליח בדרככם: כוחות למסע, אומץ, גמישות, פתיחות וכל דבר שאתם מאמינים שיוכל לסייע לכם בדרככם. קחו רגע לעצמכם, ובחרו כיצד לתדלק את עצמכם בדיוק בדברים שאתם צריכים.

אתם ממשיכים לנסוע, לנוע לעבר המטרה.

אתם מצוידים בדברים שיוכלו לעזור לכם להתקדם, ואולי תצטרכו להשתמש בהם כדי להתמודד עם מכשולים שמעכבים אתכם בדרך. בדקו: האם משהו מפריע לכם בדרך? האם יש מכשול על הכביש? האם אתם מרגישים קושי להתקדם? אולי משהו מונע מכם להתקדם? אפשרו לעצמכם למצוא את מה שיכול לעזור לכם להמשיך הלאה ובדקו אם מה שאספתם בתחנת הדלק יכול לסייע.

בררו מה משאיר אתכם במקום ואינו מאפשר לכם להתקדם: מה מקשה על המעבר? מה קורה במקומות שאתם מרגישים תקועים בהם? מה אתם שומעים שם? מה אתם מרגישים? כיצד אתם מתנהגים? אילו מחשבות עוברות לכם בראש?

חלק מן המכשולים בדרך הם חיצוניים, וחלק נמצאים בפנים: פחדים, חששות, ניסיונות העבר.

אתם ממשיכים לנסוע וממשיכים להתקדם. עברתם כברת דרך ארוכה, ואתם מתחילים לחוש שאתם מתקדמים לעבר היעד שלכם. אתם נוסעים בקצב המתאים לכם, והנה אתם רואים את היעד מרחוק. אתם מתקרבים אליו לאט לאט ובהדרגה, עוד מעט תגיעו, אתם מתקרבים עוד ועוד, והנה אתם מגיעים.

בחנו את היעד שלכם: איך הוא נראה? האם הוא נראה כמו שחשבתם? אילו קולות אתם שומעים בו? מה אתם חשים? איך אתם מרגישים, כשאתם נמצאים ביעד שלכם? אילו מחשבות עוברות בראשכם? מה אתם עושים שם? חושו את היכולת שלכם להגיע אל היעד שלכם בדרך הנכונה לכם, בקצב שמתאים לכם, בכלי הרכב המותאם לכם ואפשרו לעצמכם להיות שם – במקום שהגעתם אליו.

המדיטציות על פי סוגיהן

התרגיל בדמיון מאפשר לחוות יצירת מטרה ואת הדרך שבה נוכל להגיע אליה, כולל כל מה שאנו עוברים במהלך המסע. בחרתי לחלק את תרגולי המדיטציה לחמש קבוצות עיקריות. חלוקה זו מקלה עלינו בבואנו לבחור מה נכון ומתאים לנו כרגע.

1. מדיטציות לעבר - הקבוצה הראשונה של המדיטציות קשורה למקום המוצא שלנו לעבר המסע. כאשר אנו חותרים אל המטרה, אנו מצוידים בכל הניסיונות שרכשנו בעבר, החל מן הילדות. ניסיון העבר מעצב את אופי ההתמודדות שלנו עם מצבים בהווה ובעתיד. לפיכך קבוצת המדיטציות הראשונה מתייחסת אל העבר. מדיטציות אלה יוכלו לחזק חוויות טובות מן העבר ולאפשר לנו לברר כיצד הן משרתות את ההווה ואת העתיד.

2. מדיטציות לעתיד - לאחר שבחרנו לצאת למסע, אנו מעוניינים להגיע ליעד מסוים. אמנם היעד יכול להשתנות בדרך, אך זאת תמונת העתיד שאנו מעוניינים בה. מדיטציות אלה מכוונות אותנו אל תמונת העתיד הרצויה, וכאמור אני מאמינה שתמונת עתיד אופטימית אחת שווה יותר מאלף מילים!

3. מדיטציות לחיזוק משאבים - כולנו מצוידים במשאבים: אומץ, אינטואיציה, אמונה, תקווה, אהבה עצמית ועוד, אך עם זאת, כדי להמשיך בדרך במלוא העוצמה אנו זקוקים מדי פעם לתוספת משאבים, לתדלוק, להיזכר ביכולות שלנו ובמשאבים העומדים לרשותנו.

4. מדיטציות ל"פתרון תקלות בדרך" - אם כלי הרכב מתקלקל, או אם נתקלנו במכשול או בקשיים בדרך, נוכל לתקן את התקלה. מדיטציות אלה "מתקנות" תקלות שונות בחיינו, ומשפרות את היכולת שלנו לעבוד

עליהן (ממש כמו במוסך), כדי שנוכל להמשיך ולנוע בדרך הרצויה לנו.

5. מדיטציות למציאת הכיוון – אם אבדה לנו הדרך או אם הבחנו שהכיוון שלנו אינו נכון עבורנו, קבוצת מדיטציות זאת עוזרת לנו להתבונן במצב מחדש ולבחון את הכיוון כדי לשוב ולעלות על המסלול הנכון לנו, המסלול שהלב מצווה לנו.

בסוף הספר יש טבלה המסדרת את המדיטציות לפי הקטגוריות שלעיל.

איך נכנסים למדיטציה?

מדיטציה היא מיומנות נרכשת.

לכולנו קורה שדברים מטרידים אותנו מאוד וקשה לנו להרפות, אך בזמן המדיטציה הכול בסדר – גם אם הראש עסוק במחשבות שמפריעות להיכנס למדיטציה. העיקרון פשוט ביותר: ככל שנתרגל עוד מדיטציות, כך נוכל להרפות מן המחשבות.

גם אם "נעלמנו" לעצמנו או נרדמנו במהלך מדיטציה, זה בסדר. זה אומר שאכן אפשרנו לעצמנו לנוח. בזמן המדיטציה, התת-מודע שלנו קולט את המסרים החשובים לו, גם אם לא היינו לגמרי "שם", גם אם "רק" נכנסנו לשלווה והקשבנו בשקט למדיטציה של המנחה, עדיין הכול בסדר.

חשוב לי להדגיש ואי אפשר להפריז בחשיבות האמירה הזו:

אין דרך של מדיטציה שהיא "לא בסדר", כל דרך כשרה.

איך עושים את המדיטציות המונחות שבספר?

יש כמה אפשרויות:

אפשר לבקש ממישהו קרוב שיישב ויקריא לנו את הטקסט. מי שמעדיף, יכול להקליט לעצמו את הכתוב ולהשמיע אותו. אחרים יכולים לשכב בשקט, לקרוא את המדיטציה, מדי פעם לעצום עיניים ואז לדמיין מה שכבר קראו.

אנשים מסוימים, ילדים בעיקר, יכולים להיכנס למדיטציה תוך כדי קריאת הטקסט בעיניים פקוחות.

ויש דרך נוספת – להקליט ולשמוע את המדיטציה לפני השינה, ואם נרדמים, פשוט להמשיך לישון. כל הדרכים טובות, וכולן עובדות.

במהדורה זו תוכלו ליהנות גם משמיעת הדיסק.

הקראת מדיטציה לאחרים

המדיטציות שבספר מותאמות למצבים שונים.

בפני כל אדם המעוניין לעבור את התהליך או מנחה שמתכונן להעביר מישהו את התהליך, ניצבת השאלה: איך נדע איזו מדיטציה היא הנכונה והמתאימה ביותר?

דרך עזר אחת היא שליפת קלף מחפיסת קלפי "שיקופים". לעתים אני נוהגת פשוט לפתוח את הספר בעמוד כלשהו באקראי, כי שום דבר אינו באמת אקראי או מקרי...

במקרים אחרים, אני ממליצה לשוחח עם האדם, לזהות את המצב שבו הוא שרוי ואז לבחור עבורו מדיטציה. זה תקף כמובן גם לגבי קבוצה שנמצאת בתהליך כלשהו.

לקראת המדיטציה, מומלץ להכין מקום ישיבה או שכיבה נוח, לעמעם אורות, להדליק נר וללוות את המדיטציה במוזיקה שלווה. חשוב שיהיה לנו נעים ונוח. את המדיטציה קוראים בקול נעים ושליו ככל האפשר.

שלוש הנקודות (...) בטקסטים של המדיטציות מסמנות אתנחתה של כמה שניות לפני שממשיכים. כאשר נדרשת הפסקה ארוכה יותר מכמה שניות, זה מצוין בטקסט.

אם מונחה או חבר נרדם במדיטציה ואינו מתעורר בסופה, קראו בעדינות בשמו. אם עדיין לא התעורר, געו בכתפו וקראו שוב בשמו.

בדרך כלל, בשלב הזה, כולם מתעוררים.

המדיטציות*

כשאתם קוראים את המדיטציות,
אפשר להאריך ואפשר לקצר...
אפשר להאט ואפשר למהר...
אפשר להיצמד לטקסט ואפשר לאלתר...
ולתת לכוח הדמיון לקחת אותנו מכאן,
בקלות, למקום אחר...
טוב יותר...

*השם המקצועי ל"מדיטציות" הוא "הדמיות" או "טראנסים", בספר זה בחרנו להשתמש במילה "מדיטציות".

1. השראה שמימית

קטגוריה:
פתרון תקלות

למי המדיטציה מתאימה?
למי שרוצה להתחבר לכוחות היצירה שבו ולהעצים אותם.

הכוח היוצר

קבל במתנה את הזמן הזה: כוחות יצירה, השראה, אנרגיה ויכולת - כל אלה פועלים עתה לטובתך. זהו תחילתו של מסע אל ייעודך. מה שתיצור כעת, יהיה הבסיס לדברים שתתנסה בהם בהמשך.

אפשרו לעצמכם למצוא תנוחה נוחה... תוכלו לחוש את מגע הגוף על המזרן או על הכיסא... קחו נשימה עמוקה ואפשרו לעצמכם להירגע לאט... להרפות את כל חלקי הגוף... הקשיבו לקולות מבחוץ ולאלה שמסביב, כאן בחדר... שימו לב למוזיקה... חושו בטמפרטורה שבחדר... נשמו עוד כמה נשימות עמוקות... עם כל נשימה ונשימה השלווה מתפשטת בגוף... תחושת רגיעה ונינוחות ממלאת אתכם...

כעת תוכלו לדמיין את עצמכם בחיק הטבע, יושבים על אבן גדולה ומתבוננים בשמים... שמים בצבע תכלת... שמים אינסופיים... עננים לבנים בכל מיני צורות... אתם חשים כיצד ההתבוננות בשמים מרגיעה אתכם יותר ויותר... אתם מתמלאים בשלווה... לעננים צורות שאתם אוהבים - אולי של חיות... אולי צורות אחרות... השמים והעננים יוצרים בכם תחושת נינוחות...

על ידכם, ממש סמוך, זורם נהר... המקום יפהפה... אתם מתבוננים סביבכם, מביטים במים הכחולים הזורמים ובשמים המתמזגים מעל... ריח של עשב רענן עולה באפכם... זהו מקום מיוחד במינו... מלא השראה וקסם... קולות שכשוך המים מלחינים עבורכם מנגינה קסומה... המקום כולו נראה כמו ציור מופלא... יש לכם תחושה מיוחדת מאוד... תחושת השראה... משהו עומד להתרחש... משהו שיביא עמו שינוי לטובה... אתם נינוחים ושלווים ממש כמו מי הנהר... הרגיעה הולכת ומעמיקה בכם...

איש זקן ונחמד מגיע... הוא מזמין אתכם לסיור במקום המיוחד הזה... אתם פוסעים אחריו, נושמים את ריחות הטבע... מבחינים בכמה חפצים שנמצאים במקומות שונים על גדת הנהר... במקום אחד ניצבת כורסה רכה ונוחה, ועליה מונחים בלוק נייר ועט... הפינה הזו יוצרת בכם חשק לכתוב משהו...

לא הרחק משם עומד כן ציור, למרגלותיו צבעים ומכחולים... בד קנווס מונח על הכן... בפינה נוספת מונחים כלי נגינה שונים... תופים בגדלים שונים... פסנתר... כינורות וסקסופונים... ועוד כלים רבים... במקום אחר יש שלט ועליו כתוב בגדול: "כאן אפשר להמציא הכול..." יש שם קוביות שונות וכלי עבודה, כל מיני חומרים, חלקי צינורות ופיסות עץ... גיליונות נייר לתכנונים... ועוד הרבה דברים היכולים לסייע למי שרוצה להמציא הכול...

פינה אחת ממתינה לכם, כדי שאתם תחליטו כיצד היא תיראה ומה יהיה בה ומה אפשר ליצור בה... פינה שתתאים לכם בדיוק... כאן תוכלו לבנות כל מה שחלמתם עליו אי פעם, ללא הפרעה, ללא מגבלה... אתם עוברים בין אפשרויות היצירה ומתבוננים... האיש הזקן מסביר שכל דבר שתיצרו פה יצא בדיוק כפי שתרצו שהוא יצא... כאן אתם מוזמנים ורשאים ליצור כל מה שתרצו... אתם חשים נינוחים ומוגנים, מלאי השראה... אתם יודעים שכל דבר שתיצרו יתקבל באהבה... הכול אפשרי במקום המיוחד הזה... כל דבר שתדמיינו, תוכלו ליצור...

אתם מתחילים לעבור בין הפינות ולהתנסות... בוחרים פינה אחת או כמה מהן... לא ממהרים לשום מקום... יש לכם מספיק זמן כדי ליצור את היצירה שלכם...

אני אהיה כעת בשקט כשתי דקות שבהן תוכלו ליצור בחופשיות... תשמעו שוב את קולי בעוד כשתי דקות...

יצרתם דבר חדש... משהו שרציתם ליצור זה זמן, והנה הזדמן לכם המקום והזמן לכך... האיש הזקן חיכה לכם... הוא מוליך אתכם עכשיו אל מקום סודי מתחת לעץ... זהו מקום שבו תוכלו להתנקות מכל תחושת ביקורת כלפי היצירתיות שבכם... מקום שבו תוכלו להשתחרר מכל ספק... אתם יכולים להשיל ולהניח מתחת לעץ תחושות של ביקורתיות וספק כאילו

היו משא כבד שנשאתם כל הדרך... אתם אוהבים את מה שיצרתם ואתם יודעים שהיצירה תוביל אתכם לעבר העתיד שעליו אתם חולמים... אתם מוזמנים ליטול עמכם חפץ כלשהו שיזכיר לכם את היכולת הנדירה שלכם ליצור יצירות נפלאות שכאלה... מיוחדות במינן... כמו שאתם הנכם מיוחדים במינכם....

האיש הזקן מוביל אתכם לדרך חזרה ומזמין אתכם לחזור אל פינת היצירה שלכם בכל עת שתרצו... כאן תוכלו תמיד, בקלות ובשמחה, ליצור עוד ועוד... ליצור את היצירות שישמחו את לבכם, ליצור את היצירות שישמחו אחרים... פשוט ליצור את ייעודכם... בתחושת סיפוק גדולה אתם נפרדים ממנו לשלום ומתחילים את המסע חזרה...

בדרך, אתם מתבוננים בנהר ומבחינים בציור יפה בתוכו... ציור שצייר צייר מאוד מוכשר... הנהר משקף את פני השמים ובשמים ענני נוצה קלים... העננים הקלילים המשתקפים במים יוצרים תמונה יפהפייה, מיוחדת במינה... אתם מתבוננים בתמונה שצייר הטבע ונמלאים שמחה על שיכולת היצירה נמצאת בכול...

ועם התחושה הנפלאה הזו אתם מתחילים לחזור לכאן, אל החדר הזה... לאט, לאט, לחוש את הגוף ואת הטמפרטורה בחדר... להניע מעט את כפות הידיים... ואת כפות הרגליים... בעדינות, כל אחד בקצב שלו, כל אחת בקצב שלה.... לפקוח עיניים... לחזור למודעות רגילה ולערנות רגילה, לכאן ולעכשיו.

1. השראה שמימית

2. אמא אדמה

קטגוריה:
פתרון תקלות

למי המדיטציה מתאימה?
למי שרוצה להיכנס להיריון ו/או להתחבר לאמהות שבה,
למי שמעוניינים להתחבר לצד הנשי הרך ולאפשר לדברים לקרות מעצמם.

סבילות

כמו אמא אדמה
אפשר לעצמך להיות
סביל: מובל ונענה למה
שמתרחש. קח זמן
לעצמך, וקבל דברים
באמונה ובשלווה בלי
לנסות להשפיע עליהם.

א פשרו לעצמכן למצוא תנוחה נוחה... לחוש שכל איבר בגופכן חש רגוע... ולקחת נשימה עמוקה... חושו את הטמפרטורה בחדר... ואפשרו לעצמכן להירגע לאט לאט... קחו נשימה עמוקה נוספת... הקשיבו לקולות הנשמעים מבחוץ... ולקולות בחדר... לצלילי המוזיקה... המוזיקה וקולי מלווים אתכן ברוגע... מאפשרים לכן לנוח... להיכנס לתוך עצמכן, להרפות... תוכלו לשים לב לנשימה שלכן... לקצב הנשימה... האם האוויר נכנס ויוצא בקלות...? תשומת הלב לנשימה מרגיעה אתכן יותר ויותר...

דמיינו את עצמכן עומדות על גבעה קטנה הצופה לעמק... היום יפה ושמש אביבית זורחת... אתן מתבוננות סביב ורואות כי העמק כולו ירוק והשמים כחולים... מחרוזות קטנות של פרחי אביב מקשטות את העמק בצהוב ובוורוד... אתן שומעות קולות גוזלים על העץ הסמוך... אמם מביאה להם אוכל והם מצייצים בשמחה... אתן חשות ברוח הקלילה על הפנים ובחמימות השמש הנעימה על העור... מרגישות את האדמה מתחת לרגליים... רגועות ונינוחות אתן מתחילות לפסוע לכיוון העמק...

אתן יורדות למטה לעבר העמק האפוף ריחות פרחים ועשב... אתן שואפות לקרבכן את הריחות הנעימים וחשות כיצד הניחוחות ממלאים אתכן בשקט... ממשיכות לפסוע בשלווה ובביטחון למטה... נהנות מהתמונה האביבית...

מרחוק אתן רואות עץ ויש משהו לידו... אתן קרבות אליו לאט לאט... ומתבוננות... ליד העץ מונחת שמיכה צבעונית ועליה כרית קטנה... וכשאתן מתקרבות אתן מבחינות כי על הכרית רקום שמכן... המקום הזה מחכה

לכן... אתן כורעות בכפיפה ושוכבות על השמיכה... מניחות את הראש על הכרית הרכה... אתן שוכבות בנוחות על השמיכה... חשות את האדמה הרכה, החמימה... העץ מצל על הפנים מלמעלה... שמש טובה מחממת ברכות את גופכן...

אפשרו לעצמכן להרגיש היטב את האדמה... לחוש את הקרבה שלכן לאמא אדמה... להתמזג עמה... אתן כה רגועות ושלוות כשאתן מתמזגות איתה... השכיבה על האדמה מאפשרת לכן לשים לב לשקט שיש בה... לנינוחות שלה... האדמה פשוט נמצאת שם... שוכבת לה בשקט... מאפשרת לכול להגיע אליה מעצמו... מאפשרת לעץ להצל עליה כשחם... לשמש לחמם אותה כשקר... מקבלת הכול בשלווה, בטבעיות. היא פשוט קיימת...

וכמו האדמה, אפשרו לעצמכן להיות רכות ומכילות... לתת לזרעים הקטנים של הפרחים להגיע... בקצב שלהם... היו זמינות ומכילות עבורם... תנו לגשם הבא בעתו להשקותם... ולשמש להאיר להם... ואתן, פשוט היו נוכחות עבורם... מאפשרות להם להיקלט בקרבכן...

האדמה משתנה ומתפתחת בהתאם למחזוריות הטבע... נענית ברגישות לעונות השנה... היא יודעת לרפא את עצמה... היא פשוט נענית למה שקורה... מסתגלת... אתן שוכבות עליה וחשות כיצד התכונות שלה עוברות אליכן... גם אתן יכולות לשכב בלי תנועה בידיעה שהעולם נע בקצב הנכון... כל דבר מגיע בעתו... אתן פשוט נמצאות שם על מנת לקבל... להכיל... לקלוט את מה שמתרחש... פשוט נמצאות... זמינות ומאפשרות לדברים להגיע אליכן...

אני אהיה כעת בשקט כשתי דקות. זה הזמן המתאים לקבל את המסר המרפא של אמא אדמה... תשמעו שוב את קולי בעוד כשתי דקות...

וכעת, אתן חשות הקלה גדולה... נחתן וצברתן כוחות... למדתן משהו מחוכמתה עתיקת השנים של אמא אדמה... עכשיו אפשר לקום אט אט ולהתחיל לנוע חזרה במעלה העמק... וכשתעלו, תראו שחלפו שעות רבות בזמן ששכבתן על האדמה... עוד מעט יורד החושך והשמש עומדת לשקוע... הרגשת נינוחות ושלווה ממלאת אתכן עם רדת החשכה ואתן שבות באטיות אל הגבעה עליה ניצבתן קודם לכן...

ועם השלווה העמוקה והתובנות החדשות שקיבלתן מאמא אדמה, תוכלו להתחיל לחזור לכאן, אל החדר הזה... להניע מעט את כפות הידיים... ואת הרגליים... קחו נשימה עמוקה ואפשרו לגופכן להתעורר... לאט לאט... אפשרו לעצמכן לחזור לערנות רגילה ולמודעות רגילה, ובעדינות... כל אחת בקצב שלה... לפקוח את העיניים... ולחזור לכאן ולעכשיו.

2. אמא אדמה

3. הנביטה

קטגוריה:
חיזוק משאבים

למי המדיטציה מתאימה?
לכל מי שחווה את חוסר הוודאות, את הפחד וההתרגשות שבהליכה בדרך חדשה.

התחלות קשות

אתה חש בלבול, כי משהו בתוכך מבקש להשתנות ולהתפתח בדרך חדשה. דרכים חדשות יכולות להפחיד, כי לא ברור לאן הן מובילות. התרכז והתמקד בעצמך. רכוש ידע שיוכל לסייע לך.

א פשרו לעצמכם למצוא תנוחה נוחה... תוכלו לחוש את גופכם על הספה, על הכיסא או על המזרן... אתם נחים ומתחילים לאט לאט לחוות תחושה של נינוחות... זהו זמן מנוחה עבורכם... עבור גופכם... זהו זמן שמאפשר לראש להשתחרר מעט מן המחשבות ולהרפות... תוכלו לשמוע קולות מבחוץ... אפשרו לעצמכם להתמקד בקול שלי... ולחוש איך שלווה ממלאת אתכם... ואתם נינוחים יותר ויותר מרגע לרגע...

דמיינו את עצמכם כזרע קטן המונח באדמה... תוכלו לבחור אם זהו זרע של עץ, של שיח או של פרח... הזרע מונח באדמה והיא עוטפת אותו ברכות... יש לו הכול באדמה: מזון ומים... נוחות וחמימות... כל אלה עוטפים אותו ברגיעה נינוחה... חושך נעים שורר סביב הזרע הקטן, הוא רואה רק במעומעם ושומע קולות שקטים ורחוקים מבחוץ... הוא חש מוגן... שולח שורשים למעמקי האדמה... שורשים שמזינים אותו היטב...

לאט לאט, בהדרגה, הזרע מתחיל לצמוח... הוא רוצה לשלוח גבעול אל מעל פני האדמה... הגבעול הירוק זקוק לשמש... הוא רוצה לבקוע מהאדמה... לצאת אל העולם... לראות מה יש שם בחוץ... לשמוע את הקולות בבירור... לחוש את הרוח, הגשם... לשאוף אליו את האוויר הנעים... הוא יודע שיש לו משהו ייחודי לתרום לעולם שבחוץ... והוא מתאווה לצאת מבטן האדמה ולנוע החוצה...

גם אתם, כמו הזרע, חשים רצון לנוע קדימה... לראות עוד דברים... לשמוע עוד קולות... לחוש תחושות חדשות... להריח ניחוחות חדשים ולטעום טעמים חדשים... גם אתם, כמו הזרע, חשים צורך לנוע קדימה... אולי זה מפחיד מעט לזוז מן המקום המוכר... ועדיין, אתם חשים צורך עז לעשות

35

זאת... אתם מרגישים שזה הזמן להשתנות מעט... אתם בדיוק כמו הזרע הרוצה לפרוץ החוצה מבטן האדמה...

אך משהו חוסם את הזרע בצאתו ומקשה עליו. הוא מנסה לשלוח את קצה גבעולו כלפי מעלה... והפתח חסום... משהו כבד נמצא שם והוא מנסה להזיזו... גבעולו עדיין דק ועדין והוא מתקשה להגיע אל הפתח... הגבעול עוצר על מנת לקחת מנוחה קלה מן המאמץ הרב... הוא חש עצב, כי רצה לצאת אל העולם שמחוץ לאדמה... הוא בודק כיצד יוכל לעשות זאת... הוא מתבונן סביבו בזרעים האחרים ורואה כי גם הם כמוהו התקשו לצאת בנקודה הזו, לכן גידלו גבעול ארוך יותר היוצא רחוק יותר... משהו חוסם את היציאה פה...

הוא ממשיך לגדול ולהתארך... לגדול ולהתארך... מגיע רחוק יותר, אל מקום שבו יוכל גם הוא לבקוע מן האדמה ולצאת לאוויר העולם... הוא מעודד את עצמו, נוסך בעצמו אומץ, תחושת מסוגלות, תעוזה וביטחון... הוא לוקח את כל אלה מהשורשים שלו שבתוך האדמה ומוסיף עוד מילימטר ועוד מילימטר לאורכו... וכך הוא מתפתל ומתארך... הוא מחוזק בתחושות הטובות ומנסה לצאת שוב ממקום אחר... לאט לאט ובהדרגה הוא גדל עוד ועוד... עדיין הוא מתקשה לבקוע החוצה... עוד ניסיון ועוד ניסיון... הוא לא מתייאש... הוא חזק יותר וארוך ויותר... ולבסוף הוא מצליח לעקוף את המכשול האחרון ולפלס את דרכו אל מחוץ לאדמה...

הוא יוצא לאור... לאוויר... קרני השמש מקבלות אותו בשמחה... הוא מתרגל לאור הרב... העולם סביבו יפהפה... עשב רך צומח... ריח נעים עולה ממנו... הגבעול שומע קולות נעימים של רחש העשבים הנמצאים סביבו... תכלת ענקית של שמים מעליו... פרפרים עפים סביבו ומרפרפים עליו בכנפיהם... הוא חש שמחה אדירה על כך שהצליח לצאת מן האדמה... גאווה על שבזכות מאמציו ועקשנותו יכול היה להתמודד עם המכשול... לידו הוא רואה סלע גדול במקום שבו ניסה לצאת קודם. הוא מזהה את מה שחסם את דרכו... הגבעול הקטן מאושר על שמצא דרך אחרת לצאת ולצמוח... הוא מוסיף

לגדול ונהיה לעץ... או שיח... או פרח יפהפה... יחיד במינו... מיום ליום הוא מחזק את יכולתו למצוא את דרכו בכל מצב באומץ... בתחושת מסוגלות... בתעוזה ובביטחון.

וכמו הגבעול, כך בדיוק גם אתם - מיום ליום מתחזקים... מצליחים להתמודד עם כל מצב... גם אם ההתחלה נראית לפעמים קשה... אתם מסוגלים להתגבר עליה... להמשיך ולנוע הלאה... להתפתח ולצמוח עוד ועוד...

ועם התחושה המעצימה והנהדרת הזו, אתם מתחילים לאט לאט לחזור לכאן, אל החדר הזה... מניעים את כפות הידיים... ואת הרגליים... שמים לב לנשימות שלכם... תוכלו להבחין שכאשר הגוף חוזר לערנות רגילה ולמודעות רגילה, הנשימה הופכת מהירה יותר והגוף כמו ניעור משינה... כל אחד בקצב שלו... פוקחים בעדינות עיניים... ושבים לכאן ולעכשיו.

 3. הנביטה

4. סיפור המערה

קטגוריה:
חיזוק משאבים

למי המדיטציה מתאימה?
למי שמעוניין להתמודד עם דרכים חדשות
וללמוד להיעזר באחרים.

חוסר ניסיון

אמנם הדברים נראים לך
מסובכים כעת, אך זה רק
משום שאין לך הניסיון
הדרוש להתמודדות עמם.
למעשה, זאת ההזדמנות
שלך להתפתח ולגדול.
חפש מדריכים שמכירים את
הנתיב, והיה נכון להיעזר
בהם על מנת להתקדם.

א פשרו לעצמכם למצוא תנוחה נוחה... לכל איבר בגופכם לחוש בנוח... וקחו נשימה עמוקה... חושו את הטמפרטורה בחדר... אפשרו לעצמכם לאט לאט להירגע... הקשיבו לקולות הנשמעים מבחוץ... ולקולות שבחדר... לצליליה של המוזיקה... הניחו למוזיקה ולקולי להוביל אתכם לרגיעה ולמנוחה.... היכנסו לתוך עצמכם והרפו... לאט לאט... תוכלו לשים לב לנשימה שלכם... לקצב הנשימה... האם האוויר נכנס ויוצא בקלות...? עם כל נשימה הכניסו לגופכם רוגע ושלווה... עם כל נשיפה שחררו את כל מה שאינכם זקוקים לו... לחצים, טרדות, מתחים... נשמו שוב נשימה עמוקה... עברו לנשימה רגילה שנוחה לכם... תשומת הלב לנשימה מרגיעה אתכם יותר ויותר...

דמיינו את עצמכם מטיילים להנאתכם בפארק ירוק ורחב ידיים ביום סתיו בהיר... השמים בהירים ועננים לבנים שטים בהם... אתם מתבוננים בעננים ומגלים בהם צורות מעניינות... סביבכם, דשא רך ירוק ועצים מכל מיני סוגים וגדלים... חלק מן העצים עומדים בשלכת ומשירים את עליהם על האדמה מסביב... וחלקם נותרים ירוקים גם בסתיו... שבילים רבים מובילים לכיוונים שונים בפארק...

זוהי הפעם הראשונה שלכם בפארק הזה ואתם נלהבים לגלות בו דרכים יפהפיות... לראות מראות ולשמוע קולות שונים... לחוש את האוויר הרענן... להריח ניחוחות מגוונים... אתם בוחרים דרך ומתחילים לרדת במורד אחד השבילים... מעיכה של עלים יבשים נשמעת תחת רגליכם... תחושת שלווה אופפת אתכם... רגיעה של יום טיול נינוח...

אתם מתקדמים ויורדים במורד השביל וממשיכים אל שבילים נוספים המתפצלים ממנו... העננים נעים איתכם... צורותיהם משתנות כל העת...

הדרך יפה... ציפורים מצייצות במעופן לקראתכם... פרחים נדירים צומחים לצדי הדרך ולעתים אתם עוצרים ומתבוננים בהם... חיות שונות חוצות את דרככם ומתבוננות בכם... מצב הרוח שלכם רגוע... נעים לכם...

לאחר זמן מה, אתם מחליטים להתחיל לחזור... אתם פוסעים חזרה בשביל ומגלים ששבתם לאותה נקודה... מנסים לצעוד חזרה בשביל נוסף ומגיעים למקום שנראה לכם חדש לגמרי... אתם מבינים כי איבדתם את דרככם... אך אינכם מבוהלים מכך, רק מתבוננים בסקרנות סביבכם ומנסים לאסוף רמזים לדרך הנכונה... אתם מבחינים מימינכם בפתח של מערה... אישה זקנה בעלת עיניים טובות מחייכת אליכם ומציעה לכם להיכנס פנימה... אתם מתבוננים בה... היא נראית מוכרת, אולי זו מישהי שאתם מכירים... או שהכרתם פעם, בעבר?...

אתם מחליטים להיכנס אל המערה, לשבת ולנוח בה... האישה הזקנה נשארה בפתח המערה... אתם מרגישה בטוחים ומוגנים... המערה מקבלת אתכם בקרירות נעימה ובעלטה מרגיעה... עייפתם מההליכה ואתם שמחים שתוכלו לשבת כאן מעט ולנוח... בטוחים שתמצאו את דרככם לאחר מכן... אתם מגלים להפתעתכם ולשמחתכם שזוהי מערה מיוחדת... מערה שבה תוכלו לשאול שאלות ולקבל מתוך עצמכם את התשובות כמו הד... אתם שואלים את המערה על הדרך חזרה ומקבלים בהדהוד את התשובה... אתם יודעים שיש מי שיוביל אתכם בחוץ... מישהו שתוכלו לסמוך עליו... מישהו שמאמין בכם ושומר עליכם... אתם מתמלאים באנרגיה מחודשת... אתם נזכרים במצבים דומים שבהם התמודדתם בהצלחה... יודעים שגם הפעם תוכלו למצוא את דרככם... הכוחות מצויים בכם פנימה... אתם נפרדים מהמערה... מודים לה על שהזכירה לכם שאתם יכולים להתייעץ איתה, עם אחרים ועם עצמכם...

אתם יוצאים מהמערה ומבחינים שבזמן שישבתם בה ירד גשם... העננים מעליכם האפירו... הרטיבות שהשאיר אחריו הגשם ממלאת אתכם בתחושה של התחדשות... האישה הזקנה החכמה עדיין מחכה לכם בפתח המערה... היא מחייכת אליכם ומסמנת כי היא תוכל להוביל אתכם חזרה... אתם

פוסעים לצדה והיא מובילה אתכם לעבר היציאה מהפארק... אתם צועדים בבטחה אל תחילת המסלול... חשים כיצד אתם יכולים להתמודד עם כל דרך חדשה בהצלחה... מלאים בתחושה שמעתה, תמיד תוכלו להיעזר באחרים המכירים את המסלול... כל למידה מאפשרת לכם להגדיל את כוחותיכם ולצמוח... אתם נפרדים מן האישה ומודים לה על עזרתה... והנה, הגעתם אל היציאה מן הפארק...

ועם הידיעה הזו, כשאתם מלאים בעוצמה חדשה... כשכוחות חדשים ויכולות ישנות-חדשות התעוררו בקרבכם... אתם מוזמנים לחזור... בקצב המתאים לכם... לכאן, לחדר הזה... אתם מתחילים אט אט לשוב למודעות רגילה ולערנות רגילה... לחוש שוב את גופכם... להניע מעט את הידיים... ואת הרגליים... לפקוח את עיניכם ולחזור, בקצב שלכם... לכאן ולעכשיו.

4. סיפור המערה

5. ברכבת התחתית

קטגוריה:
חיזוק משאבים

למי המדיטציה מתאימה?
לכל מי שנאלץ להמתין למשהו שאין אפשרות שיקרה מיד.

הַמְתנה
דבר אינו מתקדם כעת, ולכן כל שעליך לעשות הוא להמתין. המתן עד שהנסיבות יהיו מתאימות לפעולה. נצל את זמן ההמתנה להתבוננות במצב ולבירור של דרך הפעולה המתאימה לך.

אפשרו לעצמכם למצוא תנוחה נוחה... שימו לב לכל איבר בגופכם וודאו שהוא חש בנוח... הקשיבו לקולות הנשמעים מבחוץ... ולקולות בחדר... לצליליה של המוזיקה... אפשרו למוזיקה ולקולי להביא אליכם רגיעה... להוביל אתכם לתוך עצמכם ולהרפות... קחו נשימה עמוקה... ועוד נשימה עמוקה... וחזרו לקצב נשימה רגיל... תוכלו לשים לב לקצב הנשימה שלכם - האם האוויר נכנס ויוצא בקלות... תוכלו לחוש כיצד תשומת הלב לנשימה מרגיעה אתכם יותר ויותר...

דמיינו את עצמכם ניצבים ביום בהיר ונעים בכיכר של עיר יפה... זוהי עיר עתיקה ובה בתים מעוצבים יפה... בתים בטעם של פעם, גדולים ונאים... אנשים הולכים לאטם על גבי מדרכות רחבות... הכול רגוע... קולות העיר ממלאים אתכם בתחושה נעימה... אתם יודעים שהיום אתם עומדים לצאת למסע מְיוּחד במינו - מסע ברכבת התחתית של העיר המיוחדת הזו...

אתם מתחילים לרדת במורד הרחוב המרוצף באבנים ישנות... קול צעדיכם מהדהד על המדרכה... האוויר קריר ונעים, ההליכה מרגיעה אתכם... היא מאפשרת לכם להתכנס אל תוך עצמכם מול קולות העיר... במורד הרחוב אתם יכולים לשמוע מכוניות נוסעות... אנשים משוחחים ביניהם... אתם מתבוננים בדרככם בחלונות הראווה... ונכנסים בשער המוביל אל הרכבת התחתית, מלאי ציפייה...

אתם עומדים לנסוע למקום שרציתם להגיע אליו זה זמן רב... עכשיו יש לכם הזדמנות לעשות זאת... אתם קונים כרטיס ויודעים שהנסיעה תארך זמן רב... אך אינכם מוטרדים מכך. יש לכם תחושה שבזמן הנסיעה תחוו חוויה מחזקת ומעודדת... אתם יורדים במדרגות הנעות ומוצאים את עצמכם בין אנשים... המולה של תחנת רכבת... ועם זאת אתם רגועים ושלווים בידיעה שאתם נוסעים ליעד שהוא כה חשוב לכם... אתם עומדים וממתינים

לרכבת... רכבות חולפות על פניכם... חלקן עוצרות וחלקן לא... הרכבת שלכם עדיין לא הגיעה... אתם ממתינים ברגיעה ובידיעה שהרכבת שלכם בוא תבוא. עוד מעט היא תגיע לתחנה... לאסוף אתכם...

ואכן היא מגיעה ונעצרת בדיוק לידכם... הדלת נפתחת ואתם עולים... בקרון יש מקום פנוי ליד החלון ואתם מתיישבים... הרכבת מתחילה לנוע ואתם מתבוננים מבעד לחלון ורואים את צבע קיר המנהרה... הרכבת עומדת לעבור במנהרות רבות... ובכל מנהרה תוכלו לקבל דבר מה שיסייע לכם לעבור את הנסיעה בצורה הטובה ביותר...

המנהרה הראשונה היא מנהרת הביטחון העצמי שלכם, והיא בצבע כחול... היא מאפשרת לכם להתחזק ולקבל כוחות... אתם חשים שביטחונכם העצמי עומד לעבור שדרוג... גופכם נעטף כולו בצבע כחול ועמו בביטחון רב יותר... אתם שואפים לקרבכם את תחושת הביטחון הזו. היא ממלאת את כול-כולכם... נוסכת בכם רוגע ושלווה... מרגע לרגע ביטחונכם רב יותר בתוך המנהרה... (להמתין מעט)

הרכבת יוצאת מהמנהרה הכחולה ונכנסת למנהרה צהובה יפהפייה ומוארת באור חזק... זוהי מנהרת האומץ. האור הצהוב הרב ממלא את גופכם בתחושה שיש לכם אומץ לעשות כל דבר ולהצליח... התחושה הזו ממלאת את גופכם... אתם נושמים לתוככם את האומץ ומתמלאים בתחושות של כוח ויכולת... נעים לכם לחוש אמיצים... אתם ממלאים את כל גופכם באומץ... באור צהוב בוהק... תחושת האומץ יוצרת בכם נינוחות מרגיעה... (להמתין מעט)

כעת הרכבת יוצאת מהמנהרה הצהובה ונכנסת למנהרה אדומה, מנהרת האהבה... האור האדמדם מאפשר לכם להתמלא באהבה... האהבה מתפשטת מהלב שלכם ושוטפת את כולכם באור אדמדם רך וטוב... אתם חשים אהבה לעצמכם... לבני משפחתכם... אהבה לחברים... האהבה עוטפת אתכם ומלטפת את כולכם... (להמתין מעט)

לבסוף הרכבת יוצאת ממנהרת האהבה ונכנסת למנהרה האחרונה במסע... המנהרה הכתומה, מנהרת האינטואיציה שלכם... במנהרה הזו תתעצם בכם היכולת לחוש בדיוק מה הכי טוב לכם בכל מצב... אור כתום ממלא את גופכם לאט לאט... זורם בתוככם... אתם חשים שהאור הכתום יחד עם הידיעה שאתם סומכים על האינטואיציה שלכם מרגיעים אתכם... מעניקים לכם הגנה וכוח... הרכבת יוצאת מהמנהרה הכתומה ובעוד כשתי דקות היא תגיע לתחנה הסופית.

אני אהיה כעת בשקט למשך שתי דקות, ובהן תוכלו לחוות שוב את כל הצבעים שהתמלאתם בהם... הכחול, הצהוב, האדום והכתום... חושו בביטחון העצמי, באומץ, באהבה ובאינטואיציה... והודו על המסע המעצים שעברתם... תשמעו את קולי שוב בעוד שתי דקות...

והרכבת מגיעה לתחנה הסופית ונעצרת בהדרגה... אתם קמים ממקומכם ויוצאים מן הרכבת בתחושה כי הנסיעה מילאה אתכם בהמון כוחות ויכולות... אתם יוצאים מהתחנה ומתחילים לפסוע מעלה לכיוון העיר בידיעה המשמחת שתמיד תוכלו לחזור אל הרכבת התחתית ולהתמלא מחדש בכוחות...

וכעת, לאט לאט ובהדרגה תוכלו להתחיל לחזור לכאן, אל החדר הזה... אתם מוזמנים להניע מעט את כפות הרגליים... ואת כפות הידיים... אתם מאפשרים לגופכם להתעורר בהדרגה... קחו נשימה עמוקה... ובקצב שלכם תוכלו לחזור לערנות רגילה, לפקוח את העיניים ולחזור לכאן ועכשיו.

5. ברכבת התחתית

6. יונת השלום

קטגוריה:
חיזוק משאבים

למי המדיטציה מתאימה?
לכל מי שחווה את חוסר הוודאות, את הפחד ואת ההתרגשות שבהליכה בדרך חדשה.

עימות

קיימת כעת התנגדות
שאינה מאפשרת לך
להתפתח. אתה משוכנע
שאתה צודק וזה רק
מחריף את המצב.
עדיף לקחת צעד אחורה
ולוותר, כיוון שעימות
חזיתי אינו תורם
להתפתחות הרצויה לך.

מצאו תנוחה נוחה... תוכלו לחוש את מגע הגוף על המזרן או על הכיסא... קחו נשימה עמוקה ואפשרו לעצמכם להירגע לאט... להרפות את כל חלקי הגוף... הקשיבו לקולות מבחוץ ולאלה שמסביב, כאן בחדר... שימו לב למוזיקה... חושו בטמפרטורה שבחדר... נשמו עוד כמה נשימות עמוקות... עם כל נשימה ונשימה הרגיעה מתפשטת בגוף... תחושת רגיעה ונינוחות ממלאת אתכם...

ועכשיו, דמיינו את עצמכם כאילו הייתם יונה העומדת על צמרתו של עץ... זהו עץ גבוה ורחב, עליו ירוקים... והיא עומדת ומשקיפה על פני עמק רחב ידיים... כל אחד ואחת מכם כעת הוא יונה לבנה העומדת על העץ ומתבוננת סביב... אתם יכולים לשמוע את רחשי העלים המתנועעים קלות ברוח... הרחש הנעים מרגיע אתכם ואתם חשים שלווה על העץ... אתם חשים בזרמי אוויר הנושבים סביבכם ומלטפים אתכם... זהו אוויר ריחני ונעים שמביא איתו ריחות של פריחה אביבית... מתחת לעץ יש אגם קטן... אתם מתבוננים בו ושומעים את קולות הפכפוך של המים...

עוד מעט תעופו אל העמק... בינתיים אתם מתבוננים בנוף הנפרש למרגלותיכם... שטיחים-שטיחים בצבעים ובגוונים מרהיבים: ירוק כהה... ירוק בהיר... צהבהב... חום... שדות נפרשים מסביב... מכאן אפשר לראות הכול, ליהנות מהכול, להתרגש ולהישאר רגועים ושלווים... ואתם אכן רגועה ושלווים... ועם זאת אתם רוצים מאוד לעוף ולהתבונן מקרוב יותר במתרחש בעמק...

אתם מתחילים לעוף... בידיעה שהיום תקבלו תובנות חדשות בנוגע לאותו אדם שעמו יש לכם ויכוח או עימות... שימו לב בזמן המעוף - מהן המחשבות הקשורות בו שעולות בתוככם... מה אתם מרגישים לגבי אדם זה? התחברו לעצמכם היטב וחושו מה מתרחש בתוככם... מה קורה לכם כשאתם רואים

אותו ונזכרים בקשר שלכם, במתיחויות הקיימות ביניכם? אילו מחשבות ותחושות עולות...? אתם עפים מעל העמק ומתחילים להנמיך עוף... סביבכם ערפל עננים לבן... אתם חוצים את הערפל... ולרגע מוקפים בערפל... צמר גפן לבן נעים ורך עוטף אתכם מכל עבר ומרגיע אתכם... אתם עוברים את ערפל העננים ויוצאים בחזרה אל השמים... מתחתכם אתם רואים בתים... זוהי עיירה קטנה...

אתם מסתכלים למטה... לפתע אתם רואים את האדם שעמו יש לכם קונפליקט... אתם מנמיכים עוף עוד ועוד עד שאתם מגיעים אליו... ואתם חשים שבעוד רגע תוכלו להפוך להיות האדם הזה ממש... תוכלו להיכנס לדמותו ולגופו... אתם מנמיכים עוף עוד רגע והנה, זה קורה – אתם נכנסים לגופו והופכים להיות הוא (או היא)... וכעת, אפשרו לעצמכם לראות את העולם דרך עיניו... לחוש כמוהו... לנוע כמוהו... לחשוב כמוהו... להרגיש כמוהו... להתנהג כמוהו... מהן הכוונות שלו...? מה מניע אותו...? מה הוא מרגיש וחושב...? כיצד רואה הוא אתכם, ומה הוא חושב עליכם...? מדוע הוא מתנהג באופן שבו הוא מתנהג עמכם...?

אני אהיה כעת בשקט שתי דקות ואאפשר לכם להיכנס אל תוכו באופן מלא... תשמעו את קולי שוב בעוד שתי דקות.

ועכשיו תוכלו לעזוב את גופו של אותו אדם ברכות ובעדינות... ולחזור להיות יונה... אפשרו לעצמכם לחוש כיונה שעברה במקום במקרה... והיא מתבוננת בכל המתרחש מן הצד, כל זה הרי לא נוגע אליה... זה קשור לבני אדם, לא לעופות... מה לדעתכם רואה היונה? מה היא מבינה מהמצב...? מה היא יכולה לראות ממבט העל שלה על המתרחש? (להמתין כחצי דקה)... מה לדעת היונה יכול לשנות ואולי לשפר את המצב...? מה היא אומרת...? מה היא יכולה להציע לכם על מנת שיהיה לשני הצדדים קל יותר? (להמתין מעט)

התבוננו שוב ממרום מעופכם... אתם יכולים לשבת על צמרת עץ או על גג ולהקשיב בשקט... להביט על הכול מלמעלה, ממרחק... לאחר מכן תוכלו

לחזור להיות אתם עצמכם בדיוק כמו שהיונה חזרה אל עצמה... לחזור לעמדה שלכם... תוכלו להתבונן ולראות מה השתנה... האם אתם מרגישים אחרת...? האם אתם חושבים אחרת...? האם תרצו לשנות משהו בהתנהלות שלכם כלפי אותו אדם...? מה נראה לכם מתאים ביותר...? (רצוי לאפשר דיבור).

אני אהיה כעת בשקט במשך דקה אחת בערך ואאפשר לכם לחוות את השינוי העתידי, לראות אילו מראות חדשים מופיעים... אילו רגשות עולים... תוכלו לשמוע את קולי בעוד כדקה... ואתם מתחילים לעוף בשמים...

בדרככם אתם קוטפים עלה של זית... סמל לשלום שתתחילו להביא אל חייכם... לאט לאט אתם שבים אל העץ שלכם... עוברים דרך מסך העננים הערפילי... מגביהים עוף בשמים עוד ועוד... עד שאתם מגיעים חזרה אל העץ... תוכלו לשמור את התובנות שקיבלתם מהמעוף הזה... את התחושה המיוחדת של ההסתכלות החדשה... ושוב, אתם ניצבים על העץ... ושוב מביטים על האגם הקטן שמתחתיו...

ועם התובנות מהמעוף הקסום שלכם ועם תחושות המתינות והרוגע הללו, לאט לאט ובהדרגה, אתם מתחילים לחזור לכאן, אל החדר הזה, לחייכם, לגוף שלכם... תוכלו להניע מעט את כפות הידיים... והרגלים... להניע בעדינות את גופכם... להניע את ראשכם בנינוחות מצד לצד... לנשום נשימה עמוקה... ועוד נשימה... לפקוח לאט עיניים ולחזור בקצב שלכם לערנות רגילה... ולמודעות מלאה... לכאן ולעכשיו.

 6. יונת השלום

7. קן הנמלים

קטגוריה:
פתרון תקלות

למי המדיטציה מתאימה?
למי שמבקש לחזק את יכולתו להשיג מטרות באמצעות עבודת צוות ואיחוד כוחות.

כוח מאוחד

קח רגע לעצמך:
היה לבד כדי להתכונן לצורך שלך להיות יחד. לאחר מכן התארגן לפעולה בקבוצה אשר יש לה כוח רב להניע תהליכים שחשובים לך. הקבוצה
גם תגן עליך בשעות קשות.

מצאו לעצמכם תנוחה נוחה... עצמו את העיניים ואפשרו לעצמכם למקד את תשומת הלב בראשכם... לחוש כיצד הוא מרגיש מבפנים... הרגיעו את הראש, שימו לב כמה נעים להקדיש לראש תשומת לב רגועה... וכעת תוכלו לטייל עם תשומת הלב הרגועה לאורך כל הגוף... לאט לאט וברכות... לחוש כמה זה מרגיע... אולי אתם שומעים קולות מבחוץ או מתוך החדר... קולות אלה והמוזיקה המתנגנת מסייעים לכם למקד את תשומת לבכם בכל חלקי הגוף... עד לכפות הרגליים... וכשתשומת הלב שלכם מגיעה לכפות הרגליים, אתם כבר רגועים ושלווים...

אתם ניצבים בראשיתו של שביל מסתורי... זהו יום קיץ נאה... יום חמים ונעים... משני צדי השביל שיחים נמוכים המדיפים ריח נעים ואתם חשים שהשביל הזה, בשל סגולותיו המיוחדות, יכול להוביל אתכם לדבר חדש... אתם מתבוננים סביבכם ולמרגלותיכם על השביל אתם מבחינים בהמון נמלים קטנות ושחורות שהולכות בטור... אתם חשים כי הנמלים קוראות לכם ללכת אחריהן...

אתם מתחילים לפסוע בעקבות הנמלים השחורות... הן צועדות במורד השביל... הפסיעה בעקבותיהן, בקצב שלהן, משרה עליכם שלווה... אתם יכולים אפילו לשמוע את רחש רגליהן הזעירות... הן נושאות על גביהן גרגירים שהן מביאות אל הקן שלהן... אתם חשים את נינוחות צעדיהן הקטנים... את הביטחון שלהן בדרך... הן מגיעות אל קן נמלים גדול... אתם מתיישבים בצדו ומתבוננים... נמלים רבות נכנסות אל הקן ויוצאות ממנו...

נמלה אחת ניגשת אליכם ומזמינה אתכם לסיור בקן... היא מקרינה ידידות, רכות ורצון טוב, אך אתם ספקנים - כיצד תוכלו להיכנס...? אך הנמלה הטובה כבר חשבה על הכול... היא נותנת לכם לשתות שיקוי... אתם סומכים עליה ויודעים שהשיקוי יעזור לכם... הוא מכווץ אתכם לגודל שמתאים בדיוק

לגודלה של נמלה... ועכשיו תוכלו להיכנס לקן... אתם פוסעים בעקבות הנמלה... וכל הנמלים הן כעת בגודל שלכם... הנמלה מסבירה לכם כיצד הן פועלות... אתם נכנסים אחריה לתוך הקן ותוך שניות ספורות עיניכם מתרגלות לחושך... אתם שומעים את קולות העבודה בקן... זה נראה ונשמע כמו בית חרושת... הנמלים פועלות בקבוצה... הכללים פשוטים... וכולן עובדות יחד למען מטרה משותפת...

הנמלים בנו בפנים מנהרות ארוכות ומפותלות... ממש כמו ארמון מיניאטורי המלא בהסתעפויות... הן דואגות לצאת החוצה ולהביא אוכל... המשימה הזאת קשה כשמנסים לפעול בה לבד... אבל בקבוצה גדולה יכולות הנמלים להשיג די מזון... ואפילו לשמור מזון לימי החורף... הנמלה מדריכה אתכם במחילה ומראה לכם מה התפקיד של כל אחת מהנמלים וכיצד הן מתקשרות זו עם זו באמצעות העקבות שהן משאירות אחריהן... כך הן יודעות איפה יש אוכל...

בין הנמלים מתנהלת תקשורת שקטה... כל אחת יודעת מה תפקידה והן נהנות לעבוד יחד... כשאתם חושבים על עבודת הנמלים אתם מתמלאים בתחושה של יכולת לשתף פעולה עם אנשים על מנת להשיג מטרה חשובה.... אתם מבינים שזה אפשרי אצל בני האדם כמו שזה אפשרי אצל הנמלים... אתם מבינים משהו על האופן שבו אתם הייתם רוצים להתנהל... האופן שבו אתם רוצים ליהנות מכוחה של קבוצה....

אני אהיה בשקט כשתי דקות, ובהן תוכלו לחוות את הווי הקן ולחשוב אילו תובנות אתם מקבלים מהמקום הזה... תוכלו לשמוע את קולי בעוד כשתי דקות...

לאחר שהתבוננתם בנמלים, מובילה אתכם הנמלה המארחת ליציאה.... אתם יוצאים בתחושה טובה... האור החזק שבחוץ מסנוור את עיניכם ברגע הראשון, אך לאט לאט אתם מתרגלים אליו... הנמלה מגישה לכם את השיקוי המתוק ואתם לוגמים ממנו שוב... השיקוי מגדיל אתכם וגם את תחושות היכולת והמסוגלות שלכם... הן מתעצמות עם כל לגימה ולגימה...

ככל שאתם שותים יותר, אתם ממלאים את גופכם בעוצמה שלכם כפרט ובעוצמה שלכם כחלק מקבוצה... זוהי הרגשה חדשה נפלאה והיא ממלאת את כל גופכם...

אתם נפרדים מהנמלה לשלום בתודה על כל מה שקיבלתם ממנה ומהצוות שלה ובידיעה שתמיד תוכלו לשוב ולהיפגש... תוכלו לחזור אל קן הנמלים בכל עת... ללמוד מהן עוד... אתם עולים במעלה השביל ומתחילים לעשות את הדרך חזרה... ועם הידיעה החדשה והתחושות הטובות ששאבתם לקרבכם במסע הקסום אל הקן...

לאט לאט ובהדרגה, אתם מתחילים לחזור לכאן, אל החדר הזה... אל חייכם... אל הגוף שלכם... תוכלו להניע מעט את כפות הידיים... והרגליים... להניע בעדינות את גופכם... להניע את ראשכם בנינוחות מצד לצד... לנשום נשימה עמוקה... ועוד נשימה... לפקוח לאט עיניים ולחזור בקצב שלכם לערנות רגילה... ולמודעות מלאה לכאן ולעכשיו.

7. קן הנמלים

8. הדרך לזוגיות טובה

קטגוריה:
פתרון תקלות

למי המדיטציה מתאימה?
למי שמחפשים זוגיות, למי שרוצים לשפר את הזוגיות שלהם, למי שרוצים להקים משפחה.

אחדות

אתה מוזמן להסתכל אל מעבר לאישי ולקטן. התחבר אל הצורך החברתי, הקהילתי. הכיוון הכללי יסייע לך למצוא את הכיוון האישי שלך.

בדוק את עצמך: האם אתה המנהיג או שמא אתה מצטרף אל ההנהגה הקיימת ומעניק לה מיכולותיך?

אפשרו לעצמכם למצוא תנוחה נוחה... שימו לב לכל איבר בגופכם וודאו שהוא חש בנוח... הקשיבו לקולות הנשמעים מבחוץ... ולקולות בחדר... לצליליה של המוזיקה... אפשרו למוזיקה ולקולי להביא אליכם רגיעה... להוביל אתכם לתוך עצמכם ולהרפות... קחו נשימה עמוקה... ועוד נשימה עמוקה... וחזרו לקצב נשימה רגיל... תוכלו לשים לב לקצב הנשימה שלכם: האם האוויר נכנס ויוצא בקלות... תוכלו לחוש כיצד תשומת הלב לנשימה מרגיעה אתכם יותר ויותר...

וכעת, אתם עומדים בלב שדה רחב... זהו יום נעים ואביבי ושמש חמימה מאירה את השדה... הנוף כולו ירוק סביבכם... השהייה בטבע מרגיעה אתכם... מאפשרת לכם לנוח... אתם נהנים להריח את ריחות השדה... נהנים מכל הירוק הזה... מזג האוויר מצוין... רוח קלילה מלטפת את פניכם... אתם חשים כיצד מגעה של הרוח נוסך בכם שלווה עמוקה...

כשאתם מעמיקים להתבונן אתם מבחינים שאתם מוקפים בחומה... אתם מתבוננים בחומה וחשים שהיא נמצאת כאן כבר זמן רב ומשום מה לא הבחנתם בה עד עכשיו... אינכם בטוחים – אולי ראיתם אותה מפעם לפעם... חולפת בכם מחשבה שאולי החומה הזאת עשויה מחומר בלתי נראה כמו רגשות... או מחשבות... אפשרו לעצמכם להתבונן בחומה ולהבין ממה היא עשויה... אתם יודעים שהחומה מפרידה בין מציאות חייכם לבין האופן שבו הייתם רוצים להיות – בזוגיות טובה ומופלאה...

מעבר לחומה מחכה הזוגיות שאתם שואפים אליה... זוגיות נעימה ומאפשרת... עם הרבה אהבה בלב וניצוץ בעיניים... זוגיות שתאפשר לכם להיות אתם... להביע את דעתכם... להביע את הרגשות שלכם... זוגיות שבה תקבלו ובה תוכלו להעניק חום... אהבה... התחשבות... זוגיות שתאפשר לכם לצמוח... להתפתח... ליהנות... לחגוג יחד את החיים... עם הידיעה שהזוגיות

הזו ממתינה לכם מעבר לחומה... אתם מחליטים לעבור את החומה כדי להגיע לשם... אך משהו בכם נרתע... פוחד... חושש...

בקרן זווית ליד החומה אתם מבחינים בקופסה קטנה... להפתעתכם, מופיע עליה שמכם וכתוב עליה עוד: אהבה עצמית... אתם קרבים אל הקופסה ואט אט פותחים אותה... אלומה של אור עדין ורך בוקעת אליכם ממנה ועוטפת אתכם... אלומת אור של אהבה... אהבה לעצמכם... אתם נושמים אותה והיא ממלאת את כול-כולכם...

אתם חשים שעכשיו תוכלו למצוא את הדרך להתגבר על החומה הזו... להתגבר על המכשול... תוכלו להצעיד את עצמכם למקום שבו אתם מעוניינים להימצא... אפשרו לעצמכם לדמיין שוב ממה עשויה החומה וכיצד תוכלו לעבור אותה...

האם זו חומה שאפשר לקפוץ מעליה...? או אולי לפורר אותה...? אולי אפשר לאט לאט לחתוך ממנה חתיכות ולפוגג אותה...? או שמא היא ניתנת להזזה, בהדרגה...? ואולי יש לכם דרך אישית מיוחדת משלכם לעבור את החומה...?

אני אהיה כעת בשקט כשתי דקות... אאפשר לכם למצוא את הדרך שלכם לעבור לצדה השני של החומה... תוכלו לשמוע את קולי שוב בעוד כשתי דקות...

עברתם את החומה... אתם שמחים על שהצלחתם... גאים על שעלה בידכם להתמודד עם הקשיים... על כך שנמצאו בידיכם הכלים שהייתם צריכים על מנת לעשות זאת... אתם מוצאים את עצמכם מחוץ לחומה, מעברה השני, ואתם חשים טוב כל כך עם עצמכם... יש בכם שמחה וידיעה שהנה, התגברתם על המכשולים הפנימיים שלכם ועכשיו אתם פתוחים לגמרי לאהבה... אתם מוכנים... אתם יודעים שגם אם יצוצו קשיים חדשים, תוכלו להתגבר עליהם... בדיוק כמו שהצלחתם להתמודד עם הקשיים ועברתם את החומה...

מעבר לחומה ומחוצה לה תוכלו לדמיין את עצמכם בזוגיות שלכם... לראות איך נראה בן הזוג שלכם... איך נשמע הקול שלו... איך מרגיש המגע שלו... מה תוכלו לעשות יחד... לאן תוכלו ללכת... על מה תשוחחו... (להמתין כחצי דקה).

וכעת תוכלו לחוש כיצד הלב שלכם מתמלא באהבה... ומקרין אל כל הגוף גלים, גלים של אהבה... של יכולת לאהוב את עצמכם... לקבל את עצמכם... שימו לב שכאשר אתם אוהבים את עצמכם ומקבלים את עצמכם, גם אחרים יכולים בקלות לאהוב אתכם... לקבל אתכם כמו שאתם... ליהנות מכם ומהאהבה שלכם...

ועם התחושה הזו של אהבה גדולה הממלאת אתכם תוכלו להתחיל לחזור לכאן ועכשיו... לאט לאט... הניעו מעט את כפות הרגליים ואת כפות הידיים... אפשרו לגופכם להתעורר בקצב שלכם ובהדרגה... פקחו אט אט את העיניים... קחו נשימה עמוקה... ועוד אחת... בעדינות חזרו לערנות רגילה, אל החדר הזה, לכאן ולעכשיו.

8. הדרך לזוגיות טובה

9. לאפות את הלחם

קטגוריה:
חיזוק משאבים

למי המדיטציה מתאימה?
למי שמתנסה בתהליכי שינוי ויצירה וממהר מדי להשלימם.

ריסון
רצונך לרוץ מהר נתקל בגורם מרסן, אך מה שפועל מבחוץ הוא שמאפשר לך להבין דברים בתוכך. זה הזמן להיות קשוב לסביבתך.
היה מתון בתגובותיך.

אפשרו לעצמכם למצוא תנוחה נוחה ולקחת נשימה עמוקה... ועוד נשימה... תוכלו לשים לב לנשימה שלכם... האם היא מהירה או אטית...? האם היא נעה בקלות או נתקלת בקושי במקום מסוים בגוף...? שימו לב לזרימת האוויר מבחוץ אל הגוף ומן הגוף בחזרה החוצה... ושימו לב כיצד ההתמקדות בנשימה מאפשרת לכם להירגע לאט לאט...

בקצב המהיר של היומיום לפעמים אנו שוכחים לנשום... עבורכם זוהי הזדמנות לנשום עמוק יותר, לנשום בנחת ולאפשר לעצמכם לנוח... להרפות... אפשרו לנשימה שלכם לקחת אתכם עמוק עמוק לתוך עצמכם... לחוויית הקיום הבסיסית ביותר... לנשימה... ליכולת המופלאה של הגוף להזין את עצמו בחמצן כל הזמן... ואתם לוקחים נשימה ועוד נשימה... ומאפשרים לעצמכם עוד ועוד שלווה...

וכעת, דמיינו את עצמכם יושבים במטבח גדול ומרווח... יש בו חלון גדול שדרכו אפשר להתבונן החוצה... בחוץ יום חורף קריר, אך במטבח שאתם נמצאים בו חמים ונעים... אתם מריחים ריחות נפלאים של מזון ומתחשק לכם לאפות לחם טרי... לחם בדיוק כמו שאתם אוהבים... שאפשר להריח את ריחו הטוב... לחוש את פריכותו... ולטעום את טעמו הנפלא...

ואתם ניגשים לאפיית הלחם שלכם – מערבבים קמח ומים בקערה גדולה... שימו לב למגע הבצק בידיכם... ללישה... לתנועות הקיפול הרכות... תנועות הלישה מרגיעות אתכם... האנרגיה שלכם עוברת אל החומר... אל הבצק... חושו בהנאה שבלישה... בידיעה שלחם טעים וטרי עומד להיאפות... אולי תרצו להוסיף עוד חומרים לבצק... מלח? שמרים? תבלינים נוספים...?

לאחר שעיצבתם את הבצק כגוש אחיד, אתם מניחים אותו בקערה ונותנים לו שהות לתפוח... זה ייקח זמן-מה... בצק צריך זמן על מנת לתפוח... אפשרו

לעצמכם להמתין בסבלנות לתפיחתו... חושו כיצד ההמתנה ממלאת אתכם רגיעה... ואתם יכולה כעת לנוח...

במטבח שאתם נמצאים בו יש ארון מיוחד שנראה כמו ארון תבלינים... אך למעשה הוא מכיל כוחות, תכונות ויכולות שיוכלו לסייע לכם במהלך ההמתנה... תוכלו להוציא משם את כל מה שיסייע לכם בהמתנה שלווה עד לסיום תפיחת הבצק... בארון יש משאבים רבים כמו: סבלנות... רגיעה... שלווה... שקט... אהבה... מנוחה... ביטחון... ועוד ועוד... אתם יכולים לפתוח אותו שוב ושוב ולבחור בכל רגע מה שמתאים לכם ביותר...

אני אהיה עכשיו בשקט כשתי דקות ואאפשר לכם לבחור בנחת ובשלווה בכל המשאבים הדרושים לכם... אתם תשמעו את קולי שוב בעוד כשתי דקות... וכעת, לאחר שבחרתם... תוכלו לסגור את דלת הארון בידיעה שתמיד תוכלו לפתוח אותה מחדש ולהשתמש במשאבים שבתוכו ככל שתצטרכו...

הבצק תפח בינתיים והוא מוכן ואוורירי להפליא... עכשיו תוכלו להכין ממנו את הלחם שלכם... זהו לחם יחיד ומיוחד שאתם תעצבו אותו בכל דרך שתבחרו... עצבו את הלחם שלכם כעת... (להמתין כחצי דקה), ולאחר שעיצבתם אותו, הניחו אותו בתבנית משומנת והכניסו אותו לתנור שחומם מראש לטמפרטורה הרצויה... ואתם יושבים וממתינים לתהליך האפייה...

בעת האפייה, חשוב לאפשר לבצק להיאפות בשקט... מבלי לפתוח את דלת התנור... מבלי להאיץ בו... התמקדו עכשיו בתהליכים שאתם עוברים בחייכם וחושו כיצד גם אתם זקוקים פעמים רבות לזמן... זמן שבו נדמה לכם שדבר לא קורה... אך למעשה הרבה קורה מתוך השקט, ממש כמו הלחם שנאפה מתוך השקט בתנור... הוא נאפה אט אט ובהדרגה... וגם אצלכם תהליכים מבשילים לאט לאט, בדיוק בקצב שמתאים לכם... כי הבשלה מגיעה רק בזמן שלה, רק בשקט... במנוחה... בשלווה...

והנה, מבלי ששמתם לב כיצד, ניחוח נפלא של לחם טרי ממלא את המטבח

ואת הבית כולו... ואתם יודעים בדיוק מתי הלחם שלכם מוכן ומתי נכון להוציאו מהתנור... איזה לחם מוצלח יוצא כאשר מניחים לו לתפוח ולהיאפות לאט ובשקט... זכרו שגם השינויים שאתם מבקשים ליצור בחייכם זקוקים לזמן... ליכולת שלכם להרפות מעט ולהניח להם לקרות, בקלות...

אתם טועמים מן הלחם וטעמו נפלא... הלחם הטרי והטעים מחזק את גופכם ומעניק לכם הרגשה טובה של רעננות... ואתם יודעים שתמיד תוכלו לשוב למטבח המיוחד במינו ולאפות דברים רבים נוספים, אם תרצו בכך... תמיד יהיו לכם המשאבים הנדרשים בארון המשאבים, ותמיד תלווה אתכם הידיעה ששינויים מבורכים שאתם יוזמים דורשים לרוב זמן וסבלנות, ממש כמו הלחם בתנור...

עם התובנות שהגיעו אליכם ותובנות נוספות שאספתם במהלך התהליך, תוכלו להתחיל לחזור אל החדר הזה... להניע מעט את כפות הידיים והרגליים... להניע בעדינות את ראשכם מצד לצד... לנשום נשימה עמוקה... ועוד אחת... לפקוח עיניים ולחזור בקצב שלכם לערנות רגילה ולמודעות מלאה, לכאן ולעכשיו.

9. לאפות את הלחם

10. מפגש עם עצמי העתידי

קטגוריה:
עתיד

למי המדיטציה מתאימה?
למי שמעוניין לקבל תובנות מן האני העתידי שלו כדי לדעת כיצד עליו להתנהל כיום.

התנהלות

אפשר לעצמך להיזכר בערכים ובתכונות הטובות שלך, וכיצד הם משרתים את צמיחתך האישית. כל מה שקורה עכשיו, תלוי באופן שאתה מתנהל. הכול יפעל לטובתך, אם תפעל מתוך כבוד ונימוס לעצמך ולאחרים.

א פשרו לעצמכם למצוא תנוחה נוחה... שימו לב לכל איבר בגופכם וודאו שהוא חש בנוח... הקשיבו לקולות הנשמעים מבחוץ... ולקולות בחדר... לצליליה של המוזיקה... אפשרו למוזיקה ולקולי להביא אליכם רגיעה... להוביל אתכם לתוך עצמכם ולהרפות... קחו נשימה עמוקה... ועוד נשימה עמוקה... וחזרו לקצב נשימה רגיל... תוכלו לשים לב לקצב הנשימה שלכם: האם האוויר נכנס ויוצא בקלות... תוכלו לחוש כיצד תשומת הלב לנשימה מרגיעה אתכם יותר ויותר...

דמיינו את עצמכם מקבלים חבילה בתא הדואר... חבילה מיוחדת, עטופה בנייר חום... על גבי הנייר רשומים שמכם והכתובת שלכם... אתם סקרנים ורוצים לגלות – ממי החבילה ומה יש בתוכה...? והפתעתכם רבה כשאתם מגלים שגם בצד השולח מופיע שמכם... זה מסקרן אתכם מאוד...

אתם נכנסים הביתה ופותחים את החבילה... מסירים את הנייר המרשרש... בתוך החבילה אתם מגלים דיסק די–וי–די שכתוב עליו: "צפו בי בבקשה"... אתם מכניסה את הדי–וי–די למכשיר ומדליקים את הטלוויזיה... על המרקע מופיעה דמות קשישה שנראית דומה לכם, אך מבוגרת מכם בשנים רבות... היא פותחת ואומרת שהיא בעצם אתם, מהעתיד... הדיסק הזה נשלח אליכם מכם, מן העתיד שלכם, כשאתם כבר קשישים...

אתם מתיישבים בכורסה נוחה וצופים בפליאה בדמות המבוגרת (איש או אישה) המדברת אליכם... אושר נסוך על פניה של הדמות המבוגרת שלכם... אתם מקשיבים לקולה ומשהו בה מרגיע אתכם... נוסך בכם שלווה... אתם מקשיבים לדבריה... היא מספרת לכם על חייה, בגילה המתקדם; מה היא עושה כיום... מה קרה ומה קורה עם בני המשפחה... מה מעסיק אותה... אולי היא יודעת לספר לכם כיצד באו לידי סיום דברים שונים שאתם עוסקים בהם כיום... אולי היא יכולה לתת לכם כמה עצות שיעזרו לכם להתמודד

עם החיים יותר בקלות...

הדמות העתידית שלכם בריאה... לבושה בבגדים נאים... חיה חיים טובים ומהנים... היא מספרת לכם על סדר היום שלה... ואתם מרגישים כיצד אפשר לחיות במשך שנים רבות חיים טובים ומספקים באמת... אתם גאים בעצמכם על כך שהגעתם לזה...

אני אהיה כעת בשקט דקה אחת ואאפשר לכם להקשיב לקולה ולצפות בה... אתם תשמעו את קולי שוב בעוד דקה...

מרתק היה לשמוע על מעשיכם במשך השנים ואתם מופתעים לגלות שכאשר הדמות שלכם מן העתיד מסיימת, אתם יכולים לשאול אותה עוד הרבה שאלות... לשאול אותה כל מה שהייתם רוצים לדעת על חייה... על דברים שקרו לה... על שינויים שעשתה בחיים... על הזדמנויות שנקרו בדרכה... כיצד התמודדה עם קשיים... יש לכם המון שאלות וזהו הזמן שלכם לשאול הכול... אפשרו לעצמכם לשאול את כל השאלות שחשוב לכם לשאול... (להמתין כחצי דקה).

לאחר שסיימתם לשוחח עם הדמות, אתם נשארים לשבת בכורסה... אתם שמחים שהיתה לכם ההזדמנות לראות את עצמכם בגיל מבוגר, ואתם מאושרים על הגילוי שיכולתם להזדקן באושר כזה... אתם מרגישים שבחייכם יש עוד הרבה למה לצפות... הרבה דברים טובים צפויים לכם... זה מציף אתכם תחושה של רוגע ושל אושר...

להפתעתכם, הדמות יוצאת מן הטלוויזיה ומתקרבת אליכם... אתם יכולים לראות כיצד היא הולכת... את גזרתה... את חיוכה... היא מחבקת אתכם... ומזכירה לכם לפרגן לעצמכם... לשמור על עצמכם... לפנק את עצמכם... שהדברים תלויים בכם... באופן שאתם מתנהלים... כיצד אתם בונים את חייכם... אתם מתרגשים מאוד מהחיבוק החם שלה... אתם מודים לה על הכוחות שנתנה לכם בפגישה ביניכם... גם היא מתרגשת לראות אתכם... היא מברכת אתכם בהצלחה וחוזרת לתוך מכשיר הטלוויזיה...

אתם מודים בלבכם על מתנת הדי–וי–די המיוחדת שקיבלתם ויודעים שתמיד תוכלו לשוב ולצפות בה... ואם יתעוררו בכם שאלות נוספות תוכלו לשאול כל פעם שאלות אחרות... אתם מחזירים את הדי–וי –די לקופסה...

ועם התובנות שהגיעו אליכם ותובנות נוספות שאספתם בתהליך תוכלו להתחיל ולחזור לכאן ולעכשיו, לחדר הזה... להניע מעט את כפות הידיים והרגלים... להניע בעדינות את גופכם... להניע את ראשכם בנינוחות מצד לצד... לנשום נשימה עמוקה... ועוד נשימה... לפקוח לאט עיניים ולחזור בקצב שלכם לערנות רגילה ולמודעות מלאה לכאן ולעכשיו.

10. מפגש עם עצמי העתידי

11. לקטוף את הפירות

קטגוריה:
פתרון תקלות

למי המדיטציה מתאימה?
לכל מי שרוצה לראות את עצמו במקום של הצלחה, במיוחד למי שחווה פחד מהצלחה.

שלום

כאשר שלווה ושקט שוכנים בתוך תוכך – אתה מקרין אותם כלפי חוץ. מתוך השלמות שלך אתה מאפשר גם לאחרים לחוש שלמות. תיהנה מתקופה מופלאה זאת, ובנה את העתיד על יסודות מוצקים.

אפשרו לעצמכם למצוא תנוחה נוחה... שימו לב לכל איבר בגופכם וודאו שהוא חש בנוח... הקשיבו לקולות הנשמעים מבחוץ... ולקולות בחדר... ולצליליה של המוזיקה... אפשרו למוזיקה ולקולי להביא אליכם רגיעה... להוביל אתכם לתוך עצמכם ולהרפות... קחו נשימה עמוקה... ועוד נשימה עמוקה... וחזרו לקצב נשימה רגיל... תוכלו לשים לב לקצב הנשימה שלכם. האם האוויר נכנס ויוצא בקלות... תוכלו לחוש כיצד תשומת הלב לנשימה מרגיעה אתכם יותר ויותר...

דמיינו בוקר אביבי נעים... אתם בבית כפרי יפה שסביבו גינה... הכול פתוח ואפשרי עבורכם... אפשר לפתוח את החלון לרווחה ולנשום את האוויר הנעים... אתם שומעים את ציוץ הציפורים מבעד לחלון... חשים שהיום אתם רוצים לעשות משהו טוב למען הצמיחה וההתפתחות שלכם... לשתול עץ חדש בגינה היפה... עץ שיסמל את היכולת שלכם לצמוח, לפרוח ולהניב פירות...

ואתם מחליטים לנסוע אל המשתלה ולרכוש שתיל של עץ חדש...

אתם יוצאים מדלת הבית ופוסעים לעבר המכונית המחכה לכם בחוץ... אתם מתכוונים לנסוע למשתלה מסוימת כי אתם יודעים שזוהי משתלה מיוחדת שבה תוכלו למצוא את העץ שמושך את לבכם... ואז, לשתול אותו באדמה... אתם מתניעים את המכונית ומדליקים את הרדיו ושמים לב שמשהו מוזר מאוד קורה ברדיו היום... הוא משדר את המחשבות שלכם, הספקות שלכם ביכולות שלכם... המחשבות שעוצרות אתכם מלהיות במקום שאתם רוצים להיות בו... מלעשות את הדברים שאתם רוצים לעשות... ומאחר שהמחשבות שלכם משודרות ברדיו, יש לכם אפשרות פשוט להחליש את עוצמת השידור... כמה נפלא... אפשרו לעצמכם להחליש את הווליום עוד ועוד... עד שלא תשמעו את המחשבות הללו כלל... או שתוכלו

להעביר לתחנה אחרת... תחנה שבה משודרות מחשבות טובות ומעצימות... או תחנה של שירים נעימים ומרגיעים... או כל תחנה אחרת בה תבחרו... אפשרו לעצמכם להחליט מה הכי מתאים לכם לשמוע...

אתם ממשיכים לנסוע בעוד הרדיו משמיע לכם את מה שנעים לכם לשמוע, ומגלים שקשה מאוד לראות את הדרך. שמשת הרכב מלוכלכת וקשה להבחין דרכה בכביש... אתם מפעילים את מי הסבון ואת המגבים... תוכלו להבחין כיצד התמונה מתבהרת... מרגע לרגע אפשר לראות את הדרך ביתר קלות... ביתר בהירות...

הגעתם למשתלה; זוהי משתלה בדיוק כמו שאתם אוהבים... יש בה המון המון פרחים ושתילים ועצים... עצים קטנים וצעירים... עצים עם הרבה עלים... עצים גדולים יותר... עצים בעציצים ועצים בדליים... המבחר עצום ומוסיף לתחושה הטובה... במשתלה הנעימה הזו יש גם עצים מלאי פירות... אלו העצים שאתם רוצים... עצים עם עלים ופירות... שהצליחו להגיע לפריחה וגם להניב פירות... בדיוק כמו השאיפה שלכם - להיות במקום של הצלחה ושגשוג... ולהעניק לעולם את פירותיכם... את יכולותיכם... את היצירות שלכם... לדעת שהשקעתם מאמצים רבים ועכשיו זהו הזמן לקטוף את הפירות...

אני אהיה כעת בשקט כשתי דקות ואאפשר לכם לבחור בעץ המשגשג שלכם ולהביט בו... תשמעו שוב את קולי בעוד כשתי דקות...

וכעת, לאחר שבחרתם בעץ שמוצא חן בעיניכם אתם לוקחים אותו למכונית... היום תשתלו אותו במקום מיוחד שתבחרו עבורו בגינתכם... אתם יודעים שהעץ הזה יסמל את ההצלחה והשגשוג שלכם... את הפירות שהנבתם... כשתשתלו אותו בגינה, אנשים יוכלו לראות אותו... לקטוף מפירותיו... ליהנות מצלו... זה יוצר בכם תחושה טובה ונינוחה מאוד...

אתם חוזרים לגינה ומוצאים את המקום המיוחד עבור העץ שלכם... חופרים בור באדמה ונוטעים את עץ ההצלחה שלכם בגינתכם... אתם מתבוננים

כמה יפה הוא... כמה מעשיר את הגינה... איזה ריח משכר הוא נושא עמו... אתם יודעים שאולי יהיו גם כמה אנשים שלא ישימו לב אליו או לא יאהבו את העץ שלכם ועם זאת יהיו רבים אחרים שיאהבו אותו מאוד...

כמו העץ, אתם מרגישים שיש בכם האומץ לפרוח ולשגשג... להצליח... להוות דוגמה לאחרים ביכולות שלכם... לחיות במלוא העוצמה... להרגיש את מלוא השלמות הפנימית... להקרין את המלאות והיכולות שלכם לאחרים... באהבה... ברוגע... אולי עד עכשיו האמנתם שההצלחה תגבה מכם מחיר גבוה... עכשיו אתם רוצים לגעת בהצלחה בעוצמה... ומבינים שתוכלו להצליח וליהנות מכך... והכול יהיה בסדר... החששות היו רק חששות... השלמות שתחושו בתוככם תשרה שלווה ורוגע גם על הסביבה שלכם...

ועם התחושה הנינוחה הזו ועם התובנות שהגיעו אליכם, תוכלו להתחיל ולחזור לכאן ולעכשיו, לחדר הזה... להניע מעט את כפות הידיים והרגליים... להניע בעדינות את גופכם... להניע את ראשכם בנינוחות מצד לצד... לנשום נשימה עמוקה... ועוד נשימה... לפקוח לאט עיניים ולחזור בקצב שלכם לערנות רגילה ולמודעות מלאה לכאן ולעכשיו.

11. לקטוף את הפירות

12. לפני הפשרת השלגים

קטגוריה:
פתרון תקלות

למי המדיטציה מתאימה?
למי שחש תקוע או לא מספיק בתנועה ומעוניין לחוות את הצמיחה וההבשלה המתרחשות מתחת לפני השטח.

קיפאון

כמו בעיצומו של חורף, יש תקופות שבהן הכול קופא על שמריו. קבל את התקופה הזאת כמו שהיא, ואל תילחם בה. האמן ביכולות שלך ובעשייה שלך, וחכה להפשרת השלגים.

אפשרו לעצמכם למצוא תנוחה נוחה... שימו לב לכל איבר בגופכם וודאו שהוא חש בנוח... הקשיבו לקולות הנשמעים מבחוץ... ולקולות בחדר... לצליליה של המוזיקה... אפשרו למוזיקה ולקולי להביא אליכם רגיעה... להוביל אתכם לתוך עצמכם ולהרפות... קחו נשימה עמוקה... ועוד נשימה עמוקה... וחזרו לקצב נשימה רגיל... תוכלו לשים לב לקצב הנשימה שלכם... האם האוויר נכנס ויוצא בקלות... תוכלו לחוש כיצד תשומת הלב לנשימה מרגיעה אתכם יותר ויותר...

דמיינו את עצמכם יושבים בבקתת עץ יפהפייה השוכנת בהרים... אח מחממת את החדר ומפיצה חמימות מרגיעה... בולי העץ בתוך האח נצבעו בגוני אדום-כתום... האש מרצדת... אתם שומעים את לחש האש... מדי פעם מתנפץ זרד קטן ואתם שומעים את קול הנפץ העדין... ריח נעים של עץ בוער ממלא את החדר... אתם יושבים מול החלון ומתבוננים החוצה... בחוץ הכול לבן... הכול מכוסה בשלג... ערמות השלג נאספות סביב... על הקרקע... על השבילים... על השיחים ועל העצים... שקט בחוץ... הכול דומם... ואתם חשים שהדממה הזו מאפשרת לכם רוגע... שקט... שלווה... המדיטציה שלכם הולכת ומעמיקה...

אתם מתבוננים החוצה, והשלג יוצר בכם חוויה של האטה... אתם חשים כעת שגם בחייכם הכול מאוד מאוד, אטי... שקט מדי בשבילכם... חלק מן הדברים קפואים... כמו בנוף המושלג... אולי התחושה הזו יוצרת בכם עצבות... עצבות של חורף... הייתם רוצים לצאת מהאטיות הזו, הייתם מעדיפים יותר תנועה... שדברים יקרו מהר יותר...

והנה אתם שומעים משק כנפיים... בחלון מולכם מופיעה ציפור כחולה גדולה ויפה... ציפור כזו לא ראיתם מעולם... הציפור קרבה אליכם... ונדמה לכם שיש בשורה בפיה... היא נעמדת על חלון הבקתה... אותו חלון שממנו

אתם צופים החוצה, ומקישה במקורה על החלון... אתם קמים ופותחים עבורה את החלון... משב קל של קור נכנס פנימה וגם הציפור נכנסת לחדר... אתם סוגרים את החלון ומגלים שהציפור הזו יודעת לדבר... יש לה מסר חשוב עבורכם... מסר שכבר מזמן ציפיתם לקבל אותו...

המסר מסקרן אתכם... ואתם מלאי ציפייה והתרגשות לשמוע אותו... הציפור הכחולה היפה באה לגלות לכם משהו חשוב ואתם שמחים מאוד שהיא כאן... היא הגיעה ממרחקים במיוחד עבורכם... כל גופכם נמלא ציפייה... פתוח לדברי הציפור...

אני אהיה בשקט כעת שתי דקות... בזמן זה אפשרו לעצמכם לשמוע מה באה הציפור לומר לכם... הקשיבו לה... אולי היא רוצה לרמוז לכם איך לפרוץ... אולי לעזור למצוא נתיב חדש... להאיר דרך שנמצאת בתת-ההכרה שלכם... אתם תשמעו את קולי שוב בעוד שתי דקות...

אתם חשים תחושה מיוחדת במינה לאחר ששמעתם את הציפור... משהו נרגע... אולי היו לכם שאלות שמזמן רציתם להעלות... תהיות ומחשבות שגרמו לכם מתח ואי-שקט קודם... הציפור הביאה עמה תשובות, העניקה לכם רגיעה... הכול בסדר...

והנה מתברר שלציפור יש דבר מה נוסף לומר לכם... היא מבקשת להזכיר לכם שהשלג בחוץ מאפשר מנוחה... מאפשר פסק זמן... ועל אף שאין סימן לכך שמשהו מתרחש, מתחת לשלג הכול רוחש ומתכונן לאביב... הזרעים, שאגרו זמן רב את הדרוש להתפתחותם, מוכנים ומחכים לנביטה... העצים מוכנים ללבלוב... לכולם יש סבלנות להמתין לתורם ולזמנם... להמתין לפריחתם...

גם עבורכם זוהי תקופת הכנה חשובה... גם אם נדמה שהכול קפוא, משהו מתרחש מתחת לפני השטח. החיים ממשיכים והכול מתכונן לפריחה... זהו תהליך של הטבע וחשוב לאפשר לו להיות... הכנה טובה תאפשר לפריחה לפרוח בשיא יופייה ותפארתה...

אתם מודים לציפור הכחולה על כל התובנות שהביאה עמה עבורכם ונפרדים ממנה בדרך שלכם... פותחים את החלון ומאפשרים לה לצאת... היא ממריאה אל על ועפה לדרכה... אתם נזכרים ביונה מסיפור נוח והמבול... היונה שמבשרת את בוא האביב... אתם חשים כי גם אליכם האביב עומד להגיע... ואתם נמלאים ציפייה נרגשת ונעימה לקראת הדברים החדשים שהוא יביא עמו לחייכם...

ועם הציפייה הנינוחה הזו ועם התובנות שהגיעו אליכם, תוכלו להתחיל ולחזור לכאן ולעכשיו, לחדר הזה... להניע מעט את כפות הידיים והרגליים... להניע בעדינות את גופכם... להניע את ראשכם בנינוחות מצד לצד... לנשום נשימה עמוקה... ועוד נשימה... לפקוח לאט עיניים ולחזור בקצב שלכם לערנות רגילה ולמודעות מלאה לכאן ולעכשיו.

12. לפני הפשרת השלגים

13. צבעוניות בחיים

קטגוריה:
חיזוק משאבים

למי המדיטציה מתאימה?
למי שמעוניין בחיזוק יכולתו לקבל את השונה וליצור קהילה שפועלת בשיתוף פעולה.

קהילה

זוהי איננה העת להיות לבד.
זה הזמן ליזום ולעשות בקרב הקהילה שלך.
בדוק את עצמך בקהילה הקטנה שלך – המשפחה:
האם אתה קשוב לצרכים שלה?
זה זמן למנף ולהעצים אותה.

אפשרו לעצמכם למצוא תנוחה נוחה ולקחת נשימה עמוקה... ועוד נשימה... תוכלו לשים לב לנשימה שלכם... האם היא מהירה או אטית...? האם היא נעה בקלות או נתקלת בקושי במקום מסוים בגוף...? שימו לב לזרימת האוויר מבחוץ אל הגוף ומן הגוף בחזרה החוצה... ושימו לב כיצד ההתמקדות בנשימה מאפשרת לכם להירגע לאט לאט... בקצב המהיר של היומיום לפעמים אנו שוכחים לנשום... עבורכם זוהי הזדמנות לנשום עמוק יותר ויותר, לנשום בנחת ולאפשר לעצמכם לנוח... להרפות... אפשרו לנשימה שלכם לקחת אתכם עמוק עמוק לתוך עצמכם... לחוויית הקיום הבסיסית ביותר... לנשימה... ליכולת המופלאה של הגוף להזין את עצמו בחמצן כל הזמן... ואתם לוקחים נשימה ועוד נשימה... ומאפשרים לעצמכם עוד ועוד שלווה...

אפשרו לעצמכם לדמיין גל של צבע סגול השוטף אתכם ברכות מקודקוד הראש... דרך הפנים... הצוואר... בית החזה... הגב... והבטן... מתפצל אל הידיים... אל האגן... ודרך הברכיים ועד כפות הרגליים... הצבע הסגול מסמל את האיזון... האיזון שבין כחול ואדום... איזון בין חום וקור... הגל הסגול מביא איתו כוחות של איזון לחייכם... והכוחות האלה נותרים בגוף גם אחרי שהגל עובר... שמרו את כוחות האיזון במקום המתאים לכם בגוף... חושו כיצד הצבע הסגול מאפשר לכם רגיעה... כיצד האיזון בגופכם מאפשר לכם שקט... כיצד דברים הולכים ומתאזנים בגופכם ובחייכם... (כדאי להמתין כדקה).

כעת אפשרו לעצמכם לדמיין גל ירוק שוטף את כל גופכם... בדיוק כמו הגל הקודם... הוא עובר בעדינות מקודקוד הראש ועד לכפות הרגליים... הירוק מסמל צמיחה והתחדשות... הוא מסמל את הטבע... הוא מאחד בין הכחול של הקרירות והתבונה לבין הצהוב של החמימות הרגשית... הירוק מאפשר לכם לשלב בין המחשבות לרגשות שלכם... ומשם, למצוא את

היצירתיות שלכם... את ההתחדשות שלכם... בדיוק כמו שהטבע מתחדש עם בוא האביב והירוק מופיע בכל מקום... נצרו כוחות ירוקים של צמיחה בגופכם... חושו כיצד הירוק מאפשר לכם צמיחה והתחדשות מתוך שקט... בידיעה שהדברים מתקדמים בקצב הנכון להם... (להמתין כדקה).

ועתה תוכלו לדמיין גל נוסף העוטף את גופכם... הפעם זהו גל ורוד... הוא נכנס לקודקוד הראש ושוטף את כל גופכם בצבע ורוד... הוורוד מסמל אהבה... היכולת שלכם לאהוב את עצמכם ולאהוב אחרים... הוורוד מסמל גם שלמות... הוא מעצים את היכולת שלכם להיות שלמים עם עצמכם... אפשרו לעצמכם לחוש את האהבה ואת השלמות שבאה עמה... הוורוד מאחד בין האדום של האנרגיה... של הכוח... של האש... של הפעילות... לבין הלבן של הפשטות... הטוהר.... התמימות... אפשרו לוורוד להישאר במקום מיוחד בגופכם המתאים לו בדיוק... חושו כיצד הוורוד מאפשר לכם מנוחה... מדיטציה... אהבה לעצמכם, הגדלה מיום ליום... עד שהשלמות שבאהבה עוטפת אתכם...

שימו לב כיצד עולמכם מלא בצבעים: יש בו סגול... ירוק... ורוד... והצבעים המרכיבים אותם... כחול... אדום... צהוב... לבן... כל צבע משאיר בכם משהו... יכולת קסומה אחרת... ועכשיו תוכלו ליצור מכל הצבעים תמונה, תמונה משלכם... אתם אוחזים במכחול ויכולים פשוט לקחת צבע ועוד צבע ולשחק איתם כאוות נפשכם על דף הניר... ציור כזה יכול כל אדם לצייר... גם מי שאינו מצייר בדרך כלל... כך אתם מציירים את הציור המיוחד שלכם... אפשרו לעצמכם לערבב את הצבעים וליצור תמונה... שימו לב כיצד משתלבים כל הצבעים יחד בהרמוניה נהדרת...

אפשרו לעצמכם ליהנות בעולמכם מעושר של צבעים... ממש כמו קשת בשמים או תמונה יפה וצבעונית... וכמו שכל צבע מביא את הייחודיות שלו לתמונה, כך גם כל אדם בחייכם מביא את הייחוד שלו - קהילה של אנשים יכולה לצייר יחד ציור וליצור שיתוף פעולה מתוך השונות והגיוון של כל אחד... יחד נוצר שלם שהוא יותר מכל פרט ופרט בתוכו... כמו שהעולם שלנו מלא בצבעים... כך אתם חשים גם במשפחה שלכם... הקרובה והמורחבת...

וכמו שהשונות של הצבעים יוצרת מרקם צבעוני מיוחד במינו, כך גם חייכם בקהילה... מלאים בצבעוניות...

לעתים אולי קשה לכם לקבל צבעים אחרים משלכם... ועם זאת, כשאתם נזכרים כיצד צבעים אלה מעשירים את חייכם, אתם מברכים עליהם ונהנים מהם...

ועִם חגיגת הצבעוניות הזו, אתם מתחילים אט אט לחזור אל החדר הזה... אל הצבעים המצויים בו... נפרדים מהצבעים שהיו אי שם בחוץ, במסע שלכם... אט אט תוכלו להתחיל לחזור לערנות רגילה... ולמודעות רגילה... להניע מעט את כפות הידיים... ואת כפות הרגליים... ובקצב שלכם לפקוח את העיניים... ולחזור לכאן ולעכשיו.

13. צבעוניות בחיים

14. הכרת תודה

קטגוריה:
עבר

למי המדיטציה מתאימה?
לכל מי שמבקש להכיר תודה על השפע שיש לו ולהזמין שפע נוסף לחייו.

נכסים רבים

בורכת בהצלחה גדולה ובשפע רב!
שמור על הצניעות ועל החמלה שלך, וקדם נושאים לטובת הכלל.
כך תיצור לעצמך עמדת סמכות, ותהווה דוגמה לאחרים.

אפשרו לעצמכם למצוא תנוחה נוחה... שימו לב לכל איבר בגופכם וודאו שהוא חש בנוח... הקשיבו לקולות הנשמעים מבחוץ... ולקולות בחדר... לצליליה של המוזיקה... אפשרו למוזיקה ולקולי להביא אליכם רגיעה... להוביל אתכם לתוך עצמכם ולהרפות... קחו נשימה עמוקה... ועוד נשימה עמוקה... וחזרו לקצב נשימה רגיל... תוכלו לשים לב לקצב הנשימה שלכם - האם האוויר נכנס ויוצא בקלות... תוכלו לחוש כיצד תשומת הלב לנשימה מרגיעה אתכם יותר ויותר...

דמיינו את עצמכם יושבים ליד בריכת דגים עגולה ויפה, ובתוכה שוחים דגי זהב ודגים נוספים בצבעים שונים... מעל המים צפים צמחים ועלים בגדלים שונים... בגווני ירוק שונים... ושני פרחי לוטוס ורודים פורחים בשלווה על פני המים בברכה...

אתם שומעים את רחש הרוח סביבכם ומאזינים לציוץ הציפורים... היום יום אביבי נעים... ואתם יושבים על סלע גדול ליד הבריכה ונהנים מקרני שמש חמימות... מזג האוויר מושלם... אתם חשים את מגע הרוח המלטפת את פניכם ואת גופכם... חשים נינוחים יותר ויותר... גל של רגיעה והרפיה נע מקודקוד הראש... דרך הפנים... הצוואר... החזה... עוטף את הידיים... ודרך הבטן... והאגן... עד לרגליים ושוטף את כל גופכם...

אתם מתבוננים בשלווה בדגי הזהב השוחים להנאתם ונזכרים בכל הדברים בחייכם שאתם מבקשים להודות עליהם... על הטבע הנהדר סביבכם וכל מה שהוא מצמיח... על ימים יפים של שמש נעימה... או אולי על ימי גשם שמביא ברכה... כל אחד מאיתנו אוהב מזג אוויר אחר... וגוונים שונים של הטבע... קחו נשימה והודו לטבע... על כל הדברים האהובים שהוא מביא עמו עבורכם...

וגל הרגיעה עובר בכם שוב... מקודקוד הראש ועד לרגליכם... ודרכו אתם מודים לכל חלקי גופכם... שעובדים היטב למענכם... שמאפשרים לכם להיות קלי תנועה... שמאפשרים לכם לנוע בחופשיות... אפשרו לעצמכם להודות לגוף על כל יום שבו אתם מרגישים טוב... על כל אזור בריא בגופכם... ושלחו מרפא של רגיעה ואהבה לאזורים כואבים... (לחכות כחצי דקה).

אתם מביטים ברוך על הפרחים הוורודים והעלים הירוקים סביבכם... הם נראים לכם כמו משפחה... ואתם נזכרים בדברים נוספים שאתם יכולים להודות עליהם כעת... על בני משפחה קרובים ואהובים... אולי על חברים טובים הנמצאים לצדכם גם ברגעים קשים וגם ברגעים משמחים... ייתכן שאתם נזכרים באירועים שונים בחייכם, דברים טובים שקרו לכם בעבר...

הרגיעה ממלאת אתכם ואתם מבקשים להכיר תודה גם לעצמכם... על כל הדברים הטובים שאתם עושים... על רצונכם להתפתח וללמוד... על יכולתכם להתקדם ולקדם אחרים... על כך שאפשרתם לעצמכם את פסק הזמן הזה... הזכירו לעצמכם את כל הדברים היפים שאתם עושים למען עצמכם ולמען אחרים והודו לעצמכם על כך... הודו למחשבות החיוביות שבראשכם... הודו על רגעים של שמחה... של אהבה... של קבלה... תוכלו לנשום עמוק את התודה שלכם ולהכניס אותה פנימה אל תוך גופכם...

אולי אתם מודים על משהו שלמדתם... על התקדמות או שינוי בחייכם... או על הישג מיוחד במינו שהשגתם...?

אני אהיה כעת בשקט שתי דקות, ובהן תוכלו להודות על כל הדברים הטובים שהחיים זימנו לכם... בעוד שתי דקות תשמעו שוב את קולי...

אפשרו לעצמכם להודות גם על הדברים הקשים שהחיים מזמנים לכם, בידיעה שמכל דבר אנו יכולים ללמוד... לגדול... להתפתח ולהתקדם... גם כאשר זה נראה קשה... לבכם מלא בהכרת טובה ואתם חשים שככל שתיזכרו בדברים הטובים בחייכם וככל שתודו עליהם, יופיעו דברים טובים נוספים בחייכם... מתוך היש אנו יוצרים לעצמנו עוד יש... עוד שפע... קחו נשימה

עמוקה ומלאו את עצמכם בתחושה הזו...

בכל יום תוכלו להיזכר ולהודות עוד ועוד על הדברים הטובים בחייכם... קטנים כגדולים... מיום ליום ייכנסו לחייכם דברים טובים נוספים... עוד ועוד... ועם הידיעה הזו אתם יכולים להתחיל ולחזור מבריכת הדגים לכאן ולעכשיו... לחייכם, לגוף שלכם... תוכלו להניע מעט את כפות הידיים והרגליים... להניע בעדינות את גופכם... להניע את ראשכם בנינוחות מצד לצד... לנשום נשימה עמוקה... ועוד נשימה... לפקוח לאט עיניים ולחזור בקצב שלכם לערנות רגילה ולמודעות מלאה לכאן ולעכשיו.

14. הכרת תודה

15. גבעות של מתינות

קטגוריה:
פתרון תקלות

למי המדיטציה מתאימה?
לכל מי שמעוניין לנהוג במתינות כלפי סביבתו.

ענווה

בזמנים של מתינות, שום דבר
אינו קיצוני.
התאם את עצמך
לתקופה זאת:
מתן את התשוקות שלך ואת
הדעות המוצקות.
מצא איזון עדין.
ענווה תסייע לך בדרכך.

אפשרו לעצמכם לעצום עיניים ולמצוא לגופכם תנוחה נוחה... קחו נשימה עמוקה ואפשרו לעצמכם מנוחה... אפשרו לגוף לנוח מכל העשייה של היום... כל חלק בגוף יכול להרפות ולאט לאט להיכנס לאווירה של רוגע ושלווה... ייתכן שמחשבות רבות חולפות בראשכם... הניחו למחשבות לנוע הלאה, הלאה מכם ואפשרו לראש להתרוקן ולהתמלא אט אט בשלווה נעימה...

אתם ניצבים באזור הררי, גבוה... אתם מרימים את מבטכם ומביטים בשמים... מפה אפשר לראות צורות שונות של עננים... חלקם ענני כבשים בלובן בוהק... חלקם ענני נוצה רכים... סביבכם הרים משוננים... גבוהים מאוד... אתם מתבוננים בהרים וחשים את העוצמה שלהם... ועם זאת, צורתם המשוננת והחדה גורמת לכם גם מעט חוסר נוחות...

זהו יום חמים ונעים... קרני השמש מפציעות מבין העננים ומלטפות את גופכם בנועם... רוח קלילה מנשבת... אתם יכולים לשמוע את אוושתה... ריח של פרחי בר מוכרים עולה באפכם... אתם עומדים על רכס למרגלות הר גבוה במיוחד ומתבוננים בו... אולי אתם נזכרים כמה האדם קטן ליד הר עצום שכזה... אתם נמלאים יראת כבוד לטבע... ליכולת של הטבע ליצור הרים גבוהים כל כך ולצדם עמקים נמוכים... ההרים משדרים שקט עוצמתי... תחושה של ענווה ממלאת אתכם...

אתם מתרשמים מעוצמתו של הטבע ומהחיבור המופלא בין גודל וכוח לבין רוגע ונועם... אתם מהרהרים בכך שגם בחייכם יש תקופות של קיצוניות... תקופות שבהן ההרים נראים גבוהים מאוד... והעמקים תלולים מאוד... ואז לאחר כיבוש הפסגות הגבוהות, לעתים מגיעות נפילות... בתקופות כאלה אתם חשים שהרגשות שלכם סוערים מאוד... אולי אתם מרגישים צורך להביע רגשות כמו כעס... או עלבון... אכזבה... או עצב... הכול סוער מאוד...

ואולי, כמו פסגות ההרים המשוננות, גם הדעות שלכם לעתים מוצקות מאוד וברורות לכם... תקופות של חדות...

ואתם מתחילים ללכת לכיוון ההר... הוא גדול מאוד מאוד... וקצת מאיים... אך יש בו גם משהו שמושך את לבכם... ההר מזמין אתכם להיכנס לתוכו... וכשאתם מתקרבים אליו אתם מבחינים בדלת קטנה... דלת חצובה בסלע שמזמינה אתכם להיכנס פנימה, ממש לתוך ההר... אתם פותחים את הדלת, חשוך שם בתוך ההר... ולוקח לעיניכם כמה דקות להתרגל לחושך... עם זאת, אתם מבחינים באור קטן ומרצד שמתקרב אליכם מהשביל בבטן ההר...

האור קרב... וקרב... ואתם רואים זקן סיני שפוסע לקראתכם ומגיע אליכם... בידו עששית... הוא קד קידה קטנה ומזמין אתכם בתנועת יד ללכת אחריו לתוך ההר... אתם פוסעים בעקבותיו ושומעים את קול צעדיו... יש הד חזק בתוך ההר וגם קול צעדיכם נשמע... זהו מסדרון ארוך, ארוך מאוד... ואתם תוהים, מה מסתתר שם בלב ההר...?

אתם מגיעים אל כוך קטן והזקן מזמין אתכם לשבת על כיסא קטן... ריח מיוחד עולה מנר הדולק במקום... הזקן מתיישב מולכם ומגיש לכם קופסת עץ קטנה שעליה כתוב "ענווה" בעברית ובסינית... אתם פותחים את הקופסה ורואים דף נייר הלקוח מספר התמורות הסיני ובו כתוב: "הענווה היא תכונה נסתרת, כמו קופסה קטנה בתוך לבו של הר..." אתם נפעמים מן המעמד ומעצם הגעתכם אל לבו של ההר וממשיכים לקרוא בדף: "...הענווה היא מטרתו של איש ההולך בדרך הטובה... ואף על פי שאינה נראית, היא זוהרת מרחוק... הטבע נוהג במתינות... מחסיר מן המלא וממלא את הריק... כך גם האדם הפועל במתינות... בגמישות..."

אתם מביטים בסיני הזקן בנינוחות ובוחרים ליהנות מן השקט ומן הרוגע שבשתיקה.... הסיני הזקן מזמין אתכם לקום מן הכיסא ומוביל אתכם הלאה.... אתם נכנסים עוד למעבה ההר... בזמן ההליכה בבטן ההר אתם מהרהרים בדברים שהיו כתובים בקופסה... חושבים על רצונכם שהדברים יהיו רגועים יותר... שלווים יותר... שתשרה יותר הרמוניה בחייכם... שהקופסה בלבו של

ההר תישאר איתכם ותביא לכם תובנות כשתרצו בכך... אתם ממשיכים ללכת בעקבות הזקן ושמים לב כי בעצם אתם חוצים את ההר מבפנים... אור קטן מאיר מרחוק, ואתם יודעים שעוד מעט תצאו מצדו השני של ההר... אתם חושבים שיהיה מעניין לגלות מה נמצא שם בצד השני...

אתם מגיעים לפתח היציאה ויוצאים החוצה... אור השמש מקדם את פניכם בברכה, והזקן הסיני מברך אתכם לשלום וחוזר לו לתוך ההר... אתם מודים לו ופונים להביט סביב... עיניכם מתרגלות אט אט לאור בחוץ... אתם מופתעים לגלות עד כמה השתנה הנוף בצד השני של ההר: במקום הרים חדים וגבוהים יש כעת גבעות נמוכות ומעוגלות... ולצדן עמקים נחמדים קטנים... הכול מכוסה בעשב רענן ונחלים מפכים בין הגבעות... הנוף יפהפה והוא עכשיו הרבה יותר מתון... נעים... נינוח... כאן קל יותר לטפס על הגבעות ולרדת לעמקים... אפשר ללגום לרוויה ממי הנחלים ולהתמלא ברוגע ובהרמוניה... אתם שותים ממי אחד הפלגים הקטנים ומתפרקדים לכם למרגלות גבעה...

ועם תחושת המתינות והרוגע הללו, לאט לאט ובהדרגה, אתם מתחילים לחזור לכאן, לחדר הזה, לחייכם, לגוף שלכם... תוכלו להניע מעט את כפות הידיים והרגליים... להניע בעדינות את גופכם... להניע את ראשכם בנינוחות מצד לצד... לנשום נשימה עמוקה... ועוד נשימה... לפקוח לאט עיניים ולחזור בקצב שלכם לערנות רגילה ולמודעות מלאה, לכאן ולעכשיו.

15. גבעות של מתינות

16. יום של פינוק

קטגוריה:
חיזוק משאבים

למי המדיטציה מתאימה?
למי שזקוק לפסק זמן ולפינוק.

התלהבות

הכול נמצא כעת בהרמוניה.
תוכל להתפתח באמצעות
הקשבה לעצמך ובעזרת
אמונה ביכולות שלך.
דברים מסתדרים אצלך
בזכות התאמה מופלאה
בינך לבין היקום.

אפשרו לעצמכם למצוא תנוחה נוחה... לחוש שכל איבר בגופכם נינוח... עצמו את העיניים ומקדו את תשומת הלב בראשכם... תוכלו לחוש כיצד הוא מרגיש מבפנים... הרגיעו את הראש ושימו לב כמה נעים להקדיש לראש תשומת לב רגועה... וכעת תוכלו לטייל עם תשומת הלב הרגועה לאורך כל הגוף... לאט לאט וברכות... לחוש כמה זה מרגיע... אולי אתם שומעים קולות מבחוץ או מתוך החדר... קולות אלה והמוזיקה המתנגנת מסייעים לכם למקד את תשומת לבכם בכל חלקי הגוף... עד לכפות הרגליים... וכשתשומת הלב שלכם מגיעה לכפות הרגליים, השלווה והרוגע שבכם הולכים וגוברים...

דמיינו את עצמכם מתעוררים משנת לילה טובה בבית נחמד שאתם נמצאים בו בזמן חופשה... אתם קמים לאט לאט מהמיטה... ניגשים לחלון, פותחים את התריסים ומביטים החוצה; אתם מגלים שלאחר חורף ארוך מאוד... שבו היה קר... רוחות נשבו... העצים עטו מעט מאוד עלים... גשם רב ירד... לאחר תקופה ארוכה של חורף, סוף סוף הגיע האביב...

שמש חמימה מלטפת את העצים וקרניה צובעות הכול באור רך... העצים נראים רחוצים... הם מוכנים לאביב... השמש הצמיחה על ענפיהם עלים קטנים, חדשים ורעננים... ניצנים חדשים של פרחים צצים בכל מקום... חלקם מגלים את צבעם של הפרחים העתידיים: ורוד... אדום... סגול... הצבעים משתלבים בירוק שמסביב וטיפות קטנות של טל עדיין תלויות על העצים...

ציפורים עומדות על ענפי העצים ומצייצות... הציוצים נשמעים באוזניכם כמו מוזיקה נעימה ומענגת... תחושה של אושר ממלאה את לבכם... אתם חשים התלהבות... שמחה... הנה משהו השתנה... אתם מרגישים כאילו גם אתם הייתם שרויים בחורף ממושך... ועכשיו הגיע האביב שלכם... הכול חוזר ללבלב ולפרוח...

ואתם מחליטים לחגוג את האביב הנפלא הזה. אתם מתלבשים ומתארגנים ליציאה החוצה... וכשאתם יוצאים החוצה לגינה, אתם מגלים שארוחת בוקר מפנקת מחכה לכם שם... אתם מתיישבים ליד שולחן... ואוכלים מטעמים העשויים בדיוק כמו שאתם אוהבים... נושמים את האוויר הצח והרענן... מריחים את ריחות הפריחה הנעימים... כמה טוב להתחיל ככה את הבוקר...

במהלך ארוחת הבוקר הטעימה, אתם חשים שמתחשק לכם לעשות היום משהו אחר... משהו שונה... משהו שכבר הרבה זמן הייתם רוצים לעשות... משהו מיוחד למען עצמכם... פינוק אמיתי... היום אתם ממש רוצים לפנק את עצמכם... לחוש כאילו גם אתם פרח שחיכה כל החורף וכעת הוא מתחיל לפרוח... והוא זקוק לקצת מים... לקצת שמש... ולמעט דשן על מנת להיפתח במלואו...

גם אתם זקוקים למעט פינוק כדי שתוכלו לפרוח... והיום אתם מחליטים שזהו זמן נהדר לפנק את עצמכם... אתם מבינים כמה זה חיוני עבורכם לעשות משהו אך ורק למען עצמכם... זה יכול להיות עיסוי... או אמבטיה חמה... או בילוי מיוחד שמזמן רציתם לעשות... או לקרוא ספר טוב... או לראות סרט טוב... כל דבר שאתם אוהבים ושיעשה לכם טוב....

אני אהיה כעת בשקט שתי דקות, ובהן תוכלו לעשות משהו מפנק עבור עצמכם... אפשרו לעצמכם לחוות ולהתענג... אתם תשמעו את קולי שוב בעוד שתי דקות...

הפינוק שלכם ממשיך עוד קצת... ואתם נערכים לסיים אותו היום... היה נעים כל כך להתפנק... אתם חשים שמצב רוחכם עדיין מרומם... מתוך רוגע אתם נכנסים חזרה לבית ומאזינים למוזיקה שאתם הכי אוהבים... אולי תרצו להזמין חברים לבלות איתכם את המשך היום... ואולי פשוט תרצו להיות לבדכם... בשקט שלכם... הקשיבו למוזיקה הממלאת את חלל הבית, מפזרת צלילים נעימים לכל עבר... ממלאת את לבכם...

אתם חשים שזהו יום נפלא... מלא פינוק ועונג... ואתם מאמינים שתוכלו

ליצור לעצמכם עוד ועוד ימים כאלה... או רגעים כאלה... אתם יודעים שעל מנת להתפתח ולצמוח עליכם להקשיב לעצמכם... לפנק את עצמכם... להשקיע בעצמכם... כדי ליצור ולעשות כדאי גם להשתעשע... והחיים יכולים לזמן לנו כל מיני הנאות קטנות וגדולות... אם נזכור היטב לעצור מדי פעם... אם נדע להשקיע מעט בעצמנו...

אתם יודעים שמיום ליום תוכלו להשקיע בעצמכם עוד ועוד... זה ממלא אתכם בשמחה ובאושר כמו שחוויתם כעת... ועם תחושה זו אתם מתחילים לחזור לכאן, לחדר הזה.... להניע מעט את כפות הידיים והרגליים... להניע בעדינות את גופכם... להניע את ראשכם בנינוחות מצד לצד... לנשום נשימה עמוקה... ועוד נשימה... לפקוח לאט עיניים... ולחזור בקצב שלכם לערנות רגילה ולמודעות מלאה... לכאן ולעכשיו.

16. יום של פינוק

17. פשוט לזרום

קטגוריה:
מציאת כיוון

למי המדיטציה מתאימה?
לכל מי שרוצה להרפות משליטה ולזרום עם הזרם,
להיות כמו מים...

הסתגלות

כרגע יש לפעול תוך
הסתגלות למה
שמתרחש מסביבך.
אם קשה לך להסתגל,
עבוד על שינוי עצמי.
הסתגלות טובה
תאפשר לך למצוא שלווה,
וכך תוכל להצליח בדרכך.

א פשרו לעצמכם למצוא תנוחה נוחה... ולהעניק לעצמכם אפשרות לנוח... גופכם עובד קשה ומתאמץ במהלך כל היום וזוהי הזדמנות לאפשר לו מעט להרפות... וכשאתם נינוחים על המזרן או על הכיסא חושו כיצד כל המקומות בגופכם שנאגר בהם מתח מרפים ונרגעים אט אט... זוהי הרגשה נעימה של שחרור... אפשרו לעצמכם לנשום נשימה עמוקה ועוד נשימה ולתת לאוויר לזרום בגופכם... האוויר זורם במקומות הפתוחים ולעתים הוא מתקשה לזרום במקומות חסומים... הכניסו מודעות למקומות אלה ואפשרו להם להיפתח... קחו עוד נשימה... ועוד אחת... חושו כיצד האוויר מביא עמו רגיעה ושלווה לתוך גופכם, לכל פינה ופינה... ואתם מתחברים יותר אל השקט שבתוככם...

כעת דמיינו את עצמכם ביום קיץ בהיר עומדים ליד נהר... זהו נהר צלול, ומימיו נראים זכים ונעימים... הנהר זורם לאטו בשיפוע מתון מאוד, ומשהו בו קורא לכם להיכנס לתוכו... לצאת לשחייה נעימה במים... משהו בנהר הזה מושך את לבכם... בלי לחשוב יותר מדי אתם טובלים את רגליכם במי הנהר... ולאט לאט נכנסים לתוכו בכל גופכם... הנהר גדול ורחב... מימיו כחולים-ירוקים... צלולים צלולים... אתם יכולים לשמוע את פכפוך המים... לחוש את מגעם הקריר... ולהריח את ריחם הנעים... הנהר הזה הוא נהר מיוחד... הוא מאפשר לכם לנוע עם זרימת המים שבו בקלות... להשתחרר משליטה ופשוט להרפות לתוך מימיו הקרירים והנעימים...

אתם צפים על פני המים וחשים כיצד המים מכוונים את גופכם... ונושאים אתכם עמם למסע מופלא... אולי בתחילה קשה לכם מעט עם כך שהמים מכוונים אתכם, מחליטים בשבילכם על הכיוון... או על הקצב... אך מהר מאוד אתם מבינים שזהו מסע מיוחד שבו אתם מאפשרים לעצמכם להירגע... ולהיות מובלים על ידי המים... המים משיטים אתכם בעדינות... ברוגע... בנעימות... ואתם נסחפים לכם איתם... נטולי כל חשש או דאגה...

וככל שהם ממשיכים ומובילים אתכם אתם חשים כיצד מגעם המלטף מאפשר לכם להירגע עוד... ועוד... ועוד... לנוח... סתם כך לשוט ולצוף...

המים בנהר ממשיכים להוביל אתכם... אתם רואים סביבכם את הצמחייה שעל גדות הנהר ומעבר לו... הנוף ירוק ומוצל מאוד... ישנם מקומות שבהם הנהר נהיה צר ואתם עוברים בו בקושי... ולעתים הוא רחב מאוד... ויש לכם הרבה מקום... לעתים הנהר מזמן סלעים והמים נושאים אתכם בזהירות לצדם ומגנים עליכם מפניהם... פה ושם דגים קטנים מדגדגים את רגליכם... אינכם עושים דבר מלבד לאפשר למים לשאת אתכם... אתם יודעים שהם שומרים עליכם... ואתם מניחים להם לשאת אתכם בכל מצב ממצבי הנהר...

המים מאפשרים לכם להתנסות ביכולת שלכם לאפשר לתהליכים לקרות מעצמם... פשוט לתת לדברים להיות... אתם מגלים בשמחה שגם כשאתם מרפים, הכול בסדר... הדברים מתרחשים כמו שהם אמורים להתרחש... ברוגע... בשלווה... אפשר לתת לדברים להתנהל מעצמם... ואתם יכולים לשחרר את עצמכם מלנהל אותם... אתם חושבים על העייפות הרבה שהצטברה בגופכם בשל הניסיון לשלוט בדברים ולנהל אותם... וכעת המים מאפשרים לכם מנוחה טובה... מפוגגים את העייפות... אתם מרגישים הקלה... וזרימה... אתם יכולים לזרום עם המים... כמו עם הרבה דברים אחרים בחיים... לתת לזרם להוביל אתכם... אתם מתרגלים לתחושה החדשה... תחושה של מנוחה... של אמונה...

המים מחזירים אתכם אל הגדה... מגבת גדולה ממתינה לכם... אתם יוצאים מהמים ומתנגבים וקרני השמש מחממות אתכם ומייבשות אתכם... בגדים נקיים מוכנים עבורכם על הדשא הרענן ואתם לובשים אותם... אתם מבחינים שמשהו השתנה בתנועה שלכם: אתם קלים יותר... כאילו משוחררים ממשהו שסחבתם איתכם זמן רב... אתם מתנועעים יותר בקלות ובחופשיות... ושלווה נעימה ממשיכה ומלווה אתכם...

פרפר יפהפה מגיע ונוחת על היד שלכם... אתם מסתכלים עליו... הוא צבעוני ומרהיב... והוא עומד ברוגע על היד שלכם... אתם יכולים ממש לחוש

את רפרוף כנפיו... הפרפר הזה מסמל את היכולת שלכם להשתנות... את היכולת שלכם להיות קלילים וחופשיים ממש כמוהו... הוא נשאר על ידכם עוד כמה שניות וממשיך לעופף לדרכו... ואתם קלילים ורגועים ויכולים להמשיך בדרככם...

ועם התחושה הקלילה הנפלאה הזו אתם מתחילים לחזור לכאן, אל החדר הזה... להניע מעט את כפות הידיים והרגליים... לנשום נשימה עמוקה, בעדינות לפקוח את העיניים... ואתם חוזרים אט אט... בקצב שלכם... לערנות רגילה... לכאן ולעכשיו.

17. פשוט לזרום

18. שירת הצפרדעים

קטגוריה:
פתרון תקלות

למי המדיטציה מתאימה?
למי שחשים שמשהו הוזנח בחייהם ורוצים לשנות זאת.

תיקון
משהו מוזנח כעת ודורש עבודה קשה לתיקון ולהצלחה.
קח שלושה ימים למחשבה בטרם תפעל.
מצא דרך לתקן את מה שקולקל, ובצע תיקון יסודי.
עבודה קשה ויסודית תביא להצלחה גדולה.

א פשרו לעצמכם למצוא תנוחה נוחה... תוכלו לחוש את גופכם על הכיסא או על המזרן... אתם נחים ומתחילים לאט לאט לחוות תחושה של נינוחות... זהו זמן מנוחה עבורכם... עבור גופכם... זהו זמן שמאפשר לראש להשתחרר מעט מן המחשבות ולהרפות... תוכלו לשמוע קולות מבחוץ... אפשרו לעצמכם להתמקד בקול שלי... ולחוש איך שלווה ממלאת אתכם... ואתם נינוחים יותר ויותר מרגע לרגע...

דמיינו את עצמכם ביום סתיו נעים... למעלה שמים מעוננים... רוח נעימה מנשבת... אתם יושבים ליד בית אבן עתיק וישן... נראה שהוא נבנה לפני זמן רב מאוד... למרגלות הבית יש בריכה קטנה... היא נראית יפה מאוד ושובת לב, ועם זאת כאשר אתם קרבים אליה, אתם מבחינים שהמים בבריכה עכורים מאוד... הם מלוכלכים ומלאי ירוקת... הדבר מצער אתכם... הייתם רוצים שמי הבריכה יהיו צלולים ונקיים... אז יוכלו לצמוח בהם צמחים... ולשוט בהם דגים...

לפעמים נראה לכם שגם בחיים שלכם דברים עומדים... כמו מים עכורים... משהו אינו קורה כמו שהייתם רוצים שיקרה... משהו נתקע, עכור... חסרה פשטות.... חסרה בהירות, חסרה צלילות...

משהו בתוככם אומר לכם שבידיכם היכולת לשנות את מימי הבריכה... לשנות את חייכם... להפוך את הדברים לנכונים ולטובים יותר עבורכם... ואתם מתחילים לחשוב כיצד לנקות את הבריכה... מה תוכלו לעשות כדי ליצור בהירות וצלילות?

אתם מתיישבים על האבן שליד הבריכה ותוהים במה תתחילו... מה תוכלו לעשות כדי לתקן את מה שקולקל... כדי שדברים יתהוו אחרת... אתם מהרהרים בכך... אתם מבינים שראיתם את הבריכה הזו בעבר... אתם נזכרים

בה... אז היא היתה צלולה וזכה... הייתם רוצים לחוש כמו פעם, בימים שבהם הבריכה היתה צלולה... בהירה... כשהתבוננות במימיה היתה מלווה בשמחה, בהנאה...

אתם מבחינים באיש זקן הקרב ועוצר לידכם... על ראשו כתר נוצות והוא נראה כמו ראש שבט אינדיאני... תנועותיו כבדות ומתונות... אתם מתבוננים בפניו ורואים שהוא איש זקן וחכם עד מאוד... הוא מתיישב לידכם ומספר לכם סיפור... יש לו קול נעים מאוד ואתם מופתעים לגלות שהוא מדבר בשפה שלכם... הוא מספר שהאינדיאנים מאמינים שצפרדעים נושאות אנרגיה של טוהרה... קרקור הצפרדעים הוא שמביא את הגשם.... הגשם מטהר את האדמה ואת האנשים ואת מקורות המים...

אתם מקשיבים לדברי האינדיאני החכם ונמלאים במחשבות... הוא קם ללכת ונותן לכם קופסה גדולה בעלת מכסה מחורר... אתם פותחים אותה ומוצאים בתוכה שבע צפרדעים גדולות... אתם משחררים את הצפרדעים על שפת הבריכה... הן קופצות מיד לתוכה ונעלמות במים... לאחר כמה דקות הן יוצאות ומתחילות לקרקר... קרקורן נשמע ערב כמו שירה יפה... אתם מקשיבים לשיר ומבינים שהן שרות שיר לגשם...

לאט לאט, בהדרגה, מתחיל הגשם לרדת... אתם נכנסים לבית האבן העתיק ומשאירים את הדלת פתוחה... מבעד לדלת אתם מתבוננים בטיפות המים הקופצות על האדמה... אתם שומעים את קולו של הגשם ואת קול הצפרדעים שממשיך להישמע בין הטיפות... אתם מריחים את ריחו המופלא של הגשם... ואת ריח האדמה החובקת אותו...

הכול נשטף ומתרענן... האדמה נרטבת וכך גם הבריכה... טיפות המים מרקדות על פני הבריכה... הגשם יורד ויורד... לפעמים הוא חזק יותר ומכה באדמה, ולעתים טיפות רכות נופלות בעדינות מן השמים... עד שהוא נפסק...

אתם יוצאים מהבית ומסתכלים סביבכם... הבריכה עכשיו שונה לגמרי...

המים צלולים ונקיים... נפלא לראות כיצד הגשם ניקה אותם... והשמים משתקפים בהם... אתם חשים כי כך גם חייכם... יש ביכולתכם ליצור שינוי... אולי תוכלו להיעזר באנשים סביבכם על מנת לתקן דברים שלא מתאימים לכם... ותוכלו גם להשתמש בכוחות הפנימיים שלכם על מנת לעשות זאת... תוכלו להיעזר ביכולות שלכם... בתכונות הטובות שלכם...

קרני השמש בוקעות מבין העננים ויוצרות פסים של אור על הבריכה ועליכם... פס האור שעליכם משתנה עם תזוזת העננים ומעניק לכם את חוויית הצלילות שבשינוי... קשת בשלל צבעים נראית בשמים... אתם חשים שמחה אדירה למראה הקשת... אתם מרגישים שהקשת מעניקה לכם תקווה... מאפשרת לכם להמשיך מפה לכיוון טוב ונכון עבורכם...

ועם התחושה המופלאה הזו אתם מתחילים לחזור לכאן, לחדר הזה... ולמציאות חייכם... אתם לוקחים עמכם את התחושה הטובה שהכול ניתן לשינוי... ושמיום ליום דברים יוכלו להשתנות... יש בכם כוחות לעשות זאת... והכוחות ילכו ויתעצמו מיום ליום...

ועם התחושה הזו, אתם מתחילים, לאט לאט ובעדינות, לחזור לערנות רגילה ולמציאות הרגילה... להניע את אצבעות הידיים ואת אצבעות הרגליים... לנשום נשימה עמוקה וממלאת... לפקוח אט אט את העיניים... ולחזור לכאן ולעכשיו.

18. שירת הצפרדעים

19. מסר סיני עתיק

קטגוריה:
חיזוק משאבים

למי המדיטציה מתאימה?
למי שזקוק לעידוד ולמסר של קידום והצלחה.

קידום

האביב מאפשר לך להתחיל לצמוח ולהתקדם בדרך הנכונה לך.
תוכל להתפתח לעבר מימוש עצמי.
כל התנאים לצמיחה רוחנית עומדים כעת לרשותך.

מצאו לעצמכם תנוחה נוחה... עצמו את העיניים ואפשרו לעצמכם למקד את תשומת הלב בראשכם... לחוש כיצד הוא מרגיש מבפנים... הרגיעו את הראש, שימו לב כמה נעים להקדיש לראש תשומת לב רגועה... וכעת תוכלו לטייל עם תשומת הלב הרגועה לאורך כל הגוף... לאט לאט וברכות... לחוש כמה זה מרגיע... אתם שומעים קולות מבחוץ או מתוך החדר... קולות אלה והמוזיקה המתנגנת מסייעים לכם למקד את תשומת לבכם בכל חלקי הגוף... עד לכפות הרגליים... וכשתשומת הלב שלכם מגיעה לכפות הרגליים, אתם כבר רגועים ושלווים מאוד מאוד...

דמיינו את עצמכם נמצאים בפתח בית עתיק יומין... הבית בנוי בסגנון ישן, ומשהו בו מאוד מושך אתכם להיכנס... הדלת פתוחה ומזמינה ואתם חשים כי אתם רצויים בו... וכי זה בסדר להיכנס לבית הזה ולהתבונן בו... כשאתם נכנסים, אתם רואים את החדרים הגדולים, את הרהיטים הישנים... אתם סקרנים מאוד לדעת מה יש בבית הזה... מי גר בו... אתם ממששים את הרהיטים ומסתובבים בין החדרים, ואז אתם רואים מדרגות היורדות למרתף...

אתם מתחילים לרדת למטה... יש מדרגות יותר ממה שחשבתם והן קצת חשוכות... עם זאת, מעט האור מספיק לכם כדי לרדת בבטחה... אתם מרגישים שלווים ורגועים... וככל שאתם יורדים עוד ועוד במדרגות כך מתעצמת הרגיעה שלכם... משהו בכם חש שתמצאו דבר מעניין מאוד במרתף הבית... שמשהו מחכה שם עבורכם...

אתם ממשיכים לרדת... מסגלים את עיניכם עוד ועוד לחשכה ומרגישים בטוחים ומוגנים... עד שאתם מגיעים למרתף גדול... אתם מסתכלים סביבכם ורואים המון ארגזים, ואתם רוצים מאוד לדעת מה טמון בתוכם... אתם פותחים את אחד הארגזים ומגלים שהוא מלא בספרים עתיקים... הספרים

מסקרנים אתכם, אתם לוקחים את אחד הספרים בידכם וממששים אותו... מריחים את ריחו... ריח של ספר ישן נושן...

כשעיניכם מסתגלות לאפלולית אתם מבחינים במה שכתוב על כריכת הספר: "ספר התמורות הסיני"... אתם קוראים בדפים הראשונים שזהו ספר ניבוי... שהסינים נהגו לנבא באמצעותו את העתיד להתרחש... ואז אתם רואים עמוד שכתוב עליו שמכם... וכתוב עוד, "אנא פתחו אותי באחד העמודים וקראו מה כתוב... זהו מסר עבורכם... והוא יסמל בשבילכם את הזמן הקרוב..."

אתם קוראים שוב את הכתוב... כי קצת קשה לכם להאמין ששמכם מופיע על ספר כה עתיק... ואז אתם סוגרים את הספר ופותחים אותו שוב באקראי... בעמוד שנפתח כתוב: "הקסוגרמה 19: קידום – הצלחה גדולה. מצב מבטיח מאוד שמאפשר לכם לקדם דברים... להיות בעשייה... הרבה מזל יאיר לכם פנים..."

אתם נרגשים מהמסר שקיבלתם מספר התמורות הסיני... זהו מסר שמתאים לכם עכשיו... ואתם חוזרים בשמחה על המילים... הצלחה גדולה... מזל מאיר פנים... יכולת להתקדם... אתם חשים כיצד המילים האלה מעודדות אתכם... יוצרות בכם תחושה של יכולת... של מסוגלות... ואתם רואים בעיני רוחכם תמונה שלכם כשאתם מתקדמים... מצליחים... הבעת אושר על פניכם... והמזל מאיר לכם פנים... אתם מאושרים כל כך לראות את עצמכם כך...

אתם מביטים שוב בדף שבספר ומבחינים שבתחתיתו כתוב שמכם באותיות קטנות... ויש שם גם פתק קטן ועליו כתוב: "כתבו משאלה"... אתם פותחים את הפתק ומתחילים לכתוב...

אני אהיה כעת בשקט למשך דקה אחת כדי לאפשר לכם לכתוב את המשאלה שלכם... אתם תשמעו את קולי שוב בעוד דקה...

ולאחר שרשמתם את משאלתכם, אתם מבינים שהייתם במרתף כבר זמן

רב... ושהגיעה העת לעלות חזרה למעלה... אתם מטמינים את הפתק בין דפי הספר ומחזירים את הספר לארגז... אתם רוצים להתבונן בעוד ספרים... אבל אינכם ממהרים – משהו בכם אומר לכם כי תמיד תוכלו לחזור לבית ולמרתף ותהיה לכם אפשרות לעיין בכל הספרים בפעמים הבאות...

אתם מתחילים לעלות במדרגות... עוד ועוד... חשים שהיה לכם ביקור מפתיע, בלתי צפוי ומעניין מאוד במרתף... ועכשיו... מלאים בחוויה המיוחדת שעברה עליכם, אתם חוזרים אל הבית הישן... יוצאים מן הדלת ומתחילים אט אט לחזור לכאן, אל החדר הזה... תחושת הקידום, ההצלחה והמזל מלוות אתכם כשאתם חוזרים לאט לאט לערנות רגילה... כשאתם פוקחים את עיניכם תוכלו להיזכר בתמונה שלכם ובמסר שקיבלתם... כל אלה שלכם...

ועם המתנות המשמחות הללו... אתם מתחילים לאט לאט ובעדינות לחזור לערנות רגילה ולמציאות הרגילה... להניע את אצבעות הידיים ואת אצבעות הרגליים... לנשום נשימה עמוקה וממלאת... לפקוח אט אט את העיניים... ולחזור לכאן ולעכשיו.

19. מסר סיני עתיק

20. מסע עם הרוח

קטגוריה:
מציאת כיוון

למי המדיטציה מתאימה?
לכל מי שזקוק לרגע של התבוננות כדי להסתכל על חייו בצורה שונה.

התבוננות

בדרכך הקסומה אתה מוזמן להקדיש זמן להתבוננות שלווה. כאשר תתבונן במצב לעומק, תגלה תובנות חשובות לגבי דרכך. תוכל גם לכוון את עצמך לקראת מה שצפוי. ההתבוננות מעצימה את כוחך.

א פשרו לעצמכם למצוא תנוחה נוחה... תוכלו לחוש את גופכם על הכיסא או על המזרן... להרפות מעט את השרירים... ולהתחיל לאט לאט לחוש תחושה של נינוחות... זהו זמן מנוחה עבורכם... עבור הגוף... זמן שמאפשר לראש להשתחרר מעט מן המחשבות ולהרפות... אפשרו למחשבות שלכם להתפוגג כמו עננים בהירים בשמים שנעים עם הרוח, מתפוגגים ונעלמים... תוכלו לשמוע קולות מבחוץ ואת הצלילים המתנגנים פה בחדר... אפשרו לעצמכם להתמקד בקול שלי... ולחוש איך אתם נינוחים יותר ויותר מרגע לרגע...

דמיינו את עצמכם עומדים על גבעה קטנה... מסביבכם גבעות נוספות, חלקן גבוהות יותר וחלקן פחות... לגבעות גוונים מגוונים של ירוק... הצמחים נעים מסביב עם הרוח... ניחוח הפרחים עולה באפכם... אתם מתבוננים בגבעות וחשים במגעה המלטף של הרוח על הפנים... מאזינים לשריקתה הרכה... הרוח מנסה לומר לכם משהו... הקשיבו היטב לקולה של הרוח... הרוח מזמינה אתכם להתלוות אליה לטיול קסום מעל פני האדמה...

אתם חשים כי אתם נמשכים אל הרוח ומתחילים לעופף יחד איתה... המעוף מעל האדמה נעים לכם... התנודות של הרוח מעלות בכם זיכרון ישן של תנודות... אולי מימי ינקותכם... אולי מבטן אמכם... אתם חשים כיצד הטלטול והנענוע מרגיעים אתכם יותר ויותר... הם כה נעימים לכם... יוצרים בכם תחושה מוגנת. אתם יודעים כי המעוף הזה מוביל אתכם בבטחה לטיול מיוחד...

אתם עפים ויכולים להתבונן על הנוף שסביבכם... הגבעות הירוקות משנות את פניהן לנופים אחרים נוספים... הרים ירוקים או מסולעים... מישורים זהובים... שדות חרושים חומים... ואתם אפילו יכולים לראות מרחוק את הים הכחול... אתם חשים התרוממות רוח בהביטכם על האדמה הנפרשת

תחתיכם במלוא הדרה... אתם נהנים מהמעוף... ומתבוננים...

ההתבוננות מאפשרת לכם להיזכר ביכולת שלכם פשוט להיות... פשוט להתבונן בחייכם... וכשאתם מתבוננים תחילה ורק לאחר מכן פועלים, הדברים נעשים בדרך נכונה יותר... בדרך שמאפשרת לכם להבין את תמונת המצב... ולגבש את דרך הפעולה לאט לאט ובהדרגה...

הסינים מאמינים שמי שיודע להתבונן בשקט יכול לחזות מצבים ולדעת להתכונן למה שצפוי... אתם מבינים שהרוח לקחה אתכם למסע על מנת ללמד אתכם את הדרך שלה... דרך ההתבוננות... הרוח משנה את פני הנוף בעדינות... לאט לאט... בהדרגה... וכך גם אתם יכולים להתבונן ולהבין מה הייתם רוצים להשאיר כמו שהוא ומה הייתם רוצים לשנות... מה משרת אתכם בחייכם ועל אילו דברים תוכלו לוותר... (להמתין כחצי דקה).

אתם ממשיכים לרחף על כנפי הרוח הטובה... ולהתבונן בשינויים המתרחשים תחתיכם... השמש מתחילה לשקוע... וכעבור יום זורחת שוב... עונות השנה המשתנות במקומות שבהם אתם מבקרים... אתם נעים בין אביב, קיץ, סתיו וחורף... מתבוננים סביבכם ומתפעמים מהטבע הפועל ומאפשר לדברים לקרות בזמן ובקצב שלהם...

עתה הרוח מנמיכה עוף ומאטה, ואתם רואים כי חזרתם לגבעה הירוקה שממנה יצאתם למסע... אתם מודים לרוח על כי אפשרה לכם להתבונן בעולם מנקודת מבטה... הרוח מזמינה אתכם להצטרף אליה בכל פעם שתרצו ומאחלת לכם שמיום ליום תוכלו לפתח את יכולות ההתבוננות שלכם... את יכולות החיזוי... וממשיכה במעופה האינסופי...

ועם תחושה טובה זו, אתם אוספים את התובנות שנתנה לכם הרוח ומתחילים לחזור אט אט לכאן, אל החדר הזה... אל חייכם שעל פני האדמה... אתם חוזרים למציאות הרגילה... בקצב שלכם, מניעים מעט את הידיים ואת הרגליים... לאט, ובעדינות פוקחים עיניים... ושבים לכאן ולעכשיו.

20. מסע עם הרוח

21. חלון הראווה

קטגוריה:
עתיד

למי המדיטציה מתאימה?
לכל מי שמעוניין לשנות ולראות את תמונת השינוי בחייו.

שינוי יסודי

כמו אוויר לנשימה, אתה זקוק לשינוי משמעותי בחייך.
אין מנוס מלשנות את מה שכבר אינו משרת אותך. נדרשת עבודה עצמית כדי לדעת מה יאפשר לך להתפתח לכיוונים שטובים לך ומה מעכב אותך.

א. פשרו לעצמכם למצוא תנוחה נוחה... תוכלו לחוש את גופכם על הכיסא או על המזרן... אתם נחים ומתחילים לאט לאט לחוות תחושה של נינוחות... זהו זמן מנוחה עבורכם... עבור גופכם... זהו זמן שמאפשר לראש להשתחרר מעט מן המחשבות ולהרפות... תוכלו לשמוע קולות מבחוץ... אפשרו לעצמכם להתמקד בקול שלי... ולחוש איך שלווה ממלאת אתכם... ואתם נינוחים יותר ויותר מרגע לרגע...

ועכשיו, דמיינו את עצמכם הולכים ברחוב ראשי בעיר... מתבוננים בחלונות הראווה... בכביש שלידכם חולפות מכוניות... תוכלו לשמוע את קול המנועים... לעתים עוברים גם אוטובוסים... חלקם עוצרים בתחנה שלידכם ואנשים עולים ויורדים... תוכלו לשמוע את קולות האנשים... ולהריח את ריחות העיר הסואנת...

אתם ממשיכים ללכת ולהתבונן... העיר רועשת ושוקקת חיים... וככל שהעיר רוחשת, כך אתם קשובים פחות לקולות הרמים... השלווה שבתוככם הולכת וגדלה... אתם ממשיכים ללכת לאט, ורוגע ממלא אתכם... אתם עוברים ליד חנויות שונות... עוצרים לרגע כשמשהו שובה את לבכם... ואז ממשיכים...

לאחר כמה דקות אתם מגיעים לחנות למכשירי חשמל... בחלון הראווה של החנות מוצגים שני מסכי טלוויזיה ושניהם מראים את אותה תמונה... אתם עוצרים להסתכל ומופתעים לגלות שאתם מופיעים על מסכי הטלוויזיה... אתם מביטים לצדדים לראות אם עוד מישהו הבחין בכך, אבל רק אתם לבדכם נמצאים מול חלון הראווה...

מוכר קשיש יוצא אליכם מתוך החנות... הוא מסביר לכם שאלה מסכי טלוויזיה מיוחדים מאוד... ומי שמעוניין יכול לראות בהם את תמונת העתיד

שלו... הוא אומר שאם תסתכלו היטב, תוכלו לראות את תמונת העתיד שלכם כפי שהוא יהיה לאחר שתתמודדו עם הדבר שמטריד אתכם כרגע... יש שני מסכים, ולכן תוכלו לראות שתי תמונות עתידיות... בשני תחומים שונים בחייכם...

אתם עומדים ומתבוננים... תמונתכם כפי שאתם כיום, מופיעה על המסכים... אתם חשים התרגשות גדולה כשאתם מבחינים שמשהו מתחיל להשתנות... יש לכם הזדמנות נדירה לראות את עצמכם כפי שהייתם רוצים להיות... אחד המסכים מקרין תמונה חדשה, שונה, של עתידכם... וגם המסך השני מתחיל להשתנות... כל אחד מהם מקרין משהו שונה...

אני אהיה כעת בשקט שתי דקות ואאפשר לכם להתבונן בתמונות על מרקעי הטלוויזיות... תוכלו ליצור לכם תמונות עתיד רצויות... אולי התמונות יהיו סיפור בהמשכים... אולי כל אחת מהן תיגע בתחום אחר בחיים... אתם תשמעו את קולי שוב בעוד שתי דקות.

איזו התרגשות... התמונות ניצבות לפניכם על מסכי הטלוויזיה והמוכר הזקן נכנס לרגע לחנות... הוא יוצא עם התמונות מודפסות ומגיש לכם אותן... אתם מודים לו מאוד והוא מזמין אתכם לחזור ולהתבונן במסכי הטלוויזיה בכל פעם שתרצו... אולי יהיה זה כשכבר תשיגו את המטרות שלכם ותרצו להתוות מטרות חדשות... או אולי כשתרצו להיזכר בתמונות שראיתם היום...

אתם שולחים מבט נוסף על התמונות החדשות שלכם שעל המסכים ונפרדים מהאיש... אתם ממשיכים לפסוע ברחובות העיר הסואנת... צועדים שלווים, לאט ובשקט... ומתחילים לחזור לאט לאט לכאן, אל החדר הזה, אל גופכם, אל היום המיוחד הזה... תוכלו לנצור בלבכם את התמונות החדשות ותוכלו לתת להן להוביל אתכם הלאה... וכעת אפשר להתחיל לחזור... להזיז מעט את הידיים והרגליים... ובקצב שלכם לפקוח אט אט את העיניים... ולשוב לכאן ולעכשיו.

21. חלון הראווה

22. כדור פורח

קטגוריה:
חיזוק משאבים

למי המדיטציה מתאימה?
לכל מי שמעוניין לטייל במקומות שאליהם חלם להגיע.

רגע של חן

זהו רגע ייחודי ויקר מפז, רגע מופלא של הנאה.
מה שמתרחש בימים אלה, אינו קשור למציאות.
הוא חולף. אפשר לעצמך ליהנות מתקופה מלאת השראה ויצירה. נצור את הרגע הקסום. הוא כאן והוא שלך, אך אל תסיק ממנו מסקנות לגבי העתיד.

א פשרו לעצמכם למצוא תנוחה נוחה... תוכלו לחוש את גופכם על הכיסא או על המזרן... אתם נחים ומתחילים לאט לאט לחוות תחושה של נינוחות... זהו זמן מנוחה עבורכם... עבור גופכם... זהו זמן שמאפשר לראש להשתחרר מעט מן המחשבות ולהרפות... תוכלו לשמוע קולות מבחוץ... אפשרו לעצמכם להתמקד בקול שלי... ולחוש איך שלווה ממלאת אתכם... ואתם נינוחים יותר ויותר מרגע לרגע...

דמיינו את עצמכם עומדים בשדה רחב וירוק... פרחים קטנטנים מקשטים אותו... אתם מתבוננים בנוף המקסים שלפניכם... נהנים מהיופי ומריחם העדין של הפרחים... חשים ברוח המנשבת ומרגיעה אתכם... הכול שליו ורגוע מסביב...

בשדה מופיע כדור פורח ענק... זהו כדור פורח צבעוני ויפה... יש לו סל נצרים גדול... איש זקן יוצא מהסל ומזמין אתכם לעלות...

אתם נכנסים אל הסל הגדול וחשים את המרקם המיוחד שלו... יש בתוכו כריות רכות ונוחות... האיש הזקן מזמין אתכם להתיישב... הוא מכוון את הכדור שמתחיל לעלות אט אט למעלה...

ככל שהכדור עולה, כך שלווה נעימה ממלאה את גופכם... אתם שומעים את קולה של הרוח הנעימה ומרגישים אותה על עורכם... אתם חשים שעוד מעט תוכלו לגעת בעננים... הכדור עולה והנוף משתנה... עם כל עלייה נוספת אתם רואים עוד ועוד נוף פרוש תחתיכם... ומונחת לפניכם תמונה רחבה ומלאה יותר של העולם...

הכדור מתקרב לאט לאט לעננים... הוא מגיע לענן הראשון ונכנס לתוכו... אתם נעטפים במגע קליל של צמר גפן... מגע רך ונעים... בתוך הענן אפשר

לראות רק מטושטש ואתם מרחפים בתוך ערפילים... כשאתם יוצאים מהענן נפרש מתחתיכם הנוף המופלא... מהמקום שאתם נמצאים בו אפשר לראות מרחב עצום... זהו נוף מיוחד במינו... נוף בדיוק כמו שאתם אוהבים... אתם חשים בני מזל על שזכיתם במסע נפלא שכזה בכדור פורח קסום ועוד במזג אוויר מושלם...

האיש הזקן מכוון את הכדור, הממשיך לשוט בשמים... הוא עושה סיבוב על מנת שתוכלו לראות את הנוף בעוד ועוד מקומות... תוכלו לבחור מקום שתמיד חלמתם לבקר בו ולבקש מהכדור לקחת אתכם לשם... בכדור הפורח הזה אפשר להגיע מיד לכל מקום... תוכלו להגיע לארצות רחוקות שחלמתם לבקר בהן...

אני אהיה עכשיו בשקט כשתי דקות ואאפשר לכם לבקר בכל מקום שתרצו... בכל נוף אהוב שהייתם בו ואולי נוף שאתם חולמים עליו... תשמעו את קולי שוב בעוד כשתי דקות...

אתם שמחים על האפשרות שניתנה לכם לבקר במקומות יפים שתמיד חלמתם להיות בהם... אתם חווים נעימות ומלאות... תחושה של שלמות... הכדור מתחיל להנמיך עוף... עתה הגיע הזמן להתחיל לחזור הביתה... האיש הזקן מכוון את הכדור הפורח כך שיפנה לעבר ביתכם ומנמיך לאט לאט ובהדרגה... אתם נהנים ממשב הרוח הנעים על פניכם... אתם נהנים ממגע הענן שדרכו אתם חוזרים...

ואתם מבחינים שעל הקרקע מתחתיכם כתוב באותיות גדולות משפט שנכתב רק בשבילכם... מסר שתוכלו לקחת איתכם מהטיול בכדור הפורח... מסר שיוכל ללכת איתכם הלאה... הביטו למטה והבחינו במסר... אולי תוכלו לשמוע אותו גם מהדהד באוזניכם...(להמתין חצי דקה).

ועם המסר הזה ועם תחושת ההתעלות שבטיול השמימי, הכדור מנמיך עוד ועוד... ולבסוף הוא נוחת על הקרקע... ואתם יורדים ממנו בעזרתו של האיש הזקן... הוא נפרד מכם לשלום ומזמין אתכם למסעות נוספים בכדור

הפורח בכל עת שתרצו בכך... אתם מודים לו בחיוך ומתחילים לחזור לאט לאט לכאן, אל החדר הזה... אל גופכם המונח על המזרן... אל היום המיוחד הזה... נצרו בלבכם את התמונות החדשות ואת המסר שקיבלתם והניחו להם ללוות אתכם בדרככם הלאה...

ועם תחושה מופלאה זו אתם חוזרים לאט לאט... אפשרו לעצמכם להזיז מעט את הידיים... ולהניע מעט את הרגליים... בעדינות לפקוח את העיניים, ובקצב שלכם לשוב לכאן ולעכשיו.

22. כדור פורח

23. פאזל חיי

קטגוריה:
עתיד

למי המדיטציה מתאימה?
למי שחש שדברים מתפרקים בחייו והוא מעוניין ליצור תמונת מציאות שלמה.

התפרקות

ימים אלה מאופיינים
בקשיים ובעיכובים.
לכן לא תוכל לעשות דבר מלבד
לחזק את
עצמך ולשמור
על בריאותך עד סוף התקופה.
אז תוכל לבנות
דברים מחדש, ותגיע ההצלחה.

אפשרו לעצמכם למצוא תנוחה נוחה... תנוחה שתהיה לכם נעימה, ובה תוכלו להרגיש את מגע גופכם נינוח על הכיסא או על המזרן... זהו זמן מנוחה עבורכם... עבור גופכם... זמן שמאפשר לראש לנוח מעט מן המחשבות ולהרפות... לאט ובהדרגה המחשבות שלכם הולכות ומתפוגגות כמו עננים קלים המתפזרים ברוח ביום קיץ... תוכלו לשמוע קולות מבחוץ... אפשרו לעצמכם להתמקד בקול שלי... ולחוש איך אתם נינוחים ושלווים יותר ויותר מרגע לרגע...

דמיינו את עצמכם יושבים בבית רחב ידיים ומואר... בית יפה וגדול... אתם יושבים באחד החדרים... לידכם ניצב שולחן ועליו פזורים בערבוביה חלקים של פאזל... אתם מתבוננים בו ורואים המון חלקים מפוזרים... בצבעים שונים ומגוונים... ואתם יכולים למשש אותם... ריח נעים נודף מהם כאילו מישהו בישם אותם... ברקע נשמעת מוזיקה יפה... מוזיקה בדיוק מהסוג שאתם אוהבים...

אתם יודעים שהמשימה שלכם היא להרכיב את החלקים לפאזל גדול... אך אתם חשים שאינכם יודעים מאיפה להתחיל... מה לעשות וכיצד...? כל כך הרבה חלקים ואיך לקשר ולחבר ביניהם...? אתם חשים שגם חייכם עכשיו הם כאלה... המון דברים קורים ומתרחשים בכל רגע... המון רגשות צפים ועולים... הראש מלא במחשבות ואתם עדיין לא יודעים כיצד הדברים מתחברים... כיצד לאסוף את החלקים ולבנות מהם תמונה אחת... התמונה של חייכם...

אולי אתם חוששים שלא תוכלו להרכיב את הפאזל... שהוא קשה ומורכב מדי... אבל משהו מפתה אתכם לאחוז באחד החלקים ולהתחיל לנסות... לשחק בהם... לבדוק מה מתאים למה ואיך... ואתם מתחילים לשחק עם חתיכות הפאזל ומוצאים מקום לחלק אחד ולעוד אחד... והתחושה טובה...

אט אט אתם חשים שאתם מסוגלים לכך... שאתם יכולים... שדברים מתחילים להתחבר לאט לאט ובהדרגה... זה גורם לכם לרצות להמשיך... אתם מתבוננים בחלקים וחושבים שאילו הייתם יודעים מראש איך נראית התמונה השלמה של הפאזל, בוודאי היה לכם קל יותר להרכיב אותה... ובאותה עת אתם מבינים כי זהו פאזל קסום, מיוחד במינו, שבו אתם יוצרים את התמונה... אתם יוצרים את תמונת חייכם בדיוק כמו שאתם רוצה שהיא תיראה.... היום, בבית הקסום הזה ניתנת לכם ההזדמנות להרכיב אותה כפי שחלמתם עליה...

אתם יכולים להשתמש בצבעים הרצויים לכם... תוכלו להוסיף חלקים כרצונכם... אולי תראו את עצמכם בתמונה... ואולי אנשים נוספים... אולי דברים שמייצגים את מה שהייתם רוצים לראות בחייכם... תחושת התרגשות ממלאת אתכם כשאתם חושבים מה הייתם רוצים שיהיה בתמונה של חייכם...

אני אהיה כעת בשקט כשתי דקות על מנת שתוכלו לחבר את תמונת חייכם כרצונכם... תשמעו שוב את קולי בעוד כשתי דקות...

אתם מסיימים להרכיב את החלקים האחרונים בפאזל שלכם ויכולים להתבונן בתמונה שנוצרה... אולי תרצו להוציא חלקים שאינם מתאימים לכם... ואולי תרצו להוסיף עוד כמה חלקים אחרים... בתמונה הזו הכול אפשרי... כל דבר שאתם רוצים יכול להיות בה ואין כל מגבלות... תוכלו להמשיך ולקשט אותה בכל אופן שתרצו... בכל אופן שיתאים לכם, לחייכם, ויגרום לכם שמחה... כל חלקי הפאזל שאתם צריכים מצויים ברשותכם...

ועם הידיעה הזו אתם מוזמנים לחזור אט אט, לכאן, אל החדר הזה, אל גופכם, אל היום המיוחד הזה... תוכלו לנצור בלבכם את תמונת הפאזל שיצרתם ובכל עת לשוב ולהוסיף בה חלקים חדשים... וכעת אפשר להתחיל לחזור... להזיז מעט את הידיים ואת הרגליים... ובקצב שלכם... בעדינות... לפקוח אט אט את העיניים... ולשוב לכאן ולעכשיו.

23. פאזל חיי

24. צמיחה מחודשת

קטגוריה:
מציאת כיוון

למי המדיטציה מתאימה?
למי שהגיע לפריחה בתחום מסוים ומתחיל מסע למידה חדש.

נקודת מפנה

לאחר תקופה קשה שבה חשת כי דבר אינו מתקדם, משהו בחייך משתנה כעת. משהו מסתיים, ומשהו חדש מתחיל.
זהו זמן להסתגל למחזוריות בחיים, שבה דברים באים וחוזרים, ולפתח תובנות מעמיקות על עצמך.

א פשרו לעצמכם למצוא תנוחה נוחה... חושו במגע הגוף שלכם על המזרן או על הכיסא... עצמו את עיניכם... שימו לב לקולות הנשמעים מבחוץ ולאלה שאפשר להבחין בהם בתוך החדר... אפשרו לקולות למקד אתכם בקול שלי... אתם יוצאים היום למסע של צמיחה ולמידה... ואולי אתם מתרגשים לקראת המסע... תת-המודע שלכם חכם מאוד ודואג לכם ואתם יכולים להרפות ולדעת שהוא עושה את העבודה בצורה הטובה ביותר... אפשרו לעצמכם להיכנס לאט אט ובהדרגה לרגיעה שלווה... לנוח מעט מן המחשבות ומן העשייה של כל היום ופשוט לנשום עמוק... ולהקשיב...

דמיינו את עצמכם כפרח הנמצא בשיא פריחתו... יש לו, לפרח הזה, משהו שהוא עושה היטב, יש לו יכולת שהביאה אותו לפריחה... אולי בתחום המקצועי... או בתחום המשפחתי... אולי בתחום יצירתי שהוא עוסק בו זמן רב... אולי בתחום ספורטיבי... ואולי בבישול... ואולי בתחום לגמרי אחר... תחום שאתם יודעים עליו ביניכם לבין עצמכם...

כמו הפרח בשיא פריחתו גם אתם מרגישים ודאות וביטחון... אתם מרגישים שעשיתם תהליך למידה בתחום שהוא חזק אצלכם... אולי בסתר לבכם אתם חשים שיש לכם עוד מה ללמוד... אך אתם יודעים בביטחון שעשיתם כבר כברת דרך ושיש רבים שיכולים לקבל מכם את הידע שצברתם...

הפרח הזה יפהפה... יש לו עלי כותרת מרהיבים... יש לו גבעול חזק וירוק... יש לו עלים שמסייעים ליציבותו... ואתם יכולים לראות את הצבע הייחודי שלו... ולהריח את ריחו הנעים... מסביב לפרח, בנוף, ניכר האביב... השמש מחממת את הפרח ברכות ורוח קלילה ונעימה מנשבת בין עליו...

ועם זאת, יש בכם איזושהי עייפות... תחושה שאתם פורחים כבר זמן מה וקצת התעייפתם... אתם כבר מתרגשים פחות ממה שאתם עושים... וגם אחרים כבר מתרגשים פחות ואולי התרגלו...

אתם חשים שיש עוד תחום שתרצו להתנסות בו... עוד תחום שאתם עדיין לא מכירים והייתם רוצים להתחיל לרכוש בו ידע... עם זאת אתם חשים ספקות... אתם לא בטוחים שיש בכם הכוח להתפתח בתחום חדש... ועם זאת כשאתם חושבים על כך, משהו בכם רוצה בכל זאת לנסות דרך חדשה... להעז להתפתח לכיוון אחר... לפרוח שוב מחדש... ושוב, הרצון להתחדש מלווה בהיסוס, בספק... ואתם לא בטוחים שתוכלו לעשות שוב את כל הדרך מהתחלה... את הזריעה... את הנביטה... ואת הפריחה המחודשת...

ואז, בתוך הספק אתם מגלים קול שאינו מוותר... ואתם הולכים בעקבותיו, אתם זורעים זרע קטן של התחלה חדשה שיוצא מן הפרח שלכם... אתם כלל לא בטוחים שהזרע הזה יחזיק מעמד... שהוא ייקלט... שהוא יעז... אך בזכות החלק שבתוככם שמשתוקק ורוצה, אתם בכל זאת זורעים עוד זרע קטן... ניסיון לעשות משהו בכיוון החדש... אולי אתם קוראים קצת על התחום... אולי מתייעצים עם מישהו... אולי מביעים את רצונכם בקול רם בפעם הראשונה...

וגם אם אתם עדיין ספקנים, אתם שמים לב שהתחלתם בעשייה חדשה... אולי רק בינתיים... אבל התחלתם... ולבכם נמלא שמחה מהמחשבה שאולי תוכלו באמת להנביט את הזרע הקטן ואולי תוכלו לזכות בפריחה מחודשת...

בדמיונכם, אתם רוקמים חלום חדש... וכבר רואים כיצד ייראה סוף התהליך... וזה נותן לכם כוח... אולי מזכיר לכם משהו מהעבר... איזו התחלה של חלום שחלמתם פעם מזמן... יש בכם איזו אמונה פנימית שאתם מסוגלים לכך... ואתם גם נזכרים במשפט עתיק שאומר: "הזורעים בדמעה, ברינה יקצורו".

יום אחד יורד גשם טוב ומשקה את הזרעים שלכם... ואתם מוסיפים דשן מיוחד... והשמש מחממת את הזרע שלכם... ואחרי תקופה קצרה אתם

מבחינים בנבט שהופיע והנה נבט נוסף – הזרעים שפיזרתם הפכו לפתע לנבטים... אתם חשים שמחה אדירה כשאתם שמים לב שמאמציכם והתמדתכם מתחילים לשאת פרי... פתאום אתם מודעים לדבר חדש... אתם מתחילים להבין טוב יותר...

ואתם ממשיכים וגדלים ומנבט קטן הופכים לגבעול... מצמיחים עלים... וניצן... ולאט לאט ובהדרגה הופכים שוב לפרח יפהפה... פרח שחווה פריחה חדשה... פריחה אחרת... עם צבע שונה וריח שונה... ואתם נזכרים בפריחה הקודמת שפרחתם ומבינים שהתקדמתם והגעתם לעוד מעגל של למידה ויצירה... תהליך נוסף של פריחה-קמילה-זריעה-נביטה... תהליך שיש בו מן המחזוריות שבטבע... והנה אתם פורחים, הפעם ממקום אחר... אתם יודעים שממקומכם החדש תוכלו להשתמש בכל הידע הקודם שרכשתם וגם בידע החדש... ואתם יודעים שתמיד תוכלו לצאת לעוד מעגל למידה חדש...

הידיעה הזו ממלאת אתכם שמחה ואושר כמו שחוויתם כעת... ועם תחושה זו אתם מתחילים לחזור לכאן, לחדר הזה... להניע מעט את כפות הידיים והרגליים... להניע בעדינות את גופכם... להניע את ראשכם בנינוחות מצד לצד... לנשום נשימה עמוקה... ועוד נשימה... לפקוח לאט עיניים... ולחזור בקצב שלכם לערנות רגילה ולמודעות מלאה... לכאן ולעכשיו.

24. צמיחה מחודשת

25. מעיין הרגיעה

קטגוריה:
פתרון תקלות

למי המדיטציה מתאימה?
לכל מי שמעוניין להרפות משליטה ולאפשר לעצמו להיות כאן ועכשיו.

תמימות

אפשר לעצמך לפעול כעת
בתום לב ובספונטניות –
ללא כוונות וללא תכנון.
תן לדברים חדשים
לקרות לך.
כך יפתיעו אותך בדרכך
דברים לא צפויים,
ותתעורר היצירתיות שבך.

אפשרו לעצמכם למצוא תנוחה נוחה... תוכלו לחוש את גופכם על הכיסא או על המזרן... להרפות מעט את השרירים... ולהתחיל לאט לאט לחוש תחושה של נינוחות... זהו זמן מנוחה עבורכם... עבור הגוף... זמן שמאפשר לראש להשתחרר מעט מן המחשבות ולהרפות... אפשרו למחשבות שלכם להתפוגג כמו עננים בהירים בשמים הנעים עם הרוח, נמוגים ונעלמים... תוכלו לשמוע קולות מבחוץ ואת הצלילים המתנגנים פה בחדר... אפשרו לעצמכם להתמקד בקול שלי... ולחוש איך אתם נינוחים יותר ויותר מרגע לרגע...

אתם נמצאים בפינת חמד בטבע, ליד מעיין... זהו מעיין יפהפה החבוי בתוך צמחייה... אתם נמצאים לבדכם ליד המעיין... ועם זאת אתם חשים רגועים ושלווים... היום תוכלו לרחוץ במעיין ...מעיין התמימות...

זהו מעיין קסום... כאשר נכנסים אליו, נמצאים רק ב-כאן ובעכשיו... בתוך המעיין הזה אפשר להיות רק ברגע הזה... העבר והעתיד נשארים בחוץ...

המעיין הזה מזכיר לכם כמה נכון וטוב לחיות את הרגע... יש הרבה רגעים שבהם אנחנו עסוקים כל כך בתכנון העתיד ובדאגה לקראתו... או בצער על העבר או אולי געגועים אליו... שאנו שוכחים כמה טוב ליהנות מהרגע... כמות שהוא... אתם יודעים שעוד מעט תוכלו להתעטף במים הזכים של המעיין... ואתם פשוט מאפשרים לעצמכם להירגע...

אתם מכינים את עצמכם לכניסה למים... ולאט לאט בהדרגה, נכנסים לתוך המעין... אתם חשים את המים הקרירים והנעימים עוטפים את גופכם... שומעים את צליליהם המרגיעים של המים... חשים את חלוקי הנחל הקטנטנים תחת כפות רגליכם... כמה נעים לשחות במעיין הזה... המים מרגיעים אתכם... אתם נמלאים שלווה שהולכת וגוברת... ככל שאתם

נמצאים במעיין זמן רב יותר, כך אתם רגועים יותר... אתם חשים כיצד המחשבות נשארו בחוץ... וכאן אתם יכולים פשוט ליהנות... פשוט להירגע... להיות ב"עכשיו"... וה"עכשיו" נעים לכם מאוד... המים שוטפים אתכם ומנקים אתכם ברוך...

תוכלו לשים לב לרגשות שאתם מרגישים כרגע. מה עולה מתוככם...? מה נובע מהמעיין שלכם...? איזה רגש מופיע אצלכם באופן משמעותי...? תנו לרגש להיות, כמות שהוא... אולי יעלו רגשות נוספים... אפשרו גם להם להיות... ואתם ממשיכים להיות בתוך המעיין השקט, והמים ממשיכים לעטוף אתכם עוד ועוד...

כשאתם ברוגע ובשקט הזה, רעיונות רבים יכולים להופיע... אולי יעלו תובנות חדשות באשר לרגע הזה ומהותו עבורכם, פתרונות לשאלות ולהתלבטויות יכולים להגיע...

אני אהיה כעת בשקט כשתי דקות ואאפשר לכם ליהנות מהשלווה של המים... ומהתובנות שהיא מביאה עמה... תשמעו את קולי שוב בעוד כשתי דקות...

וכעת הגיע הזמן להיפרד מהמעיין... אתם יוצאים מהמים... מגבת גדולה מחכה לכם... אתם מתנגבים וקרני שמש נעימות מחממות את גופכם... התמימות של המעין ממשיכה ללוות אתכם... היא מאפשרת לכם להיות פתוחים לדברים טובים חדשים שאתם עומדים לפגוש בדרככם... אולי היכרות עם אנשים חדשים... אולי ללמידה חדשה... אולי לעשייה יצירתית חדשה מתוך אמונה ביכולת שלכם... אינכם צריכים לתכנן כל צעד בחייכם... אתם יכולים לאפשר לדברים הנכונים פשוט לקרות לכם... להיפתח לדברים חדשים... לדברים שבאים מהלב... לדברים טובים עבורכם...

ועם התחושה הטובה הזו אתם מתחילים לחזור למודעות רגילה לכאן, אל החדר הזה... תוכלו להניע מעט את כפות הידיים והרגליים... להניע בעדינות את גופכם... להניע את ראשכם בנינוחות מצד לצד... לנשום נשימה

עמוקה... ועוד נשימה... לפקוח לאט עיניים... ולחזור בקצב שלכם לערנות רגילה ולמודעות מלאה... לכאן ולעכשיו.

25. מעיין הרגיעה

26. סוללות אנרגיה

קטגוריה:
חיזוק משאבים

למי המדיטציה מתאימה?
למי שמרגיש צורך להיטען באנרגיה חדשה.

אנרגיה פוטנציאלית

קבל במתנה מלאי של אנרגיה שבאמצעותה תוכל לעשות כל דבר ולהצליח.
דברים מתבהרים ותובנות חדשות מתגלות.
כל אלה מאפשרים לך להגיע לשיאים בתהליך ההתפתחות שלך.

א פשרו לעצמכם למצוא תנוחה נוחה... תוכלו לחוש את גופכם על הספה, על הכיסא או על המזרן... אתם נחים ומתחילים, לאט לאט, לחוות תחושה של נינוחות... זהו זמן מנוחה עבורכם... עבור גופכם... זהו זמן שמאפשר לראש להשתחרר מעט מן המחשבות ולהרפות... תוכלו לשמוע קולות מבחוץ... אפשרו לעצמכם להתמקד בקול שלי... ולחוש איך שלווה ממלאת אתכם... ואתם נינוחים יותר ויותר מרגע לרגע...

דמיינו את עצמכם שוכבים על גבי ספה גדולה... אתם נחים... הספה נמצאת בחדר רחב ידיים... קירותיו צבועים בצבעים האהובים עליכם וחלון גדול מאפשר לאור השמש לחדור פנימה... שטיח רך פרוש על הרצפה... אתם מאפשרים לגופכם לנוח... ליהנות מהרכות של הספה הגדולה... צלילים נעימים של מוזיקה מתנגנים... ואתם חשים שלאט לאט אתם נרגעים... ונמלאים שלווה...

ייתכן שחשתם לאחרונה מרוקנים, עייפים, תשושים... אתם מרגישים שיש הרבה דברים שאתם רוצים לעשות... ועם זאת חסרה לכם אנרגיה... חסר לכם כוח שיוציא את הדברים לפועל... שתוכלו לשנות ולקדם דברים בחייכם... וקשה לכם עם התחושה הזו...

אתם מגלים על השולחן שלידכם קופסה... בתוך הקופסה שתי אבנים נוצצות... ולידן פתק שבו כתוב: "אלה סוללות האנרגיה שלכם... החזיקו בהן ותתמלאו אנרגיה חדשה... אנרגיה שתסייע לכם לעשות את מה שתרצו ולהצליח..."

אתם נוטלים את האבנים בידכם וממששים אותן... מגען קריר ונעים... אתם מחזיקים אבן אחת בכל יד ומרגישים כיצד גל של אנרגיה מתחיל למלא את גופכם... תחילה את כפות הידיים... ולאחר מכן את הזרועות...

האנרגיה עולה וממלאת את חלל בית החזה... את הבטן והגב... ואז היא מתפצלת אל הרגליים מצד אחד ואל הראש מהצד השני... חמימות נעימה מתפשטת לאט לאט בכל גופכם... זוהי אנרגיה חדשה הממלאת את כל האיברים שלכם... אנרגיה רעננה...

אתם מרגישים שכעת יש לכם כוחות לעשות שינויים... לקדם תוכניות... אתם קמים מהספה הנוחה ומתחילים לעשות כל מה שרציתם זה זמן רב ולא יכולתם...

אני אהיה עכשיו בשקט כשתי דקות ואאפשר לכם לעשות את כל אותם דברים ולהתקדם בהם... תשמעו את קולי בעוד כשתי דקות...

אתם מרגישים טוב ומתחילים לעשות... זה ממלא אתכם בתחושה של התחדשות... סיפוק... האבנים מלאות אנרגיה ואתם יכולים לקבל מהן עוד ועוד... ככל שתרצו ותזדקקו... אתם יודעים שאתם יכולים גם לנוח על הספה מדי פעם ולאגור כוחות חדשים... ואתם מגלים שכאשר אתם עושים דברים החשובים לכם, משהו בתוככם נפתח... אתם נעים קדימה... אולי לוקח לכם זמן להתרגל לזה... אבל אתם יודעים שתמיד תוכלו להיטען באנרגיה ולהמשיך...

אתם מבחינים כי האבנים שינו את צבען... עכשיו הן בצבע כחול... צבע של ריפוי... אתם מתיישבים על הספה ומחזיקים אותן כל אחת ביד אחת... ואנרגיית הריפוי עוברת בגופכם בדיוק באופן שבו עברה האנרגיה קודם לכן... משהו מתאזן מחדש... משהו בכם נרפא... אתם מגלה שלאבנים כוחות ריפוי מיידיים – כל כאב או בעיה נטענים באור כחול, אור הריפוי, ומתפוגגים... אתם חשים שמרגע לרגע, מיום ליום תוכלו להרגיש טוב יותר ויותר...

האבנים נשארות איתכם... ויש להן היכולת לשנות את צבען בהתאם לצרכים שלכם... ולהתמלא באנרגיות מסוגים שונים... אתם יודעים שתוכלו להיעזר בהן שוב בכל פעם שתזדקקו להן... הן כאן עבורכם ועמן האנרגיה המבורכת.

ועם התחושה הטובה הזו אתם מתחילים לחזור למודעות רגילה לכאן, אל החדר הזה... תוכלו להניע מעט את כפות הידיים והרגליים... להניע בעדינות את גופכם... להניע את ראשכם בנינוחות מצד לצד... לנשום נשימה עמוקה... ועוד נשימה...לפקוח לאט עיניים... ולחזור בקצב שלכם לערנות רגילה ולמודעות מלאה... לכאן ולעכשיו.

26. סוללות אנרגיה

27. ממלכת התזונה הנכונה

קטגוריה:
חיזוק משאבים

למי המדיטציה מתאימה?
לכל המעוניינים לאכול מתוך הקשבה לגוף.

הזנה

כעת הזמן לבדוק את פעולתך בסביבה: מי מזין אותך ובמה? האם אתה מקבל את הדברים שאתה זקוק להם? את מי אתה מזין? האם הם ראויים להזנתך?
הזנה טובה שלך ושל הסביבה תאפשר לך מזל וצמיחה.

א פשרו לעצמכם למצוא תנוחה נוחה... תוכלו לחוש את גופכם על הכיסא או על המזרן... להרפות מעט את השרירים... ולהתחיל לאט לאט לחוש תחושה של נינוחות... זהו זמן מנוחה עבורכם... עבור הגוף... זמן שמאפשר לראש להשתחרר מעט מן המחשבות ולהרפות... אפשרו למחשבות שלכם להתפוגג כמו עננים בהירים בשמים שנעים עם הרוח, מתפוגגים ונעלמים... תוכלו לשמוע קולות מבחוץ ואת הצלילים המתנגנים פה בחדר... אפשרו לעצמכם להתמקד בקול שלי... ולחוש איך אתם נינוחים יותר ויותר מרגע לרגע...

דמיינו את עצמכם כמלך או מלכה היושבים על כיסא המלכות בארמון... הארמון יפהפה... הוא מעוצב בדיוק לטעמכם... מוזיקה נעימה נשמעת בו... יש משהו רגוע ושליו מאוד בארמונכם... משהו שמעורר כבוד...

תוכלו למשש את בגדי המלכות היפים שלכם... הם עשויים מבד משי מבריק... אתם יושבים על כס המלכות כשאתם בדיוק במשקל ובמראה שהייתם רוצים להיות בו... במידת הבגדים שהייתם מעוניינים ללבוש... מולכם תלויה מראה גדולה ואתם עומדים מולה ומתבוננים... אולי קשה לכם להאמין, אך אתם בדיוק במשקל שאתם חולמים עליו... ואתם נראים נהדר... קורנים... שערכם מסודר יפה... אתם נראים פשוט נפלא...

בממלכה שלכם יש שפע של מאכלים... מאכלים מזינים... ומאכלים משמינים... מאכלים שאתם אוהבים... ומאכלים שאתם פחות אוהבים... מדי בוקר אתם מודים על שפע המאכלים שזכיתם להם... ואתם שמחים להיות בממלכה בעלת שפע כה רב...

עם זאת, אתם, ורק אתם, מחליטים אילו מאכלים ייכנסו לארמונכם... מדי בוקר אתם עורכים בחינה מדוקדקת לכל מאכל ומאכל... ורק מאכל שמתאים

לכם עובר את הבחינה ונכנס לארמון... אתם בודקים את ערכו התזונתי... את כמות הקלוריות... עד כמה הוא חיוני... אולי זה מאכל שאתם אוהבים מאוד וערכו התזונתי מועט, ואז הוא מבקר בממלכתכם לעתים רחוקות יותר... או כל פעם קצת...

שלושה דברים עוזרים לכם במלאכת המיון המלכותית... אלה המשאבים הסודיים שלכם... אתם מתייעצים איתם כאשר אתם מחליטים אילו מאכלים להכניס לארמונכם... המשאבים האלה תפורים לכם על הבגד המלכותי... אלה שלושה כפתורים מבריקים... אתם ממששים אותם בכל פעם שאתם מתלבטים...

הכפתור הראשון תפור סמוך ללבכם... זהו כפתור האהבה העצמית... הוא מזכיר לכם שאתם אוהבים את עצמכם ואת גופכם... ושאתם יודעים למלא את גופכם רק בדברים טובים...

בכל פעם שאתם לוחצים על הכפתור הזה, לבכם מתמלא באהבה לעצמכם... אתם סולחים לעצמכם על מעשים מסוימים... ונזכרים במעשים טובים שעשיתם... בכל הדברים הטובים שיש בכם... אתם ממלאים עכשיו את לבכם רק בדברים הטובים שלכם... ואתם יכולים ממש לחוש בגוף את האהבה שלכם לעצמכם...

הכפתור השני נמצא באזור הבטן... הוא כפתור ההזנה העצמית... הוא מאפשר לכם לחוש את יכולתכם להזין את עצמכם בצורה נכונה וטובה, כך שתרגישו טוב עם עצמכם... שתקבלו בדיוק את מה שאתם צריכים מעצמכם ומאחרים... תוכלו להזין אחרים בצורה טובה... מתוך הקשבה לצרכים שלהם... וכעת, מתוך הקשבה לצרכים שלכם... אתם ממלאים את עצמכם ביכולת להזין את עצמכם היטב...

הכפתור השלישי נמצא סמוך לצווארכם... הוא כפתור הביטוי העצמי והיצירתיות שלכם... בנגיעה בכפתור הזה תוכלו לעורר את היכולת שלכם לבטא את הצרכים שלכם... להתמלא ביכולת ליצור את מציאות חייכם בדרך

שבה אתם מעוניינים שהיא תהיה... היכולת להעלות בדרככם היצירתית רעיונות... מחשבות... ולהוציאם אל הפועל... אתם ממלאים את עצמכם ביכולת ליצור ולבטא את רצונכם...

כשאתם מחליטים אילו מאכלים נכנסים לארמונכם ואילו לא, אתם לוחצים על הכפתורים השונים והם עוזרים לכם לאהוב את עצמכם... להזין את עצמכם היטב... לבטא את עצמכם וליצור את מציאות חייכם באופן הטוב ביותר עבורכם...

מיום ליום אתם חשים יותר ביכולת שלכם לבחור מה טוב עבורכם... מה נכון לכם... כיצד להזין את עצמכם... אתם חשים שתוכלו להיראות בדיוק כמו המלך או המלכה שאתם... ולחוש כמוהם... תוכלו לבחור אילו מאכלים נכנסים לארמונכם ואילו מאכלים נשארים בחוץ... יש לכם משאבים רבים על מנת לעשות זאת...

ועם הידיעה הברורה הזו, אתם יכולים להתחיל לחזור לכאן, אל החדר הזה... תוכלו להניע מעט את כפות הידיים והרגליים... להניע בעדינות את גופכם... להניע את ראשכם בנינוחות מצד לצד... לנשום נשימה עמוקה... ועוד נשימה... לפקוח לאט עיניים... ולחזור בקצב שלכם לערנות רגילה ולמודעות מלאה... לכאן ולעכשיו.

27. ממלכת התזונה הנכונה

28. שק המטלות

קטגוריה:
פתרון תקלות

למי המדיטציה מתאימה?
למי שעסוק וטרוד מאוד ומעוניין במעט שקט ושלווה.

גודש

מאורעות רבים בחייך
מגיעים לשיאם.
דברים רבים מדי קורים
כעת בבת אחת,
והם תובעים ממך כוחות
רבים. הערך את המצב.
בנה סדרי עדיפויות,
ומצא בתוכך את הכוחות
שיאפשרו לך לעבור
תקופה זאת בהצלחה.

אפשרו לעצמכם למצוא תנוחה נוחה ולקחת נשימה עמוקה... ועוד נשימה... תוכלו לשים לב לנשימה שלכם... האם היא מהירה או אטית...? האם היא נעה בקלות או נתקלת בקושי במקום מסוים בגוף...? שימו לב לזרימת האוויר מבחוץ אל הגוף ומן הגוף בחזרה החוצה... ושימו לב כיצד ההתמקדות בנשימה מאפשרת לכם להירגע לאט לאט...

בקצב המהיר של היומיום, לפעמים אנו שוכחים לנשום... עבורכם זוהי הזדמנות לנשום עמוק יותר, לנשום בנחת ולאפשר לעצמכם לנוח... להרפות... אפשרו לנשימה שלכם לקחת אתכם עמוק עמוק לתוך עצמכם... לחוויית הקיום הבסיסית ביותר... לנשימה... ליכולת המופלאה של הגוף להזין את עצמו בחמצן כל הזמן... ואתם לוקחים נשימה ועוד נשימה... ומאפשרים לעצמכם עוד ועוד שלווה...

דמיינו את עצמכם עומדים על המדרכה ברחוב רחב ידיים... אתם עייפים ונשענים על קיר של בניין... מתבוננים באנשים העוברים ושבים ורואים אותם פועלים כפי שאתם פועלים כל היום... הם עסוקים, מתרוצצים ממקום למקום, ואתם מביטים בהם ומבינים שגם אתם מתרוצצים כמוהם... גם לכם יש הרבה מקומות להגיע אליהם... גם אתם כמוהם רוצים להספיק עוד ועוד, רוצים לרוץ מהר... אך משהו עוצר מבעדכם כעת...

על גבכם מונח שק גדול מאוד וכבד... הוא מקשה עליכם לנוע... מקשה עליכם לצעוד... הוא מכיל את כל מה שעליכם להספיק ולעשות... אתם נושאים את כל העיסוקים שלכם על הגב... והם מקשים עליכם להתקדם... מקשים עליכם לרוץ כמו שהייתם רוצים אילו יכולתם...

אתם חשים בעומס הרב המוטל על כתפיכם... עומס משמעותי מאוד... אתם מחליטים, למרות לחץ הזמן וכל מה שעליכם לעשות, לעצור לרגע...

לעבור אל הגינה שמעבר לכביש... להניח את השק לצדכם... ולהתיישב על ספסל... לאפשר לעצמכם לנוח... לא קל לכם להירגע ולחוש שלווה, כי אתם יודעים שיהיה לכם קשה להספיק את הכול... אבל אתם כבר פשוט חייבים לעצור... לנוח מעט...

אתם פותחים את השק ומתבוננים במה שיש לכם לעשות... אולי חלק מהדברים קשורים לעבודה... חלקם לבית... חלקם לבני המשפחה... יש כל כך הרבה דברים עד שאתם מתקשים לספור... השק מלא במטלות... אתם מתחילים לסדר את המטלות לידכם... אתם בודקים מה חשוב לכם יותר ומה פחות... מה אתם יכולים לדחות קצת... וכרגע להשאיר בגן... שיהיה לכם קל יותר לסחוב את השק...

אני אהיה בשקט בשתי הדקות הבאות ואאפשר לכם למיין היטב את כל המטלות... תשמעו שוב את קולי בעוד שתי דקות...

יש דברים שאתם משאירים בגן... מוותרים עליהם, ויש מטלות שאתם מניחים בקופסה בצד... חלק מהדברים יחכו לכם כאן למועד מאוחר יותר... וחלק מהמטלות אתם יכולים אולי לתת למישהו אחר לעשות... אתם רושמים את שמו של האדם... אתם לוקחים איתכם מכאן רק את הדברים שאתם חייבים לשאת איתכם כרגע... וממשיכים בדרככם... הרבה יותר קל לכם כאשר אתם סוחבים פחות דברים... זה הרבה יותר נוח... ופשוט...

אתם חשים שתוכלו ללמוד להרפות מחלק מהדברים... לוותר... לבדוק מה באמת חשוב לכם ואתם חייבים לעשותו, ומה מישהו אחר יכול לעשות במקומכם... אתם מרגישים כיצד אתם מתחילים לחוש שלווה... רוגע... המחשבות מצליחות לנוח מעט ונעשות ברורות יותר... אתם יכולים להתחיל להירגע... וכשאתם הולכים בשביל שבגן אתם מתפנים לפתע להתבונן סביבכם... לצד הדרך צומחים פרחים יפים... אפשר לחוש את ריחם באוויר... פרפרים חולפים על פניכם ואתם שומעים ציוץ ציפורים מסביב... כאשר רצים, לא מבחינים בנוף היפהפה שנמצא על השביל... וכעת, כשאתם הולכים והשק קל יותר, אתם יכולים ליהנות מן הרוגע ומן השקט...

אתם מבינים כיצד מיום ליום תוכלו להיות חופשיים יותר... להוריד מעצמכם מטלות וליהנות יותר ויותר מהיומיום... מזמן חופשי לעצמכם... לאט לאט תתרגלו לנוח מעט ולהירגע... זוהי תחושה נעימה כשאתם יודעים שתוכלו לאפשר לעצמכם רוגע... ללכת במקום לרוץ... התחושה הזו ממלאת את כל גופכם... ועוד מעט יגיע הזמן לחזור... אפשרו לעצמכם לשמר את תחושת הקלילות גם בדרך חזרה...

ועם התחושה הזו אתם מתחילים לחזור לכאן, אל החדר הזה... תוכלו להניע מעט את כפות הידיים והרגליים... להניע בעדינות את גופכם... להניע את ראשכם בנינוחות מצד לצד... לנשום נשימה עמוקה... ועוד נשימה... לפקוח לאט עיניים... ולחזור בקצב שלכם לערנות רגילה ולמודעות מלאה... לכאן ולעכשיו.

28. שק המטלות

29. צלילה לעומק

קטגוריה:
חיזוק משאבים

למי המדיטציה מתאימה?
למי שמעוניין במסע למעמקי נפשו.

סכנה

כשמים זורמים בשצף, יש
סכנה להיסחף
בהם לעבר תהום.
תצטרך להשתמש בכל
הכוחות שלך כדי
לשמור על עצמך.
הסכנה מאפשרת לך למצוא
כוחות פנימיים
שלא ידעת על קיומם.
נצל זמן זה
לצמיחה ולחישול.

א פשרו לעצמכם למצוא תנוחה נוחה... תוכלו לחוש את גופכם על הכיסא או על המזרן... להרפות מעט את השרירים... ולהתחיל לאט לאט לחוש תחושה של נינוחות... זהו זמן מנוחה עבורכם... עבור הגוף... זמן שמאפשר לראש להשתחרר מעט מן המחשבות ולהרפות... אפשרו למחשבות שלכם להתפוגג כמו עננים בהירים בשמים הנעים עם הרוח, מתפוגגים ונעלמים... תוכלו לשמוע קולות מבחוץ ואת הצלילים המתנגנים פה בחדר... אפשרו לעצמכם להתמקד בקול שלי... ולחוש איך אתם נינוחים יותר ויותר מרגע לרגע...

הגעתם לחוף מיוחד ואתם יכולים לראות את הים עד האופק... היום יום נעים מאין כמוהו... אתם יכולים לחוש בכפות רגליכם את החול הבהיר שעל החוף... ולראות את עצי הקוקוס שצומחים מסביב... אפשר לשמוע את רחש הגלים ואת קולות השחפים... אתם נרגשים מעט, כי אתם יודעים שהיום אתם עומדים לצלול לעומק המים... וכבר לבשתם חליפת צלילה...

והנה מתקרב אליכם המדריך שילווה אתכם בצלילה היום... הוא מגיע אליכם ואתם רואים כי זה אדם שאתם מרגישים בטוחים במחיצתו ויכולים לסמוך עליו... הוא לבוש חליפת צלילה ומביא איתו בלוני חמצן מיוחדים מאוד: בתוך בלוני החמצן האלה יש סקרנות, אומץ ותעוזה... והם יסייעו לכם לצלול ולחקור את מעמקי הים...

חקירת מעמקי הים היא כמו חקירת מעמקי הנפש... אולי אורבות סכנות בצלילה למעמקי הנפש... אולי אפשר למצוא דברים שהודחקו וקשה לנו להתמודד איתם... רגשות קשים... זיכרונות כואבים... ועם זאת לפעמים אפשר למצוא שם אוצרות של ממש... תובנות חשובות... זיכרונות שמחים... זמנים של התגברות על קשיים... כל אדם יכול למצוא עמוק בתוכו את הכוחות שיסייעו לו בהמשך הדרך...

מדריך הצלילה מזמין אתכם לצאת אל המסע... ואתם מבחינים בסירה

המחכה לכם ממש סמוך לחוף... אתם עולים על הסירה ורואים שהרצפה שלה עשויה מזכוכית... הסירה הזו מאפשרת לכם לראות את מעמקי הים... אתם מתיישבים בסירה ומסתכלים... המים צלולים... קבוצות של דגים קטנים וגדולים נעות וחולפות מתחת לסירה... אפשר לשמוע את קול הגלים... ולהרגיש את משב הרוח... ואתם חשים שאתם רוצים כבר לצלול לתוך המים... ולחוש אותם ממש, בעצמכם... ולא רק דרך מסך הזכוכית...

המדריך נכנס לסירה ומתחיל להשיט אותה... אתם יושבים בנוח ומתמכרים לגלים המובילים אותה... נדנוד המים מרגיע אתכם יותר ויותר... אתם מתרחקים מן החוף, והמדריך מזמין אתכם לקפוץ יחד איתו לתוך המים... אתם קצת חוששים לעשות את זה, ובכל זאת, מסדרים את בלוני החמצן וקופצים אחריו... המים קרירים ונעימים... אתם צוברים אומץ וצוללים פנימה עוד ועוד... יורדים למטה לתוך הים... וככל שאתם יורדים למעמקי הים אתם חשים רגועים ושלווים יותר... תחושה של נינוחות מתפשטת בגופכם...

במעמקי הים מתגלים לכם דברים חדשים, מדהימים... אתם זוכים לתובנות שאפשר לקבל רק בצלילה עמוק פנימה... צלילה אל מעמקי ים הנפש... לתוך תוככם... אולי תובנות הקשורות לעבר שלכם... ואולי תובנות לגבי עתידכם... או לגבי מצבכם העכשווי... הצלילה לעומק מאפשרת לכם רגיעה והתבוננות מעמיקה בנפש... בפנימיות שלכם... אתם מוצאים בתוככם כוחות מיוחדים, כוחות שאולי שכחתם שהם קיימים בכם...

אני אהיה כעת בשקט כשלוש דקות ואאפשר לכם לקבל את התובנות... תשמעו את קולי שוב בעוד כשלוש דקות...

ועם התובנות שעלו בכם, אתם מתבוננים בדגים... באצות... באלמוגים... המדריך מזמין אתכם להתחיל לטפס למעלה...לאט לאט... בכל צלילה חשוב לעלות למעלה כדי לחזור בקצב אטי מאוד... אתם עולים ועולים עד פני המים... כשאתם מגיעים אתם מבחינים כי התרחקתם מן הסירה... זה קצת מפחיד אתכם, אך אתם סומכים על עצמכם ועל המדריך שתוכלו להגיע

אליה בשחייה... אתם מתחילים לשחות חזרה... קשה לכם להתקדם, כיוון שהמים סוחפים אתכם אחורה, ושוב עולה הפחד, אבל אז אתם נזכרים שיש לכם בלוני חמצן ובהם אומץ ותעוזה... אתם משתמשים בכל היכולות שלכם ומתקדמים לעבר הסירה... מגיעים אליה... המדריך מושיט לכם יד ומסייע לכם לעלות למעלה...

בדרך חזרה אל החוף אתם שמים לב שהמים שלווים ונעימים, אוושת הגלים קלה ורגועה... אתם חשים כי יש ביכולתכם להתמודד ולצלול לעומק... לחקור את עצמכם ואת האחרים... לגלות תובנות... וגם אם לעתים המים מציפים או סוחפים, יש בידכם כל הכוחות להתמודד עם המכשולים... מיום ליום תוכלו להתגבר על קשיים ולמצוא את הדרך שלכם לצלוח אותם...

אתם מתחילים לחזור לאט לאט לכאן, אל החדר הזה... אל הגוף שלכם, אל היום המיוחד הזה... היום שבו צללתם למעמקי נפשכם ומצאתם שם כוחות ותובנות... נצרו בלבכם את תמונות הצלילה החדשות ואת התובנות שלכם והניחו להן להוביל אתכם הלאה...

ועם הידיעה הזו והתובנות הללו, אתם יכולים להניע מעט את כפות הידיים והרגליים... להניע בעדינות את גופכם... להניע את ראשכם בנינוחות מצד לצד... לנשום נשימה עמוקה... ועוד נשימה... לפקוח לאט עיניים... ולחזור בקצב שלכם לערנות רגילה ולמודעות מלאה... לכאן ולעכשיו.

29. צלילה לעומק

30. אש משותפת

קטגוריה:
פתרון תקלות

למי המדיטציה מתאימה?
למי שמעוניין ביצירת שיתופי פעולה.

סינרגיה

שיתוף פעולה יניב
תוצאות טובות יותר
מכל מה שתוכל
לעשות לבד.
שתף פעולה
עם העצמי שלך ועם
אחרים.
הקשב לקולות היקום
כדי לשתף פעולה
גם איתם.

א פשרו לעצמכם למצוא תנוחה נוחה... חושו במגע הגוף שלכם על המזרן או על הכיסא... עצמו את עיניכם... שימו לב לקולות הנשמעים מבחוץ ולאלה שאפשר להבחין בהם בתוך החדר... אפשרו לקולות למקד אתכם בקול שלי... אתם יוצאים היום למסע של צמיחה ולמידה... אולי אתם מתרגשים לקראתו... תת-המודע שלכם חכם מאוד ודואג לכם, ואתם יכולים להרפות ולדעת שהוא עושה את העבודה בצורה הטובה ביותר... אפשרו לעצמכם להיכנס, לאט לאט ובהדרגה, לרגיעה שלווה... לנוח מעט מן המחשבות ומן העשייה של כל היום ופשוט לנשום עמוק... ולהקשיב...

אתם עומדים בלבו של יער... בקרחת יער... מקום שבו העצים מפנים מקום לעשב רענן... זהו סופו של יום קיץ נעים והשמש שוקעת אט אט מבעד לעצים... שקיעתה של השמש נוסכת בכם רוגע... עומד להחשיך, ועם זאת אתם חשים מוגנים ובטוחים... אתם חשים כי ככל שהשמש שוקעת כך אתם הולכים ונרגעים...

ואתם רוצים להדליק מדורה... להכניס אש חדשה לחייכם ולהאיר את החושך שעומד לרדת על היער... אתם מחפשים מקום שתוכלו להצית בו את האש בבטחה... מקום מיוחד שהאש תוכל לדלוק בו... זהו מקום שבו יהיה לכם נעים לשבת ליד המדורה וליהנות מחומה ומאורה... אתם מפנים מקום... ריחה הנעים של האדמה עולה באפכם... ואתם שומעים את ציוצי הציפורים המתכוננות לשנת לילה...

אתם מקוששים זרדים וענפים למדורה... קרני השמש האחרונות מאירות את דרככם ומפנות אתכם למקומות שבהם תוכלו למצוא עצים למדורה... אתם שומעים את רשרוש העלים תחת רגליכם... וחשים את הרוח הנעימה המנשבת בשעה זו של ערב...

לאחר שאספתם את כל העצים והזרדים והנחתם אותם במקום המיוחד של המדורה, אתם מסדרים אותם בצורה שתהיה נוחה להצתה... מוציאים חפיסת גפרורים ומתחילים להדליק את המדורה... אולי נדרשים כמה ניסיונות עד שהאש נדלקת ואולי אתם מצליחים להציתה בפעם הראשונה... עשן דק עולה מן המדורה הקטנה. אתם מריחים את ריחו... אתם רואים את לשונות האש הבוערת... ושומעים את קולות האש...

יצירת האש משמחת אתכם מאוד... יוצרת בכם התרגשות... משהו חדש ניצת בחייכם... זוהי אש שתרצו שתמשיך ותבער עוד זמן רב... אש הרעיונות שלכם... הלמידה שלכם... אש שאתם יוצרים והיא ייחודית לכם... יש לה צבעים מיוחדים במינם... צהוב... כתום... כחול וסגול...

אתם מוסיפים עצים למדורה... ואוספים עצים נוספים... האש דולקת ומאירה את סביבתכם ואת דרככם... היא מחממת אתכם... עם זאת, אתם חשים שהיה טוב אילו היו לכם שותפים לאש... שיעזרו לכם לשמור על הבערה... עוד אנשים שיוכלו לשבת איתכם מסביב למדורה... להתחמם יחד מחום המדורה...

אני אהיה כעת בשקט כשתי דקות, ובהן תוכלו למצוא מיהם האנשים שהייתם מזמינים להצטרף למדורה שלכם... לאש שלכם... וכיצד הם יוכלו לסייע לכם לשמר את האור... את האש... אלה יכולים להיות אנשים שאתם מכירים או אנשים שאתם מעוניינים להכיר... אולי מדריכים רוחניים שיש לכם... הזמינו אותם להצטרף אליכם... ראו אותם מצטרפים אליכם... אתם תשמעו את קולי שוב בעוד כשתי דקות...

ועכשיו, לאחר שמצאתם את האנשים המתאימים לכם לסייע לשמור על האש... אתם יושבים יחדיו ומתחממים... אולי אתם משוחחים ביניכם ואולי שרים... אולי אתם יוצרים חלוקת תפקידים לשמירה על האש כך שהיא תהיה בדיוק בגודל הנכון עבורכם... אש גדולה מדי יכולה להיות מסוכנת... ואש קטנה מדי עלולה לכבות... אפשרו לעצמכם למצוא דרכים לשמור על הגודל הרצוי לאש...

ומתוך הישיבה הזו מול האש עם השותפים שלכם, אתם חשים כיצד מיום ליום שיתוף הפעולה ביניכם מייצר תוצאות מופלאות... בדיוק כאלה שראיתם בחלומות שלכם... האש המשותפת מאירה לכולם ויוצרת כוחות משותפים, אנרגיות משותפות... ויכולות משותפות שהן גדולות מהיכולת האישית של כל אחד ואחד... תוכלו לקדם זה את זה... תוכלו לכוון את האש כך שתתאים בדיוק לכולם... ועם הבערה הקסומה הזו, אתם מבחינים שהנה עולה השחר מבעד לעצי היער... בוקר שונה מזה של יום האתמול... בוקר הצופן בחובו התחלות חדשות... שיתופי פעולה חדשים...

ועם הגעת קרני השמש הראשונות אל קרחת היער... ועם הגיעו של שומר היערות אל המדורה שלכם, אתם מפקידים את המדורה בידיו ומתחילים לחזור אט אט אל גופכם ואל החדר הזה... תוכלו להניע מעט את כפות הידיים והרגליים... להניע בעדינות את גופכם... להניע את ראשכם בנינוחות מצד לצד... לנשום נשימה עמוקה... ועוד נשימה... לפקוח לאט עיניים... ולחזור בקצב שלכם לערנות רגילה ולמודעות מלאה... לכאן ולעכשיו.

30. אש משותפת

31. המגנט

קטגוריה:
חיזוק משאבים

למי המדיטציה מתאימה?
לכל מי שמעוניין למשוך ולמגנט אל תוך חייו את הדברים הרצויים והנכונים לו ביותר.

משיכה

אתה נמשך בחוזקה אל הנושא שאתה עסוק בו בימים אלה, והוא נמשך אליך. תן למשיכה להתרחש ולהשפיע עליך, וכך תוכל לבחון האם היא טובה לך. זאת הזדמנות לבדוק אילו דברים אתה מושך אל חייך, וכיצד הם יוכלו להשפיע עליך בהמשך.

א פשרו לעצמכם למצוא תנוחה נוחה... תנוחה שתהיה לכם נעימה ובה תוכלו להרגיש את מגע גופכם נינוח על הכיסא או על המזרן... זהו זמן מנוחה עבורכם... עבור גופכם.... זמן שמאפשר לראש לנוח מעט מן המחשבות ולהרפות... לאט ובהדרגה המחשבות שלכם הולכות ומתפוגגות כמו עננים קלים המתפזרים ברוח ביום קיץ... תוכלו לשמוע קולות מבחוץ... אפשרו לעצמכם להתמקד בקול שלי... ולחוש איך אתם נינוחים ושלווים יותר ויותר מרגע לרגע...

וכעת דמיינו את עצמכם בבית יפהפה המעוצב בדיוק לפי טעמכם... אתם יושבים בסלון על ספה רכה... מסתכלים בסיפוק על הבית הנעים... ברקע מתנגנת מנגינה נעימה... הקולות מרגיעים אתכם ויוצרים בכם שלווה... על ידכם עומד שולחן קטן ועליו מונחת מתנה ארוזה...

ואתם יודעים שהמתנה הזו היא עבורכם... אתם מחזיקים בה וממששים את הנייר המבריק... אתם תוהים מה זה יכול להיות וממי המתנה... ואתם מתחילים לפתוח אותה... קודם את הסרט... אחר כך את הנייר... ובפנים אתם מגלים קופסה קטנה...

אתם פותחים את הקופסה, ובתוכה מונח מגנט... מגנט פשוט מרובע... ובכל זאת אתם מבינים שהוא לא כל כך פשוט, הוא מגנט מיוחד... זהו מגנט שמאפשר לכם למשוך אל חייכם רק דברים שאתם מעוניינים בהם... רק דברים שאתם רוצים... אתם מחזיקים את המגנט בידיכם, נרגשים מהקסם הזה... ומתחילים להרהר בדברים שהייתם רוצה למשוך אל חייכם... (להמתין מעט)

יש בוודאי אנשים מסוימים שאתם רוצים להכיר... אולי אתם רוצה למשוך אל חייכם מחשבות חיוביות... רגשות משמחים... רגעים קסומים... אולי

חוויות והרפתקאות כמו טיולים בעולם... אולי ללמוד תחומים חדשים... או אולי פשוט למשוך רגעי מנוחה שבהם תוכלו להרפות מעט ולנוח... לקרוא ספר טוב... או כל דבר אחר...

אהיה עכשיו בשקט כשתי דקות ואאפשר לכם לדמיין, לגלות ולמצוא אילו דברים הייתם רוצה למשוך אל חייכם... אתם תשמעו את קולי שוב בעוד כשתי דקות...

המגנט עדיין בידיכם, ואתם יכולים למשוך אל חייכם את הדברים שאתם רוצים... תוכלו לחשוב עליהם ולחוש כיצד המגנט מסייע לכם למשוך אותם אליכם... עוד ועוד... כל דבר שתרצו תוכלו למגנט אליכם... יש ביכולתכם להכניס לחיים שלכם דברים טובים רבים... דברים ואנשים שייטיבו איתכם, שיעשירו את אישיותכם ואת חייכם... שיביאו לכם שמחה ואהבה... יש ביכולתכם לבחור בכל רגע ורגע מה אתם מושכים אליכם ומה לא...

אתם שמחים על המתנה שקיבלתם והייתם רוצים לשמור על המגנט קרוב אל לבכם... אתם מקטינים אותו לאט לאט עד שהוא מגיע לגודל המתאים ללבכם... ואז אתם פשוט מכניסים אותו ללבכם... המגנט מתמזג עם הלב... כעת אתם יכולים להמשיך ולמגנט, בכל יום ויום ובאמצעות לבכם, את הדברים שאתם רוצים למשוך... אפשרו לעצמכם לבדוק מה ומי אתם מושכים ולמה... מאחורי האנשים והמצבים שאנחנו מושכים לחיינו מסתתרים, פעמים רבות, שיעורים מאלפים... בדקו מה אתם לומדים מכל מצב... ואפשרו לעצמכם להמשיך הלאה...

המגנט בתוך לבכם... ויכולת המגנוט שלכם גדלה מיום ליום... אולי כרגע אתם חשים שיכולתכם למשוך דברים טובים אל חייכם מועטה.... ועם זאת מיום ליום היא תתעצם ותתעצם... תוכלו למשוך אליכם כל מה שתרצו... המגנט ישרת אתכם בכל מצב... חושו במשיכה המתרחשת מלבכם... אפשרו לה להתחזק לאט לאט ובהדרגה... מהיום תוכלו לגעת בלבכם בכל פעם שתרצו להיזכר ביכולת שלכם למגנט...

ועם יכולת המשיכה הזו אתם מוזמנים לחזור לכאן, אל החדר הזה... תוכלו להניע מעט את כפות הידיים והרגליים... להניע בעדינות את גופכם... להניע את ראשכם בנינוחות מצד לצד... לנשום נשימה עמוקה... ועוד נשימה... לפקוח לאט עיניים... ולחזור בקצב שלכם לערנות רגילה ולמודעות מלאה... לכאן ולעכשיו.

31. המגנט

32. מכתב מהילד הפנימי

קטגוריה:

עבר

למי המדיטציה מתאימה?
לכל מי שמעוניין להיזכר בזיכרונות טובים ומחזקים מילדותו ולהתעצם בעזרתם.

המשכיות
בימים אלה תוכל למצוא את כל הדברים הטובים שאספת מילדותך: התכונות הטובות, היכולות המופלאות, הערכים וכל מה שיש לך כבר מזמן.
כל אלה יסייעו לך להכניס אל חייך דברים חדשים.

אפשרו לעצמכם למצוא תנוחה נוחה... תוכלו לחוש את גופכם על הכיסא או על המזרן... להרפות מעט את השרירים... ולהתחיל לאט לאט לחוש תחושה של נינוחות.... זהו זמן מנוחה עבורכם... עבור הגוף... זמן שמאפשר לראש להשתחרר מעט מן המחשבות ולהרפות... אפשרו למחשבות שלכם להתפוגג כמו עננים בהירים בשמים הנעים עם הרוח, מתפוגגים ונעלמים... תוכלו לשמוע קולות מבחוץ ואת הצלילים המתנגנים פה בחדר... אפשרו לעצמכם להתמקד בקול שלי... ולחוש איך אתם נינוחים יותר ויותר מרגע לרגע...

דמיינו את עצמכם עומדים על גבעה הצופה לעמק יפה... היום הוא יום בהיר, ובחוץ שמש אביבית זורחת... השמים תכולים... אתם ניצבים ומתבוננים בעמק ויש בו משהו שמושך את לבכם... אתם שומעים את משב הרוח וחשים את חוויה החלוף על הפנים ועל השיער... ועם תחושה נעימה זו אתם מאפשרים לעצמכם להירגע יותר ויותר...

אתם מתחילים לרדת אל העמק... ההליכה נעימה וקלה, וככל שאתם יורדים אתם חשים את הרגיעה מתפשטת בגופכם... אתם ממשיכים להתקדם ולהתבונן בעמק, ולפתע אתם מבינים שיש בעמק הזה משהו המוכר לכם מילדותכם... אתם יורדים עוד ועוד, וכעת אתם ממש בעמק... מתבוננים סביב ונהנים מהמראה הקסום שלו...

במרחק כמה צעדים מכם אתם מבחינים בתיבת דואר שמסקרנת אתכם... אתם מתקרבים אליה ומהססים אם לפתוח אותה או לא... כי אינכם יודעים למי היא שייכת... להפתעתכם אתם מגלים כי שמכם רשום עליה באותיות גדולות...

אתם פותחים את התיבה ומוצאים בה מכתב... אתם מופתעים לראות

שהמעטפה נראית לכם מוכרת... גם הריח שלה מוכר לכם ואינכם יודעים מהיכן... על המכתב רשום שמכם בכתב של ילד (או ילדה)... אתם מתבוננים בשם ומזהים את הכתב שלכם מגיל שמונה, תשע...

אתם פותחים את המעטפה ומסתכלים במכתב... מתיישבים מתחת לעץ על אבן נוחה ומתחילים לקרוא... אתם מבינים שהמכתב נכתב עבורכם מהילד או הילדה שהייתם פעם, בכיתה ג' או ד'... אתם קוראים את המכתב ומתרגשים מאוד... הילד שהייתם כותב לכם על הדברים שאהבתם לעשות... על החלומות שלו... על החברים שלו... על הרגעים השמחים שלו... אולי הוא מתאר את סדר היום שלו...

אני אהיה כעת בשקט כשתי דקות על מנת שתוכלו לקרוא את המכתב... ואולי לראות את סדר היום של הילד ממש כמו סרט... בעוד כשתי דקות תשמעו שוב את קולי...

סיימתם לקרוא ומציפים אתכם זיכרונות רבים מילדותכם... אתם מתרגשים... אולי קיבלתם מסר או תובנה מהילד שהייתם... משהו שיוכל לסייע לכם כיום... אולי הילד מכוון אתכם לכיוון מסוים שיאפשר לכם להגשים את חלומכם...

מהמכתב יוצאת קרן אור ילדותית ונכנסת ללבכם... תחושת חמימות ממלאת אתכם... זהו סימן עבורכם לזכור את הרצונות והחלומות של הילדים שהייתם... לחוות את הילד שגם היום נמצא בלבכם... תוך שאתם שקועים בזיכרונות שלכם ובמחשבות על הילדים שבכם... אתם מקפלים את המכתב ומכניסים אותו למעטפה ושומרים אותה אצלכם, למקרה שתרצו לקרוא בו שוב...

לאט לאט... בצעדים רכים מאוד... אתם מתחילים לחזור לכיוון הגבעה בידיעה שבעתיד תוכלו לשוב לכאן... לעמק היפה והמוכר... ושאולי תקבלו מכתבים נוספים מהילד שהייתם... אם תרצו תוכלו לכתוב מכתבים אליו, אל הילד, ולספר לו על החיים שלכם... לשתף אותו במה שעבר מאז ועד

עכשיו וכיצד התמודדתם עם נושאים שונים... אתם עולים חזרה במעלה הגבעה בתחושה של התמלאות ושמחה...

ועם התחושה הזו, המיוחדת כל כך, אתם מוזמנים להתחיל ולחזור לאט ובהדרגה לכאן, אל החדר הזה... להניע מעט את כפות הידיים והרגליים... לנשום נשימה עמוקה, בעדינות לפקוח את העיניים... ואתם חוזרים אט אט... בקצב שלכם... לערנות רגילה... לכאן ולעכשיו.

32. מכתב מהילד הפנימי

33. עת לסגת

קטגוריה:
פתרון תקלות

למי המדיטציה מתאימה?
למי שהולך בדרך מסוימת ומבין שעליו לסגת וללכת בדרך אחרת – ליצור שינוי.

נסיגה

זה הזמן לסגת – מחוזק ולא מחולשה, כי מלחמות לא יועילו כעת. היסוג כדי לבחון את דרכי החשיבה שלך ולברר למה דברים אינם מסתדרים כמו שרצית.
נסיגה תביא להצלחה.

אפשרו לעצמכם למצוא תנוחה נוחה... ולהעניק לעצמכם אפשרות לנוח... גופכם עובד קשה ומתאמץ במהלך כל היום וזוהי הזדמנות לאפשר לו מעט להרפות... וכשאתם נינוחים על המזרן או על הכיסא חושו כיצד כל המקומות בגופכם שנאגר בהם מתח מרפים ונרגעים אט אט... זוהי הרגשה נעימה של שחרור... אפשרו לעצמכם לנשום נשימה עמוקה ועוד נשימה ולתת לאוויר לזרום בגופכם... האוויר זורם במקומות הפתוחים ולעתים הוא מתקשה לזרום במקומות חסומים... הכניסו מודעות למקומות אלה ואפשרו להם להיפתח... קחו עוד נשימה... ועוד אחת... חושו כיצד האוויר מביא עמו רגיעה ושלווה לתוך גופכם, לכל פינה ופינה... ואתם מתחברים יותר ויותר אל השקט שבתוככם...

וכעת, אתם נמצאים במסע לעבר פסגתו של הר... זהו יום חמים ושמש מחממת אתכם בלכתכם... אתם מטפסים במעלה הר... עולים ומטפסים... העלייה תלולה ואתם מתנשפים מעט... אך ממשיכים בדרככם... אתם חושבים אולי לרדת למטה ולוותר... אך משהו בכם אומר לכם שאם התחלתם בדרך, כדאי מאוד שתמשיכו בה... משהו בכם רוצה להמשיך... ומשהו רוצה לחזור...

ואתם ממשיכים בדרככם... עולים ועולים... בדרך המתאימה לכם ביותר... לא מוותרים... ממשיכים... הגעתם לצוק גבוה ורחב... נוף מרהיב נשקף ממנו... אתם מסתכלים סביבכם ורואים כמה יפה למטה... אתם רואים את הים... את החולות שסביבו ובתים קטנים... הרוח חזקה והיא נושבת על פניכם...

ואתם רוצים להמשיך לטפס מהצוק לכיוון פסגת ההר ומנסים למצוא את דרככם הלאה... אתם מנסים דרך אחת והיא תלולה מדי... מנסים דרך אחרת, והיא סבוכה מדי בצמחייה... דרך שלישית מכוסה אבנים... כל הדרכים חסומות... האפשרות היחידה היא לחזור באותה דרך שבה באתם... כלומר לרדת למטה...

אתם מאוכזבים מכך שלא תוכלו להמשיך... מצד אחד, רציתם מאוד להגיע למעלה, לפסגה... מצד אחר, אתם גם שמחים... הטיפוס הממושך עייף אתכם מאוד... הירידה למטה נראית לכם קלה יותר... פשוטה יותר... ועדיין, אתם קצת מאוכזבים מעצמכם על שלא מצאתם דרך להמשיך... ועכשיו אתם חייבים לחזור...

אתם בודקים שוב את כל הדרכים האפשריות... מנסים למצוא דרך אפשרית עבורכם... ולבסוף אתם מחליטים לחזור חזרה... הירידה אכן קלה יותר... אתם יכולים לראות את הנוף שהיה קודם בגבכם... הרוח הנעימה מסייעת לכם בדרככם... נושבת יחד איתכם... אתם מבחינים לפתע בקן ציפורים עם גוזלים... הגוזלים מצייצים בשמחה כשאמם מופיעה עם אוכל עבורם... אתם חשים חמימות למראה הציפור וגוזליה...

אתם הולכים ויורדים ומרגישים כיצד הירידה למטה מרגיעה אתכם... אתם מתחילים להשלים עם העובדה שהדרך הטובה ביותר היתה לחזור חזרה... למקום שממנו יצאתם... אתם לומדים מהמסע הזה שלפעמים אנחנו בוחרים בדרך מסוימת והיא איננה משרתת אותנו... וזה בסדר להחליט לחזור ולסגת... לשוב אל נקודת ההתחלה ולחשוב מחדש מהי הדרך הנכונה יותר עבורנו...

אתם ממשיכים לרדת ולרדת... רגועים ושלווים מרגע לרגע... אתם מלאים בשלמות... הנוף מלווה אתכם לאורך כל הדרך... ואתם מגלים בדרככם מערה קטנה... היא נראית לכם קרירה ונעימה... אתם נכנסים לנוח... מתיישבים על אבן... וחשים שזוהי מערה מיוחדת במינה... היא מלאה באור כחלחל... אור מרפא ומרגיע... אור שמאפשר לכם ריפוי... ותחושה של שלמות...

אתם נשארים במערה ומאפשרים לעצמכם לקבל את האור הכחלחל המרפא... עד שאתם חשים שלמים עם עצמכם... חשים כיצד אור הריפוי הכחלחל ריפא את כל גופכם... אפשרו לעצמכם להתמלא באור הכחלחל...

לחוש איך הוא ממלא את גופכם... כמה נעים לחוש בו... אתם נושמים נשימה עמוקה, קמים ויוצאים... חוזרים אל הנקודה שממנה התחלתם במסע... וכשאתם חוזרים אליה אתם יודעים שתוכלו לחשוב מאוחר יותר ולהבין מהי הדרך החדשה והמתאימה לכם ביותר... הדרך שבה תרצו לצעוד... אולי אתם כבר יודעים מהי הדרך הנכונה... ואולי ידעתם כל הזמן ועכשיו אתם מאפשרים לעצמכם ללכת בדרך המתאימה לכם באמת... מיום ליום תוכלו להתחבר יותר ויותר אל לבכם בידיעה אילו דרכים טובות ומתאימות עבורכם...

ועם ההבנה הזו, אתם מתחילים לחזור הנה... לוקחים נשימה עמוקה... הנה יצאתם למסע מעורר מחשבה, וכעת הגיע הזמן להתחיל ולחזור... זוהי הרגשה טובה... מיוחדת... ועם התחושה המיוחדת הזו אתם מוזמנים להתחיל ולחזור לאט ובהדרגה לכאן, אל החדר הזה... להניע מעט את כפות הידיים והרגליים... לנשום נשימה עמוקה, בעדינות לפקוח את העיניים... ואתם חוזרים אט אט... בקצב שלכם... לערנות רגילה... לכאן ולעכשיו.

33. עת לסגת

34. חדר העוצמה

קטגוריה:
עבר

למי המדיטציה מתאימה?
למי שמעוניין להיזכר בעוצמות הפנימיות שלו ולהיעזר בהן בהמשך דרכו.

עוצמה רבה

יש בידיך עוצמה רבה, עוצמה שתוכל לסייע לך בדרכך. בדוק אם אתה משתמש בעוצמתך בצורה נבונה.
השתמש בעוצמתך לקידום מטרה חיובית.
סיוע לאחרים, באמצעות העוצמה שלך, יועיל לך.

א פשרו לעצמכם לעצום עיניים... מצאו תנוחה נוחה לגופכם... תוכלו להקשיב לקולות מבחוץ ולקולות הנשמעים בתוך החדר... להתענג על המוזיקה המיוחדת שנשמעת ברקע... ולהתמקד בקול שלי... ייתכן שאתם עסוקים במחשבות... דברים רבים מעסיקים אתכם... אפשרו לעצמכם להרפות מעט מן המחשבות בידיעה שלאחר מכן תוכלו לשוב אליהן... נסו למקד את האישונים בכיוון האף – זה עוזר למחשבות לנוח... אט אט הירגעו והיכנסו פנימה אל תוך השקט שבתוככם... עמוק בפנים... קחו נשימה עמוקה ועוד אחת וחושו כיצד הרגיעה מחלחלת פנימה אל גופכם עוד ועוד...

אתם נמצאים בבניין רב-קומות... בקומה החמישית... זהו בניין גדול בעיר... הגעתם אל הבניין היום על מנת לברר דבר שחשוב לכם להבין... מהו סוד העוצמה שבכם... אתם יודעים שיש בכם עוצמה שיכולה לסייע לכם בדרככם... ואולי אתם חשים שמזמן לא השתמשתם בה... אתם חשים כעת שיכולתם לעשות עם העוצמה שבכם דברים רבים... ועם זאת אולי שכחתם מהו המקור שלה...

אתם מחליטים להשתמש במעלית ולרדת לקומת הקרקע של הבניין... שם תוכלו לגלות את סוד העוצמה שבכם... את המקור שלה... אתם נכנסים למעלית ולוחצים על כפתור "חדר העוצמה"... המעלית מתחילה לרדת... היא מוארת באור נעים... נשמעת בה מוזיקה שלווה... מוזיקה של מעליות... משהו בירידה במעלית הזו משרה עליכם שלווה ורוגע... אתם מרגישים בתוכה בטוחים מאוד... המעלית ממשיכה לרדת, וככל שהיא יורדת אתם נרגעים יותר ויותר... ואתם חשים נועם של התרגשות לקראת הביקור בחדר העוצמה...

המעלית עוצרת ומכריזה: "מסדרון העוצמות"... אתם יוצאים מן המעלית ופוסעים במסדרון... אתם רואים תמונות תלויות על הקיר... תמונות

של ההצלחות שלכם... תמונות שלכם כתינוקות המצליחים ללכת בפעם הראשונה... תמונות שלכם אומרים את המילה הראשונה... ובכיתה א' מצליחים ללמוד לכתוב ולקרוא... ותמונות של חברים טובים... תמונות שלכם מצליחים במבחן... תמונות שבהן הצלחתם לעזור למישהו... ועוד תמונות רבות שלכם מצליחים במהלך חייכם... על התמונות כתובות מילים המציינות יכולות ועוצמות שאתם יודעים בסתר לבכם שיש לכם...

אתם ממשיכים במסדרון העוצמות. הוא משופע בשיפוע קל ומוביל אתכם למטה אל חדר העוצמה. החדר כולו לבן... ונרות רבים דולקים בו ומאירים אותו... אתם מריחים ריח נעים של נרות... זהו חדר מואר מאוד... והאור שבו מרגיע אתכם... משרה עליכם נינוחות ושלווה... במרכז החדר עומד שולחן עגול ועליו מפה לבנה... על המפה מונח כדור בדולח גדול...

אתם יודעים שבכדור הזה תמצאו את סוד העוצמה שלכם... את הדבר שיכול לעזור לכם להתקדם ולהגשים את שאיפותיכם... עוד מעט תגלו מהו הדבר שחבוי בכם... אולי זה כישרון נדיר... אולי תכונה טובה... אולי יכולת בולטת, כמו יכולת לעזור... או יכולת אחרת... בכל אדם יש עוצמה פנימית... ואצל כל אדם היא שונה... גם אם קשה לראותה היא תמיד קיימת... והיום תמצאו את העוצמה האישית המיוחדת שלכם... את הכוחות המופלאים שלכם...

כעת אתם קרבים אל השולחן... אתם עומדים להתבונן בכדור הבדולח ובעזרתו לגלות מהי העוצמה הייחודית שלכם... אתם מתבוננים בכדור הבדולח... אני אהיה בשקט במשך כשתי דקות ואאפשר לכם לראות מה משתקף בכדור הבדולח... אולי תוכלו לשמוע גם קול שיאמר לכם את הדברים... ואת קולי תשמעו שוב בעוד כשתי דקות...

מכדור הבדולח יוצא אור לבן וממלא את גופכם... הכדור מטעין את גופכם בעוצמה רבה... עוצמה שתוכלו להשתמש בה כדי לקדם מטרות שחשובות לכם... שיעשו לכם טוב.... אתם מרגישים איך האור הלבן נכנס לגופכם ברכות וגם עוטף אותו כמו הילה לבנה... אפשרו לעצמכם לחוש את הכוחות הממלאים אתכם... נשמו את האור הלבן אל גופכם... עוד ועוד...

והנה, מגיע הזמן להמשיך... אתם מתחילים לעזוב את חדר העוצמה וחוזרים דרך מסדרון העוצמות... אתם מבחינים בשינוי שהתחולל בתמונות שלכם... מופיעים בהן עוד אירועים רבים בעלי עוצמה מחייכם, אירועים שבהם הצלחתם... עודדתם חבר או חברה... צוינתם לטובה בעבודה... ואולי אתם רואים את עצמכם בתמונה שבה הצלחתם ליצור דבר מה, לאפות או לבשל משהו טעים...

אתם עולים במעלית המוארת למעלה... ואתם מגלים שבמקום לעצור בקומה החמישית, המעלית ממשיכה ולוקחת אתכם מעלה מעלה... עד הקומה העשירית... אתם מבינים שכדור הבדולח מילא אתכם בעוצמה רבה... שמאפשרת לכם להתקדם עוד ועוד... בקומה העשירית אתם יוצאים מן המעלית ומוצאים את עצמכם במרפסת גדולה... כאן למעלה תוכלו להתחבר לעוצמה הגבוהה שלכם... זו שיכולה כל העת להמשיך ולהתפתח... קחו נשימה ומלאו את עצמכם בתחושה הזו... מן המרפסת יוצא גשר שדרכו תוכלו לצאת החוצה ולעשות את דרככם חזרה...

ומהגשר הזה... כשאתם מלאים בעוצמה... כשכוחות חדשים ויכולות ישנות-חדשות התעוררו בקרבכם... אתם מוזמנים לחזור... בקצב המתאים לכם... לכאן, לחדר הזה... אתם מתחילים אט אט לשוב למודעות רגילה ולערנות רגילה... לחוש שוב את גופכם... להניע מעט את הידיים... ואת הרגליים... לפקוח את עיניכם ולחזור, בקצב שלכם... לכאן ולעכשיו.

34. חדר העוצמה

35. האור הפנימי

קטגוריה:
חיזוק משאבים

למי המדיטציה מתאימה?
למי שמעוניין להתחזק מהאור הפנימי שבו.

התקדמות

משהו בך זוהר מבפנים ומקרין אור על הסובבים אותך.
אתה מתקדם במהירות ומקדם רבים אחרים.
אתה מתקדם גם במעמדך החברתי.
כך אתה מתקרב אל ייעודך.

אפשרו לעצמכם למצוא תנוחה נוחה... ולעצום עיניים... שימו לב לקולות הנשמעים מבחוץ ולאלה שאפשר להבחין בהם בתוך החדר... אפשרו לקולות לסייע לכם למקד את תשומת הלב שלכם בקול שלי... אתם יוצאים היום למסע של צמיחה ולמידה... אולי אתם מתרגשים לקראת המסע... תת-המודע שלכם חכם מאוד ואתם יכולים לסמוך עליו, להרפות ולדעת שהוא עושה את העבודה בצורה הטובה ביותר... אפשרו לעצמכם להיכנס, לאט לאט ובהדרגה, לרגיעה, לשלווה... לנוח מעט מן המחשבות ומן העשייה ופשוט לנשום עמוק... ולהקשיב...

וכעת דמיינו את עצמכם צועדים בסמטה קטנה בעיר... הבתים סביבכם בנויים מאבן שנראית כמו אבן ירושלמית... על חלונות הבתים תלויים עציצים עם פרחים במגוון רב של צבעים... הסמטה הזו נעימה... אפשר לשמוע שיחות מבינד לחלווח הרתים ולחוש כי אנשים חיים בעיר הזו... אפשר לשמוע קולות צחוק של ילדים... אפשר להריח ריחות תבשילים של בית... זוהי עיר עתיקה שנבנתה מזמן... ואתם נהנים לראות שהחיים בה ממשיכים כעת...

הסמטאות מוצלות ונעימות... רוח קלה פורעת את שיערכם... ואתם ממשיכים ומטיילים להנאתכם... אתם מבחינים שיש בסמטה גלריות וחנויות... אתם עוצרים ומביטים ביצירות האמנות והאומנות... יש משהו מרגיע בהתבוננות הזו... משהו שמשרה עליכם שלווה ורוגע... נעים כל כך להלך בעיר הזו כעת...

אתם יורדים במדרגות הסמטה וממשיכים להתבונן... ככל שאתם יורדים כך אתם נרגעים עוד ועוד... אתם יודעים שעוד מעט תראו דבר מעניין מאוד באחת החנויות ואתם מרגישים שחנות מסוימת למטה ממש קוראת לכם ומזמינה אתכם לבוא... אתם ממשיכים לרדת עד שאתם מגיעים לחנות...

על שלט קטן כתוב: "האור שבך"... בזהירות, אתם פותחים דלת קטנה... ויורדים כמה מדרגות עד שאתם נכנסים לחלל החנות...

סביבכם נרות, מנורות, עששיות ונברשות וכולן מפיצות אור... החנות מלאה באור... ובאפכם עולים ריחות נעימים... ניחוחות הנרות... האווירה בחנות נעימה מאוד... מוכרת קשישה עם חיוך רך ניגשת אליכם ומתחילה להסביר לכם על אפשרויות התאורה הרבות שיש בחנות... היא מספרת כי אלה גופי תאורה פנימיים ואתם יכולים לבחור מתוכם באור שאתם מעוניינים להאיר בו...

אתם בוחרים במנורה קטנה שהאור שלה מתעצם ומתעצם כל הזמן... לאט לאט ובהדרגה... אתם מרגישים שזהו הקצב המתאים לכם... כך גם אתם מעוניינים להאיר – כשהאור גדל בהתמדה... אתם יודעים כי האור שיצא מכם יוכל גם להאיר לאחרים את דרכם... זהו אור משמעותי מאוד...

המוכרת מסירה מן המדף את המנורה הקטנה שבחרתם... ואתם מבחינים שבמקום לארוז לכם אותה היא לוקחת את האור מן המנורה ומעבירה אותו אל גופכם אט אט... מהקודקוד... דרך הפנים... הצוואר... אתם חשים איך האור בתוככם ממשיך ונע לעבר החזה... הבטן... האגן.... ובמורד הרגליים עד לכפות הרגליים...

כל גופכם מאיר... מקרין אור טוב מסביב... אור שעכשיו הוא בתוככם... חלק מכם... הוא מתעצם יחד עם תהליך ההתפתחות שלכם... נעים לכם כשהאור שוכן בתוך גופכם... זה מרגיע אתכם...

ועם האור הממלא אתכם אתם עומדים לצאת מהחנות... אתם נפרדים מהמוכרת בשמחה... היא מזמינה אתכם לבוא ולבקר בחנות בכל עת... אם תזדקקו לאור נוסף... היא מלמדת אתכם כיצד תוכלו לחזק את האור שקיבלתם עכשיו מבפנים... מתוככם... באמצעות תחושת אהבה לעצמכם... בכל פעם שתחושו צורך להטעין את האור שבכם תוכלו לעשות זאת על ידי האהבה לעצמכם... תהיו סלחנים, תלמדו לקבל את עצמכם... כך תתמלאו

מחדש באור חזק יותר ויותר... המוכרת מבקשת מכם לזכור שאהבה עצמית חיונית להתפתחות ולהתקדמות שלכם...

אתם מודים למוכרת ויוצאים חזרה אל הסמטה... אתם חווים תחושת אושר מיוחדת... עולים במדרגות, וממשיכים לפסוע בדרך שבה הגעתם... ועוד מעט תתחילו לחזור מהעיר העתיקה לכאן... עם האור החדש בתוככם אתם מתחילים לשוב לאט לאט לכאן, אל החדר הזה... למודעות רגילה... לערנות רגילה... עדיין חשים את האור שבתוככם מאיר לכם מבפנים החוצה... מתחילים להניע מעט את כפות הרגליים... ואת הידיים... בקצב שלכם לפקוח את העיניים ולחזור לכאן ולעכשיו.

35. האור הפנימי

36. צמיחה אל האור

קטגוריה:
פתרון תקלות

למי המדיטציה מתאימה?
למי שמתמודד עם ביקורת.

ביקורת

בתקופה זאת אתה חשוף
לביקורת,
ותתקשה להתקדם
בכל כיוון.
העמד פנים שאתה
מקבל את הדברים כפי שהם,
ואל תתעמת.
עם זאת,
היה נאמן לדברים
שאתה מאמין בהם
בכל לבך.

א פשרו לעצמכם לעצום את עיניכם ולמצוא תנוחה נוחה... חושו את מגע גופכם על הכיסא או על המזרן... ואת הטמפרטורה בחדר... אולי אתם שומעים קולות מבחוץ ואת הקולות והצלילים כאן בחדר... אפשרו לעצמכם להתמקד בקול שלי והתחברו לאט לאט למקום שקט בתוככם... לשקט שבכם... קחו נשימה עמוקה... ועוד אחת... חושו כיצד האוויר הנכנס אל הגוף מכניס שקט ורגיעה... והאוויר שיוצא מהגוף מאפשר לשחרר את כל מה שאתם כבר לא צריכים...

דמיינו את עצמכם כשתיל רך השתול בלבו של יער גדול... יצאתם מהאדמה לא מזמן... והצטרפתם לעצי היער... תוכלו לדמיין שתיל של איזה עץ אתם... ואיזה עצים אחרים צומחים ביער יחד איתכם...

ביער עצים רבים... רובם יעוצו מזמן מבטן האדמה וצוויחו וזיו ודיול ורחר ענפים רבים ועבותים... עלים ירוקים ויפים... אתם מתבוננים בעצים הגדולים... שומעים את רחש העלים ברוח... העלים כה צפופים עד שהם מסתירים מכם את אור השמש... הם מאפילים עליכם בגודלם... ואתם מתקשים לראות את השמים מבעד לצמרותיהם...

אתם חשים פחד וחשש: האם תצליחו להיות גדולים כמו העצים האחרים?... האם תצליחו להגיע עם ראשכם אל השמים?... האם יש בכם האומץ לגדול לגבהים כאלה... להצמיח את עצמכם כמוהם...? אולי העצים סביבכם נותנים לכם לפעמים הרגשה שאינכם יכולה להיות גדולים כמוהם... שעדיין חסר לכם משהו על מנת שתוכלו להתפתח יפה כל כך...

אפשרו לעצמכם, שתיל רך ויפה, לגדול בקצב שלכם... בדרך שלכם... לכיוונים הנכונים רק לכם... במשך הזמן ייתכן שתשמעו דברי ביקורת על אופן צמיחתכם... לפעמים ביקורת יכולה להיות עבורכם מתנה... הקשבה לביקורת

בונה יכולה לסייע בתהליך צמיחתכם... תוכלו תמיד להבחין בביקורת שתורמת לכם... ועם זאת, אפשרו לעצמכם להיות מחוברים אל היכולת שלכם לצמוח כפי שאתם... בדרככם... גם אם אחרים חושבים שיש דרכים מסוימות ורק הן אפשריות על מנת להצליח... אתם יודעים בתוך תוככם ובטוחים שאתם יכולים לפעול בדרך שלכם... אפשרו לעצמכם לחוש את התחושה הזאת... חושו בלבכם את היכולת שלכם להצליח בדרך שלכם... תנו לתחושה הזו למלא את לבכם... חושו אותה מתפשטת בלבכם לאט לאט ובהדרגה... קחו נשימה עמוקה ותנו לה לחלחל... עוד ועוד...

כשאתם מחוברים ליכולת שלכם להצליח בדרך שלכם אתם מבחינים כי משהו השתנה... השתיל הרך שלכם גדל והצמיח ענפים יפהפיים... ענפים מיוחדים במינם... הגזע גדל והתרחב... ואתם מבחינים בדבר נוסף – אתם יכולים לראות את השמים הכחולים מעליכם... הענפים שלכם צמחו גבוה מספיק, וכעת אתם יכולים לראות את אור השמש מבין העצים האחרים...

אתם מאפשרים לעצמכם לחוש את החמימות ששולחות אליכם קרני השמש... את האור הנעים שמחמם אתכם... החמימות והאור מחזקים אצלכם את התחושה שאתם מסוגלים לגדול ולצמוח בדרך שלכם... באופן שמתאים לכם ובקצב שלכם...

ומיום ליום אתם ממשיכים לגדול ולהתפתח... לצמוח בדרככם הייחודית... ללמוד ולהתקדם עוד ועוד... אתם מתבוננים בעצים האחרים ויודעים שכמוהם גם אתם יכולים להגיע לגובה רב... לעוצמה רבה... יש לכם סבלנות לראות את זה קורה... השתיל שהייתם נהיה לעץ צעיר... וממשיך לגדול ונהיה לעץ גדול... מרשים... עץ שמעניק מצלו ומפירותיו לאחרים... עץ שמסייע לשתילים קטנים ממנו לגדול... עץ שמגשים את ייעודו...

ובתחושה הזו של ביטחון בדרככם הייחודית וביכולת שלכם לצמוח עוד ועוד... אתם מוזמנים להתחיל לחזור לכאן, אל החדר הזה... לחוש את גופכם... אתם לוקחים נשימה עמוקה... ועוד אחת... מניעים בעדינות את

הידיים... ואת הרגליים... ובקצב שלכם פוקחים עיניים... וחוזרים למודעות רגילה ולערנות מלאה, לכאן ולעכשיו.

36. צמיחה אל האור

37. השבט

קטגוריה:
עבר

למי המדיטציה מתאימה?
למי שתר אחר הייעוד שלו, תפקידו בחברה.

המשפחה

במשפחה לכל אדם תפקיד,
ויש תלות בין חבריה.
בדוק האם תפקידך –
בבית או בעבודה – אכן
מתאים לך, כדי שתוכל
לחוש סיפוק. אם אתה חש
מתוסכל בתפקידך הנוכחי
– בדוק כיצד תוכל למצוא
את המקום
הנכון ביותר עבורך.

א פשרו לעצמכם למצוא תנוחה נוחה... תוכלו לחוש את גופכם על הכיסא או על המזרן... להרפות מעט את השרירים... ולהתחיל לאט לאט לחוש תחושה של נינוחות..... זהו זמן מנוחה עבורכם... עבור הגוף... זמן שמאפשר לראש להשתחרר מעט מן המחשבות ולהרפות... אפשרו למחשבות שלכם להתפוגג כמו עננים בהירים בשמים הנעים עם הרוח, מתפוגגים ונעלמים... תוכלו לשמוע קולות מבחוץ ואת הצלילים המתנגנים פה בחדר... אפשרו לעצמכם להתמקד בקול שלי... ולחוש איך אתם נינוחים יותר ויותר מרגע לרגע...

דמיינו את עצמכם כחלק משבט קדום... אולי זהו שבט נודד ואולי שבט חקלאי... ואתם יושבים בערב קיץ חמים אל מול המדורה יחד עם חברי השבט האחרים... סביבכם בקתות קש... ואפשר לשמוע את קולות אנשי השבט המשוחחים ביניהם... קולות שיחה של מבוגרים... קולות של ילדים... אמהות המשכיבות ילדים לישון ושרות שירי ערש... אפשר להריח את ריחה של המדורה... השמים מעליכם זרועים בכוכבים ובתוכם ירח מלא שמאיר באור חזק ומיוחד... הירח ואווירת השבט מזכירים לכם משהו מהעבר הרחוק-רחוק שלכם... משהו קדום...

כשאתם יושבים מול המדורה אתם מוקפים בשבט שלכם... במשפחה שלכם... השבט הוא קהילה של אנשים הנמצאים יחד שנים רבות ומכירים היטב זה את זה... ובתוך השבט לכל אחד יש תפקיד... משהו שהוא יודע לעשות טוב במיוחד... תפקיד שכולם יכולים לסמוך שייעשה היטב... יש בשבט רופא שמאן ויש מיילדת... יש ציידים ויש מלקטים ומלקטות... יש אמהות לילדים רבים... יש מספרי סיפורים וזקנים וזקנות חכמים שאליהם באים לבקש עצה... ויש עוד תפקידים רבים... וגם לכם יש תפקיד בשבט... תפקיד ייחודי שלכם... אתם חשים בעלי משמעות כאשר אתם מבצעים את תפקידכם...

אני אהיה כעת בשקט כשתי דקות כדי לאפשר לכם להתחבר לתפקיד השבטי הקדום שלכם... תוכלו לראות את עצמכם עושים את התפקיד... לשמוע את תגובות חברי השבט לעשייה שלכם... לחוש במה אתם נוגעים בעבודתכם... או באילו כלים אתם משתמשים... תשמעו את קולי שוב בעוד כשתי דקות...

הזיכרון הקדום עלה בכם, וכעת אתם זוכרים מהו תפקידכם... לאחר שחוויתם אותו, אתם יכולים לבדוק האם זהו תפקידכם גם כיום או כיצד התפקיד הקדום משרת אתכם בדברים שאתם עושים היום... מה נשאר ומה השתנה... ואולי היום אתם עושים דברים שונים לגמרי...?

אתם מסתכלים על הירח הזורח בכל תפארתו, עגול ולבן... וחשים שהוא מביט בכם בסיפוק ובביטחון שתדעו למצוא את ייעודכם ותביאו מיכולותיכם לכל חברה שה תימצאו בה... הביטחון של הירח נוסך בכם תחושת יכולת... של עשייה המותאמת לכם... נשמו עמוק את התחושות הטובות האלו לקרבכם... את הביטחון ביכולת שלכם...

ובתחושה טובה זו של ביטחון בדרככם הייחודית וביכולת שלכם לצמוח עוד ועוד בדרך הזו... אתם מוזמנים לעשות את דרככם חזרה לכאן, אל החדר הזה... לחוש את גופכם... אתם לוקחים נשימה עמוקה ומתחילים להניע אט אט את הידיים... ואת הרגליים... לוקחים עוד נשימה... בקצב שלכם פוקחים את העיניים... חוזרים למודעות רגילה ולערנות מלאה... לכאן ולעכשיו.

37. השבט

38. תיבת המחשבות

קטגוריה:
פתרון תקלות

למי המדיטציה מתאימה?
לכל מי שמעוניין לחזק את יכולתו לחשוב באופן חיובי.

ניגוד

אתה חש בסתירות ובניגודים בינך לבין עצמך. סתירות מתרוצצות במוחך ללא הרף. זהו מצב טבעי של כוחות מנוגדים. אפשר לעצמך להסתכל על הדברים מלמעלה, כאילו אינך מעורב בהם. נסה להבין את המצב, והמתן שיחלוף.

אפשרו לעצמכם למצוא תנוחה נוחה ולעצום את עיניכם... אולי אתם שומעים קולות מבחוץ או מתוך החדר... הקולות האלה מסייעים לכם למקד את מחשבותיכם לאט לאט בכל חלקי גופכם... אפשרו לעצמכם למקד את תשומת הלב בראש... לחוש כמה שנוח לראש ונעים לו... לחוש כיצד הוא מרגיש מבפנים... נעים לתת לראש תשומת לב... וכעת תוכלו לטייל עם תשומת לבכם לאורך כל הגוף... עד לרגליים, לאט לאט וברכות... לחוש כיצד הטיול הזה מרגיע אתכם עוד ועוד... וכשאתם מגיעים לרגליים, אתם חשים רגועים ושלווים... יותר ויותר...

דמיינו את עצמכם ניצבים ליד שולחן שמונחת עליו תיבת קסמים... זוהי תיבה מיוחדת ויפה... מעוצבת בדיוק בסגנון שאתם אוהבים... אפשרו לעצמכם להתבונן בתיבה... אולי היא חדשה ואולי עתיקה... אתם יכולים למשש אותה... לחוש במגע של החומר שממנו היא עשויה... לראות את הקישוטים שעליה... האבנים או הציורים שמודבקים עליה או כל דבר אחר... תוכלו לפתוח אותה ולהתבונן...

זוהי תיבה מיוחדת מאוד... יש בה תאים שונים... היא מאפשרת לאחסן בה מחשבות... מחשבות שאתם כבר לא צריכים, שהן מיותרות לכם, שאתם יודעים שתוכלו להסתדר בלעדיהן בזמן הקרוב... חשבו על כל המחשבות שהייתם רוצה לשים בתיבה: אולי ביקורת שאתם מפנים כלפי עצמכם פעמים רבות...? אולי ביקורת כלפי אחרים...? אולי מחשבות על סתירות שמופיעות בחייכם...? אולי התלבטויות שמטרידות אתכם... מחשבות שמונעות מכם להתקדם...?

בחלק אחד של התיבה יש תאים שבהם תוכלו לאחסן גם מחשבות שטורדות ברגע זה ממש את ראשכם... כאלה שאתם מעוניינים לשמור לאחר כך... תוכלו לאפשר לעצמכם להניח את המחשבות בתא המיוחד למחשבות

כאלה... בידיעה שכשתצטרכו אותן הן תהיינה זמינות עבורכם... יש בתיבה חלק נוסף שאתם לא פותחים כרגע, אבל אתם יודעים שתפתחו אותו עוד מעט...

אפשרו לעצמכם לאחסן עוד מחשבה ועוד מחשבה בתוך התיבה... יש בה אינסוף מקום... והכול נשמר היטב... אחסנו כל מחשבה מיותרת שעולה לכם עד שתחושו שראשכם חופשי ממחשבות... אם קשה לכם לחוש את ראשכם ריק ממחשבות תוכלו, בזמן שעיניכם עצומות, למקד את האישונים שלכם בחלק העליון של האף לכמה רגעים... זה יסייע לכם להשתחרר מכל מחשבה...

ועכשיו אפשרו לעצמכם לדמיין קרן אור לבנה המגיעה אל הראש, עוטפת אותו באור לבן... הראש מתמלא לאט לאט באור המיוחד הזה... אור שכולו רגיעה ושקט... אתם חשים כיצד האור נכנס לראשכם וממלא את כולו... ככל שהאור מלטף את ראשכם, כך מתעצמת הרגיעה שבתוככם... אתם מתמלאים בשלווה ובשקט... האור מאפשר לכם מנוחה... מנוחה שאתם זקוקים לה מאוד... אפשרו לאור להמשיך ולנוע מהראש אל הצוואר... אל הכתפיים והשכמות... הכניסו רגיעה במקומות שבהם אתם חשים במיוחד עומס ומתח פעמים רבות... האור ממשיך וממלא את בית החזה... את הגב העליון... את הבטן... את הגב התחתון... כל החלק העליון של גופכם מלא באור רך ונעים... וכעת האור מתפשט גם אל הידיים... לאגן... לירכיים... לשוקיים... והוא ממשיך וממלא את כפות הרגליים...

זהו אור שמאפשר לכם מנוחה גמורה... רגיעה... אתם חשים איך גופכם מתמלא בשלווה עוד ועוד... ועם הרגיעה אתם יכולים לאפשר לעצמכם לחזור אל תיבת המחשבות שלכם... לאחר שאחסנתם בה את הביקורת והספקות... אתם יכולים לפתוח את התא שלא פתחתם קודם... תא המחשבות הטובות, ולבחור להוציא ממנו מחשבות חיוביות... מחשבות אופטימיות... מחשבות מעודדות כמו: "אנחנו יכולים!"; "אנו כל הזמן לומדים ובהדרגה מצליחים יותר"...; "אנו מסוגלים להגשים את השאיפות

שלנו!"; יש שם בתיבה המון מחשבות טובות ומקדמות שאתם יכולים לקחת איתכם... ואתם יכולים לבחור בדיוק במחשבות שאתם צריכים... שתורמות לכם לתהליך ההתפתחות שלכם...

אפשרו למחשבות הטובות להגיע אל ראשכם... אתם יכולים לבחור מה לחשוב... אפשר ליצור את המציאות באמצעות המחשבות... ואתם יוצרים לכם מציאות שמורכבת ממחשבות טובות... שמקדמות אתכם...

הגיע הזמן לחזור... תוכלו לקחת איתכם את תיבת המחשבות שלכם... או להשאיר אותה במקומה... היא תמיד תוכל לשמש אתכם כשתצטרכו אותה... חושו איך מיום ליום אתם משתמשים יותר ויותר ביכולת שלכם לבחור את המחשבות שלכם... מיום ליום אתם מתעצמים מתוך התחושה שאתם יכולים לחשוב רק מחשבות טובות... וליצור את המציאות שלכם...

ועם התחושה הטובה הזו אתם מתחילים לחזור למודעות רגילה לכאן, אל החדר הזה... תוכלו להניע מעט את כפות הידיים והרגליים... להניע בעדינות את גופכם... להניע את ראשכם בנינוחות מצד לצד... לנשום נשימה עמוקה... ועוד נשימה... לפקוח לאט עיניים... ולחזור בקצב שלכם לערנות רגילה ולמודעות מלאה... לכאן ולעכשיו.

38. תיבת המחשבות

39. לשוט בסירה

קטגוריה:
חיזוק משאבים

למי המדיטציה מתאימה?
לכל מי שנתקל במכשולים בדרכו
ומעוניין לחזק את יכולתו להתמודד איתם.

מכשול

מכשולים בדרך קשורים
לעכבות של נפשנו או
לנתיב שאנו מתעקשים
ללכת בו.
עצור כדי לברר עם עצמך
מה מונע ממך להתקדם.
אפשר לעצמך להתייעץ
עם אחרים בנושא.

אפשרו לעצמכם למצוא תנוחה נוחה... ולהעניק לעצמכם אפשרות להירגע... גופכם עובד קשה ומתאמץ במהלך כל היום וזוהי הזדמנות לאפשר לו מעט להרפות... וכשאתם נינוחים על המזרן או על הכיסא חושו כיצד כל המקומות בגופכם שנאגר בהם מתח מרפים ונרגעים אט אט... זוהי הרגשה נעימה של שחרור... אפשרו לעצמכם לנשום נשימה עמוקה ועוד נשימה ולתת לאוויר לזרום בגופכם... האוויר זורם במקומות הפתוחים ולעתים הוא מתקשה לזרום במקומות חסומים... הכניסו מודעות למקומות אלה ואפשרו להם להיפתח... קחו עוד נשימה... ועוד אחת... חושו כיצד האוויר מביא עמו רגיעה ושלווה לתוך גופכם, לכל פינה ופינה... ואתם מתחברים יותר ויותר אל השקט שבתוככם...

דמיינו את עצמכם עומדים על גדת נהר... זהו נהר יפה ורחב... אתם יכולים לשמוע את קול המים השוצפים-קוצפים... ולהתבונן בצבעי המים... ירוק... כחול... ריח של רעננות עולה באפכם... ליד גדת הנהר קשורה סירה... היא ממתינה רק לכם... אתם נכנסים לסירה ויוצאים למסע בנהר... בסירה מחכות לכם כריות רכות שאתם יכולים לשבת עליהן... מהר מאוד אתם מבינים כמה פשוט לכוון את הסירה ולנהוג בה... המים זורמים במתינות... אתם יוצאים לשוט עם הזרם... אתם נעים על הגלים וחשים בטוחים ומוגנים... הטלטול של המים מרגיע אתכם... הוא נעים לכם... אתם חשים כיצד שלווה מתפשטת בגופכם... שלווה נעימה... הנוף סביבכם יפהפה... הנהר רגוע... ואתם נהנים מהמסע...

אתם ממשיכים להתקדם עד שאתם רואים מולכם סלע גדול... סלע שלא מאפשר מעבר לסירה... אתם מתבוננים בסלע ותוהים, כיצד תוכלו לעבור...? יהיה קשה לעבור סביבו כי המעבר צר והסלע ממש סוגר אותו... אתם מעוניינים מאוד להמשיך במסע, בדרך שהתחלתם בה...

אתם עוצרים את הסירה וממתינים... חושבים מה תוכלו לעשות... כרגע עליכם רק להמתין... בזמן ההמתנה אתם שמים לב שהמים בנהר מתחילים לעלות... שעת הגאות מגיעה... אתם מתבוננים סביבכם ורואים כיצד המים הולכים ועולים, ערוץ הנהר הולך ומתמלא...

וכמו הנהר כך גם אתם נמלאים אופטימיות... ידיעה פנימית שעברתם הרבה מכשולים בחייכם ושגם את המכשול הזה תוכלו לעבור... אתם מתמלאים סבלנות... סבלנות המאפשרת לכם לחכות ולדעת שהדברים יסתדרו בקלות עוד מעט... המים ממשיכים לעלות וככל שהנהר מתמלא אתם חשים שאתם מתמלאים בעוד סבלנות... עוד ועוד... אתם חשים שאתם נמלאים גם באמונה... אמונה שעם האופטימיות והסבלנות תוכלו לבטח לעבור את המכשול הזה... תוכלו להתגבר על קשיים... עם אמונה אתם מסוגלים לעשות כל דבר ולהצליח...

אתם נושמים נשימה עמוקה, ממלאים את החזה באוויר צח וחשים כיצד אתם מתמלאים באופטימיות, בסבלנות ובאמונה... והמים הולכים וממלאים את ערוץ הנהר... ואיתם הסירה שלכם צפה ועולה כלפי מעלה גם היא... אתם שבים ומסתכלים על הסלע ומגלים שעוד מעט קט המים שממלאים את הנהר מכסים אותו... אז תוכלו לעבור בקלות את המכשול... מהצדדים, אולי אפילו באמצע...

תחושה נעימה ומרגיעה ממלאת אתכם... אתם מבינים שבזמן קושי עדיף לפעמים לחכות בסבלנות ומתוך אמונה... ואתם מתחילים להשיט את הסירה קדימה עוד ועוד... והנה – עברתם את המכשול בקלות רבה כל כך עד שאתם בעצמכם מופתעים... הסירה ממשיכה במורד הנהר... המים רגועים ונעימים... אתם ממשיכים במסע שלכם... יודעים שבכל פעם שתיתקלו במכשול בדרככם תוכלו להמתין... להתמלא באופטימיות, בסבלנות ובאמונה ולאחר מכן לעבור את המכשול ולהמשיך בדרככם בנחת... הידיעה הזו ממלאת אתכם בשמחה....

הגעתם ליעדכם, לסיום המסע שלכם... אתם עוצרים את הסירה, יורדים

ממנה וקושרים אותה לגדה... אתם יודעים שכמו המסע בסירה... כך חייכם מורכבים משיט ממקום למקום... ממטרה למטרה... ואתם יכולים להתמודד עם מכשולים הקיימים בדרככם...

ועם הידיעה הזו, אתם מתחילים לחזור הנה... לוקחים נשימה עמוקה... הנה יצאתם למסע מעורר מחשבה וכעת הגיע הזמן להתחיל ולחזור... זוהי הרגשה טובה... מיוחדת... ועם התחושה המיוחדת הזו אתם מוזמנים להתחיל ולחזור לאט ובהדרגה לכאן, אל החדר הזה... להניע מעט את כפות הידיים והרגליים... לנשום נשימה עמוקה, בעדינות לפקוח את העיניים... ואתם חוזרים אט אט... בקצב שלכם... לערנות רגילה... לכאן ולעכשיו.

39. לשוט בסירה

40. דלי המים

קטגוריה:
פתרון תקלות

למי המדיטציה מתאימה?
למי שמעוניין לשחרר מחייו דברים מסוימים ולפנות מקום לדברים חדשים.

שחרור

אפשר לעצמך לשחרר כל מה שאינך צריך עוד: את הכעס, את העוינות או את העלבון. השחרור יאפשר לך לחוש התחדשות, וכך תוכל להתקדם ולצמוח.

אפשרו לעצמכם למצוא תנוחה נוחה... תוכלו לחוש את גופכם על הכיסא או על המזרן... אתם עוצמים עיניים... ויכולים להרגיש את הטמפרטורה בחדר... אט אט אתם מתחילים לחוש נינוחות ושלווה... זהו זמן מנוחה עבורכם... עבור גופכם שעובד במשך כל היום... זמן שמאפשר לראש לנוח מעט מן המחשבות ולהרפות... בהדרגה אתם מתמלאים ברוגע וגופכם שליו יותר ויותר... תוכלו לשמוע קולות מבחוץ ומתוך החדר... אפשרו לעצמכם להתמקד בקול שלי... ולחוש איך אתם נינוחים יותר ויותר מרגע לרגע...

דמיינו את עצמכם עומדים בלב שדה גדול ורחב ידיים... זהו שדה פרחים יפהפה... העלים בגווני ירוק בהיר וכהה... ביניהם אפשר לראות פרחים בשלל צבעים... אתם שומעים את ציוץ הציפורים... וחשים רוח נעימה נושבת על הפנים ועל הגוף... אתם חשים בטוחים ושלווים... אתם עומדים ומתבוננים בשדה הרחב... מתכופפים לבחון פרח קטן בצבע האהוב עליכם... מריחים את ריחו... וכשאתם מתרוממים חזרה אתם שמים לב שענן גדול ואפור מכסה את השמים... זה משמח אתכם מאוד כי אתם יודעים שעוד מעט ירד גשם... גשם נעים ומרענן, בדיוק כמו שאתם אוהבים... אתם יכולים לחוש בריח הנעים של טרום הגשם ואת ריחה של האדמה המשתוקקת למים... לקחתם איתכם מטרייה... ותוכלו להיעזר בה אם תרצו...

לאט לאט אתם חשים בטיפות היורדות על פניכם... טיפה ועוד טיפה... אתם מושיטים את היד ועוד טיפה נוחתת על האצבע... וככל שהטיפות ממשיכות לרדת אתם חשים רגועים יותר ונינוחים ושלווים יותר... אתם מרימים את פניכם כלפי מעלה... עיניכם עצומות... מרגישים כיצד עם כל טיפה הרגיעה שבכם מתעצמת... והטיפות רבות עד מאוד... אתם נהנים להירטב בגשם... מי הגשם שוטפים מעליכם רגשות מיותרים לכם, אולי כעס, אולי עלבון, אולי עוינות... הם נושרים מכם יחד עם טיפות המים...

אתם מרגישים בטוחים ומוגנים... ויודעים שבריאותכם תישמר גם כעת, כשאתם רטובים...

אתם פוקחים עיניים ומבחינים בדלי גדול ויפה... הוא הולך ומתמלא בטיפות הגשם המופלאות... אתם חשים כאילו כל טיפה הנאספת בדלי היא עוד רעיון הנובט בראשכם... עוד מחשבה חדשה... או עוד רגש מופלא שהרגשתם... לאט לאט ובהדרגה הדלי מתמלא בטיפות נוצצות ושקופות של גשם, ואתם חשים נינוחים ושלווים יותר...

הדלי התמלא כולו במים ואתם שמים לב שהגשם פסק... השמש חזרה להאיר את השדה היפה... וגם את הסביבה הרחוקה... אט אט אתם מתחילים להתייבש וחשים כיצד השמש מחממת את גופכם... מלטפת אותו... תחושה זו ממלאה אתכם בשמחה... ואתם מאושרים עוד יותר כשאתם מתבוננים בדלי שלכם... כולו מלא טיפות מים נוצצות... זוהרות... זכות... שהן רעיונות, מחשבות ורגשות שלכם...

אתם נוטלים את הדלי איתכם ופונים ללכת... ממשיכים לטייל בשדה בעוד השמש מייבשת את שיערכם ואת בגדיכם... אתם חשים מלאים, כמו הדלי, באהבה, ברגיעה, בשקט ובביטחון... אתם צועדים עם הדלי ביד... בתחילה ההליכה נעימה לכם... אך כעבור זמן-מה אתם חשים שהדלי מכביד עליכם... הוא כבד והמים נעים וקופצים בתוכו עם כל צעד שלכם... אתם מניחים את הדלי ונחים מעט... ושוב, מרימים אותו וסוחבים אותו איתכם... אתם חשים חוסר שקט... ומתחילים לחפש פתרון, כיצד תוכלו להמשיך ולצעוד ביתר קלות...?

רעיון עולה בדעתכם... אולי לשפוך את תכולת הדלי על האדמה ולהמשיך את הטיול בלעדיו... אך המחשבה הזו מעלה בלבכם ספקות. כיצד תוכלו לאבד את טיפות המים הנוצצות... הרעיונות, המחשבות, והרגשות המופלאים שאספתם מהגשם?... כיצד תוכלו לוותר על כל הדברים הנפלאים הללו שאספתם ולהמשיך בלעדיהם...? אתם ממשיכים לסחוב את הדלי וכל גופכם כבר כואב מהמאמץ... אתם מבינים שלא תוכלו להמשיך ולהתקדם

כך לאורך זמן...לשאת משא כבד כל כך...

לבסוף, אתם מניחים את הדלי למרגלות עץ תפוחים גדול... ואז עולה בדעתכם רעיון חדש אחר... תוכלו להשקות את העץ במים הטובים שלכם... אתם משקים את העץ במים... יודעים שכל אותן טיפות מים יישמרו בעץ... בגזע... בין ענפיו... בעליו... וכמובן בטעם המופלא של התפוחים שגדלים עליו... ואם תחושו שאתם זקוקים למים שלכם, תוכלו למצוא אותם בעץ ללא קושי... לאחר שאתם משקים את העץ במים, אתם ממשיכים ללכת, קלים ומשוחררים, ללא כל משא כבד המכביד עליכם... רגועים ונינוחים... אתם גם יודעים שבקרוב ירד גשם חדש... תוכלו למלא שוב את הדלי שלכם ברעיונות, במחשבות וברגשות חדשים... בטיפות נוצצות... תמיד תוכלו לרוקן את הדלי שלכם ולמלא אותו שוב... תוכלו לשמר בתוככם דברים שחשובים לכם ולשחרר את מה שאינכם זקוקים לו עוד... וכשדבר מה ישתחרר, יתפנה מקום לדבר חדש... לטיפות גשם שקופות ויפות וחדשות...

ועם התחושה הזו אתם מתחילים לעשות את הדרך חזרה... בידיעה שמיום ליום תוכלו להשתחרר בקלות רבה יותר מדברים ולקבל דברים חדשים... תוכלו להרפות ולדעת שכל המשאבים שאתם צריכים נשארים ברשותכם...

ועם הידיעה הזו ועם התחושה הטובה הנלווית אליה, אתם מתחילים לשוב למודעות רגילה, לכאן, אל החדר הזה... תוכלו להניע מעט את כפות הידיים והרגליים...להניע בעדינות את גופכם... להניע את ראשכם בנינוחות מצד לצד... לנשום נשימה עמוקה... ועוד נשימה... לפקוח לאט עיניים... ולחזור בקצב שלכם לערנות רגילה ולמודעות מלאה...

לכאן ולעכשיו.

40. דלי המים

41. משפל לגאות

קטגוריה:
פתרון תקלות

למי המדיטציה מתאימה?
למי שחייו נמצאים כעת בתקופה פחות טובה וחשוב לו לשנות זאת, לעבור משפל לגאות.

הפחתה

זהו זמן של התמעטות והפחתה לקראת גאות. זהו זמן לחיסכון ולגישה פשוטה יותר כלפי החיים. היה שקט בידיעה שתוכל כעת לחסוך גם בדעות מוצקות וברגשות סוערים לקראת עתיד של הצלחה.

אפשרו לעצמכם למצוא תנוחה נוחה... תוכלו לחוש את גופכם על הכיסא או על המזרן... להרפות מעט את השרירים... ולהתחיל לאט לאט לחוש תחושה של נינוחות.... זהו זמן מנוחה עבורכם... עבור הגוף... זמן שמאפשר לראש להשתחרר מעט מן המחשבות ולהרפות... אפשרו למחשבות שלכם להתפוגג כמו עננים בהירים בשמים הנעים עם הרוח, מתפוגגים ונעלמים... תוכלו לשמוע קולות מבחוץ ואת הצלילים המתנגנים פה בחדר... אפשרו לעצמכם להתמקד בקול שלי... ולחוש איך אתם נינוחים יותר ויותר מרגע לרגע...

אתם עומדים לצדו של נהר ביום קיץ חמים ונעים... קרני השמש מנצנצות במי הנהר... אתם מתבוננים סביבכם... מסביב הכול צבוע בצבעים של קיץ: חום... בז'... צהוב... כתום... הכול יבש... צמא למים... אתם שומעים את קולה החרישי של הרוח... ומנסים להאזין לפכפוך המים... אך אינכם מצליחים לשמוע את המים בנהר...

בנהר יש מעט מאוד מים... הוא כה יבש עד כי אתם יכולים לחצות אותו בקלות ברגל... הנהר התייבש... זה מעציב אתכם... אתם חשים שגם בחייכם משהו יבש, חסר... משהו אינו קורה כמו שהייתם רוצים שיקרה... זה מעציב אתכם... כמו הנהר גם אתם חשים שאתם צמאים למים... כמהים לשינוי... להרוות את צימאונכם...

אתם מגלים פינה שבה יש מעט מים ומתחילים לפסוע במי הנהר... מרטיבים את הרגליים במים המעטים... ההליכה בנתיב הנהר מרגיעה אתכם... אתם הולכים וחשים את מגע המים ברגליכם... הם מלטפים אותן... אתם חשים את משב הרוח על פניכם... אולי אינכם יודעים למה נכנסתם לנהר ואתם הולכים בו... ועם זאת אתם יודעים שיש משהו שאתם רוצים להבהיר לעצמכם... למצוא מדוע משהו בחייכם נמצא כעת בשפל... ממש כמו הנהר הזה...

אתם ממשיכים וצועדים במעלה הנהר... שם אתם מבחינים במשהו מעניין: ערמה גדולה של אבנים שנפלו מן הגדה לתוך הנהר... האבנים הללו חוסמות למים את הדרך... המים נאגרים במעלה הנהר ואינם יכולים להמשיך... אתם שמחים לגלות את מקום הקושי ובטוחים שעכשיו תוכלו לסייע לנהר להתמלא במים מחדש... אתם חשים שכך יהיה גם בחייכם... ברגע שאתם מאתרים את הקושי אתם יכולים לפעול על מנת לפתור אותו...

אתם עוצרים ומתחילים לפנות אבנים מן הנהר... זוהי עבודה קשה... חלק מהאבנים כבדות... ועליכם לעלות לגדה ולהניח אותן... עם זאת אתם מבחינים כי נפתח פתח קטון, וזרם חלש של מים החל לעבור דרכו... אתם ממשיכים בעבודה הקשה... בהדרגה המים מתחילים לנוע מטה... אט אט הזרם מתחזק... אתם יודעים שכבר אין צורך להזיז עוד אבנים כיוון שהמים מצליחים לעבור בקלות... כעת יש רק להמתין ולראות כיצד הנהר שב ומתמלא... אתם נעמדים על הגדה וחשים בזרימה המתחזקת והולכת...

שמחה וסיפוק גדולים מציפים אתכם. הצלחתם לאתר את הקושי ולפתור את הבעיה... הנהר זורם כעת וגובה פני המים שלו שונה לגמרי מזה שהיה בתחילת הטיול שלכם... אתם מתכופפים וממלאים את כפות הידיים במים הנקיים והצוננים... שותים לרוויה... אתם חשים כיצד גופכם מתמלא במים הטובים... הזכים... אלה מים בעלי סגולות ריפוי – כאשר הם נכנסים לגוף, הם יוצרים מיד הרגשה טובה... נעימה...

אתם מתבוננים עוד ועוד בנהר, בשמחה... אתם מבינים שמיום ליום תגדל היכולת שלכם למצוא את הכוחות להתגבר על כל קושי בחייכם... שאחרי כל תקופת שפל מגיעה תקופה של גאות... תמיד תוכלו לשוב אל הנהר ולבדוק אם זרימת המים מתאימה לכם... אם המים יהיו בשפל תוכלו להחזיר את הזרימה לפי רצונכם בעזרת סבלנות, נכונות לעבודה ותושייה, והגאות בוא תבוא... ועם הידיעה הזו, אתם מוזמנים להיפרד לפי שעה מהנהר ולהתחיל לעשות את הדרך חזרה לכאן, אל החדר הזה...

הידיעה החדשה ממלאת אתכם שמחה ואושר כמו שחוויתם כעת... אתם מתחילים לחזור הנה... להניע מעט את כפות הידיים והרגליים... להניע בעדינות את גופכם... להניע את ראשכם בנינוחות מצד לצד... לנשום נשימה עמוקה... ועוד נשימה... לפקוח לאט עיניים... ולחזור בקצב שלכם לערנות רגילה ולמודעות מלאה... לכאן ולעכשיו.

41. משפל לגאות

42. מצפן הרגשות

קטגוריה:
מציאת כיוון

למי המדיטציה מתאימה?
למי שמעוניין להתחבר למצפן הלב
וכך למצוא את הכיוון המתאים והנכון עבורו.

תועלת

אפשר לעצמך להפיק
תועלת מזמן זה: תוכל
להימנע מעשיית דברים
שאינם תורמים לך (ואולי
אפילו מזיקים לך) ולהתחיל
להתפתח לכיוונים טובים
עבורך.
קח דוגמה מאנשים
שהולכים בדרך הזאת.

א פשרו לעצמכם למצוא תנוחה נוחה... תוכלו לחוש את גופכם על הכיסא או על המזרן... להרפות מעט את השרירים... ולהתחיל לאט לאט לחוש תחושה של נינוחות... זהו זמן מנוחה עבורכם... עבור הגוף... זמן שמאפשר לראש להשתחרר מעט מן המחשבות ולהרפות... אפשרו למחשבות שלכם להתפוגג כמו עננים בהירים בשמים הנעים עם הרוח, מתפוגגים ונעלמים... תוכלו לשמוע קולות מבחוץ ואת הצלילים המתנגנים פה בחדר... אפשרו לעצמכם להתמקד בקול שלי... ולחוש איך אתם נינוחים יותר ויותר מרגע לרגע...

אפשרו לעצמכם להתחבר ללב שלכם... נסו לחוש אותו פועם... להרגיש אותו... הלב שלכם הוא כמו מצפן... מצפן שמכוון אתכם למקומות שמתאימים ונכונים לכם...

ואתם מתחילים ללכת בדרך עפר היורדת לכיוון השדות... אפשרו ללב, המצפן שלכם, לכוון אתכם... שימו לב מה אתם רואים מסביב... אילו קולות אתם שומעים... אלו ריחות אתם מריחים... אולי חולפות בראשכם מחשבות... הניחו להן להתעופף באוויר ותנו לרוח לקחת אותן הרחק מכם...

אתם צועדים בדרך העפר ויש לכם כעת הזדמנות להתנתק מכל קולות היומיום... לנוח מכל הציפיות והדרישות וללכת בדרך שלכם... אך ורק כפי שמנחה אתכם לבכם... המצפן שלכם פועל באמצעות הרגשות, והדרך מתפצלת לכיוונים שונים... תוכלו לנסות וללכת בכיוון אחד ולחוש איזה רגש עולה... ואז אולי תרצו לנסות ללכת בכיוון אחר ולבדוק איזה רגש עולה שם...

שימו לב, אולי אתם הולכים בדרך מסוימת והרגשות שעולים הם רגשות של תסכול... של חוסר אונים... של עייפות... של קוצר רוח... זהו סימן

שהדרך שבחרתם אינה נכונה עבורכם... תוכלו לעצור ולבדוק את הנתיב הזה.... האם אתם מוכרחים ללכת בו? האם הוא תורם לכם משהו...? אולי תעדיפו לוותר עליו לטובת נתיב אחר...?

ושוב אתם חשים את המצפן שלכם, את לבכם... שומעים את פעימותיו... סומכים עליו שיוביל אתכם בדרך הנכונה לכם... וכעת תוכלו לבקש מהמצפן שיציע לכם דרך אחרת לגמרי – דרך שתעלה רגשות של התלהבות... התרגשות... ציפייה... תקווה... שמחה והתעלות נפש... אולי יעלו גם חששות, כיוון שזוהי דרך חדשה ולא מוכרת... עם זאת יהיה בה משהו מסקרן ומאתגר... משהו שיגרום לכם לנסות לפסוע בה למרות החששות... תנו לעצמכם להמשיך ללכת ותוכלו לבדוק כל הזמן את מצפן הרגשות שלכם...

אולי זו הפעם הראשונה שאתם משתמשים בו... אולי למדתם בילדותכם להתנהל רק לפי השכל... יכול להיות שאתם חשים קושי ללכת בעקבות מצפן הלב... אפשרו לעצמכם להתנסות בחוויה ולבדוק עד כמה היא נכונה לכם... הרבה אנשים מגלים כי לבם והאינטואיציה שלהם מאפשרים להם להיות באמת הם... לעשות מה שמתאים להם... זה עוזר להם להיות מרוצים יותר מחייהם...

בדרך החדשה והלא מוכרת ממתינים כל מיני דברים מופלאים: אולי יש שם נהר שתרצו לחצות... אולי תוכלו לגלות עולם חדש שעדיין לא הכרתם... אולי נופים מרהיבים חדשים שטרם גיליתם... אולי אנשים חדשים שתוכלו להכיר... אולי הזדמנויות חדשות להתפתח ולצמוח... אפשרו לעצמכם למצוא דרך לחצות את הנהר, אם מצפן לבכם מוביל אתכם לשם...

אהיה כעת בשקט כשתי דקות ואאפשר לכם לבדוק באמצעות המצפן לאן כדאי לכם ללכת... המצפן שלכם יוביל אתכם בדרך הנכונה לכם ביותר... תוכלו להגיע באמצעותו לכל מקום שתרצו... תשמעו את קולי שוב בעוד כשתי דקות...

מכל מקום שהגעתם אליו תוכלו כעת למצוא את דרככם חזרה... יכול להיות שאתם חוזרים באותה דרך ויכול להיות שבדרך אחרת... אולי אתם עולים על הרים בדרככם... או חוצים עוד נהרות... אולי אתם צועדים במישור... שימו לב למצפן שלכם ותוכלו לבדוק – אילו רגשות צצים ועולים בכל התנסות שכזו...?

מצפן הלב המיוחד שלכם יאפשר לכם לחיות את חייכם על פי לבכם... על פי האינטואיציה שלכם... להיות מחוברים למרכז שלכם... לדרך שלכם... לבחירות שלכם... הקשבה למצפן הלב יכולה לעזור לנו מאוד בבחירות שאנו עושים בחיינו... לעזור לנו לזכור את עצמנו ואת הצרכים שלנו... בעולם שיש בו הרבה דרישות וצרכים של אחרים, בעולם המציע מצבים רבים ומגוונים... תמיד תוכלו למצוא, בעזרת המצפן, את דרככם שלכם... אפשרו לעצמכם ליצור סימן שיזכיר לכם לבדוק מה לבכם רוצה בכל עת... אולי מחשבה כלשהי... אולי הרפתקה כלשהי ואולי מקום בגופכם שיזכיר לכם את דרך הלב...

ועם המתנה הנהדרת הזו, היכולת לבחור את דרככם ולחיות על פי נטיות לבכם, האינטואיציות שלכם ורגשותיכם... אתם מוזמנים להתחיל לחזור לאט ובהדרגה לכאן, אל החדר הזה... ואתם מתחילים לחזור הנה... להניע מעט את כפות הידיים והרגליים... להניע בעדינות את גופכם... להניע את ראשכם בנינוחות מצד לצד... לנשום נשימה עמוקה... ועוד נשימה... לפקוח לאט עיניים... ולחזור בקצב שלכם לערנות רגילה ולמודעות מלאה... לכאן ולעכשיו.

42. מצפן הרגשות

43. צומת דרכים

קטגוריה:
מציאת כיוון

למי המדיטציה מתאימה?
למי שעומד בפני החלטה ומתקשה לבחור.

החלטיות

זה הזמן להיות החלטי.
שקול את המצב היטב ובדוק:
האם קבלת ההחלטות שלך
מגיעה ממקומות
טובים ונכונים עבורך?
החלטות שתקבל מהלב
יאפשרו לך לצמוח
ולהתפתח.

א פשרו לעצמכם למצוא תנוחה נוחה... תוכלו לחוש את גופכם על הכיסא או על המזרן... להרפות מעט את השרירים... ולהתחיל לאט לאט לחוש תחושה של נינוחות..... זהו זמן מנוחה עבורכם... עבור הגוף... זמן שמאפשר לראש להשתחרר מעט מן המחשבות ולהרפות... אפשרו למחשבות שלכם להתפוגג כמו עננים בהירים בשמים הנעים עם הרוח, מתפוגגים ונעלמים... תוכלו לשמוע קולות מבחוץ ואת הצלילים המתנגנים פה בחדר... אפשרו לעצמכם להתמקד בקול שלי... ולחוש איך אתם נינוחים יותר ויותר מרגע לרגע...

וכעת, דמיינו את עצמכם הולכים ביער עבות ביום חורף נעים... השבילים והעצים רטובים אחרי הגשם... רגליכם משמיעות רשרוש קל כאשר הן דורכות על העלים... אתם פוסעים ומתבוננים בעצים הגבוהים... בעלים הרטובים התלויים עליהם... אתם מריחים את הריח הנעים שלאחר הגשם... ונהנים מן הטיול...

בטיול הזה אתם מעוניינים לקבל החלטה לגבי המשך דרככם... לבחור כיוון שתמשיכו לפסוע בו... התחושה שבקרוב תקבלו החלטה יוצרת בכם התרגשות... ועם זאת גם חשש... אך אל דאגה – כל החלטה שתקבלו תהיה הנכונה ביותר שתוכלו לקבל... והטובה ביותר עבורכם... אתם פוסעים ביער ורואים במרחקים צומת דרכים... עד שתגיעו לצומת, תמצאו בדרככם כמה פריטים שיסייעו לכם להחליט לאיזה כיוון לפנות...

הרימו מן הארץ מקל... זה מקל מיוחד במינו... מקל האינטואיציה שלכם... הוא מאפשר לכם להתחבר לתחושות הפנימיות שלכם... להתחבר ללב שלכם... להחליט על פי האינטואיציה איזו דרך מתאימה לכם ביותר...

אתם ממשיכים לפסוע בשביל ורואים פטריות הגדלות על גזע של עץ גדול... אתם מתבוננים בעץ הגבוה... כמה יציב וחזק הוא – הפטריות יכולות להיות מוזנות ממנו ואין זה מפריע לו כלל וכלל... אתם קוטפים עלה מן העץ הגדול הזה... העלה הזה יקנה לכם ביטחון בעצמכם וביכולת שלכם לקבל את ההחלטה הנכונה ביותר... זה עלה שנקטף מעץ יציב וחזק... הוא יזכיר לכם להתחבר לחוזק ולביטחון שבתוככם... ולחוש אותו בגופכם...

מרחוק אתם רואים את צומת הדרכים ויודעים שעוד מעט תוכלו להתחיל בקבלת ההחלטה... על אם הדרך מונחת אבן מנצנצת יפה בצבע האהוב עליכם ביותר... אתם מרימים את האבן וחשים במגעה הנעים על כף היד... זוהי אבן האהבה... היא תזכיר לכם שהבחירות שלכם נעשות מאהבה... מאהבה לעצמכם... מרצונכם להגשים את החלומות שלכם... וגם מאהבה לאנשים הקרובים לכם... אבן המסמלת את האהבה שלכם לעצמכם ולאחרים...

כעת יש לכם מקל אינטואיציה, עלה של ביטחון עצמי ואבן של אהבה, ועם כל אלה אתם צועדים לעבר צומת הדרכים... מתברר לכם שזהו צומת מיוחד במינו: צומת המאפשר לנסות כל אחת מהדרכים ולבדוק האם היא מתאימה לכם... רק אתם יודעים לכמה דרכים מתפצלת הדרך בצומת הדרכים... רק אתם יודעים כיצד אתם מרגישים לגבי כל דרך... מהם היתרונות והחסרונות של כל דרך אפשרית... רק אתם יודעים מה תוכלו לעשות בכל אחת מהדרכים...

בחרו בדרך הראשונה שעליה מורה מקל האינטואיציה שלכם... וכעת תוכלו לפסוע בה... אפשרו לעצמכם לפסוע את הפסיעה הראשונה... יש לכם היכולת לעשות זאת... פסעו ובדקו כיצד אתם מרגישים עם הבחירה... מה אתם רואים בדרך בה בחרתם...? אלו קולות אתם שומעים...? אלו תחושות עולות בכם...? תוכלו להמשיך ולהתקדם ולדמיין מה קורה לכם בדרך הזו... האם נעים לכם... אם תרגישו צורך, תוכלו לחזור לצומת ולבחון את הדרך השנייה שעליה מצביע מקל האינטואיציה...

פסעו בדרך השנייה ובדקו כיצד אתם מרגישים עם הבחירה הזו... מה אתם רואים בדרך שבחרתם בה... אילו קולות אתם שומעים... אילו תחושות אתם מרגישים.... תוכלו להמשיך להתקדם ולראות מה קורה לכם בדרך הזו... האם נעים לכם...? אם תרגישו צורך, תוכלו בכל עת לחזור לצומת ולבחון את הדרך הבאה שעליה מצביע מקל האינטואיציה...

וכעת תוכלו לאפשר לעצמכם שתי דקות למחשבה באיזו דרך לבחור... אפשרו לעצמכם לבדוק לאן פונה מקל האינטואיציה שלכם... יש לכם כבר ביטחון עצמי, ביטחון בכך שאתם מסוגלים לקבל את ההחלטה הטובה ביותר... קבלו באהבה את הבחירות שלכם בחיים עד עתה, בידיעה שמכל בחירה תוכלו ללמוד ותוכלו להתפתח... שכל בחירה שאתם בוחרים היא הנכונה ביותר עבורכם באותו רגע שבו אתם בוחרים...

אני אהיה כעת בשקט כשתי דקות, במהלכן תוכלו לבחור בדרך שלכם... תת-המודע שלכם חכם מספיק על מנת לסייע לכם בבחירה או לייעץ לכם להמתין... אפשרו לו לכוון אתכם... אתם תשמעו את קולי שוב בעוד כשתי דקות...

וכעת, הנכם מלאים סיפוק מהידיעה שבחרתם... גם אם בחרתם להמתין עם ההחלטה, זוהי בחירה... אתם חשים התרגשות ושמחה... אתם יכולים להתחיל לחזור לאט לאט מהיער הגדול... תוכלו לנצור בלבכם את מקל האינטואיציה, עלה הביטחון ואבן האהבה בידיעה שתמיד הם יסייעו לכם במהלך חייכם... בכל עת תוכלו לשוב ולהשתמש בהם...

ובתחושה זו של ביטחון בדרככם הייחודית וביכולת שלכם לצמוח עוד ועוד... אתם מוזמנים להתחיל לחזור לכאן, אל החדר הזה... לחוש את גופכם... אתם לוקחים נשימה עמוקה... ועוד אחת... מניעים בעדינות את הידיים... ואת הרגליים... בקצב שלכם פוקחים עיניים... וחוזרים למודעות רגילה ולערנות מלאה, לכאן ולעכשיו.

43. צומת דרכים

44. עישוב הגן

קטגוריה:
פתרון תקלות

למי המדיטציה מתאימה?
למי שזקוק לניקוי ולשחרור מהישן ומעוניין בהצמחת החדש בחייו.

פיתוי

לפתע, נכנס אל התמונה פיתוי. האם הפיתוי פועל לטובתך? או שמא הוא מחזיר אותך אל החולשות שלך? אכן, קל להתפתות לפיתוי פנימי,
אך אתה מסוגל לומר לו, "לא!"

עצמו עיניים... מצאו תנוחה נוחה לגופכם... תוכלו להקשיב לקולות מבחוץ ולקולות הנשמעים בתוך החדר... להתענג על המוזיקה המיוחדת שנשמעת ברקע... ולהתמקד בקול שלי... ייתכן שאתם עסוקים במחשבות... דברים רבים מעסיקים אתכם... אפשרו לעצמכם להרפות מעט מן המחשבות בידיעה שלאחר מכן תוכלו לשוב אליהן... נסו למקד את האישונים בכיוון האף – לפעמים זה עוזר למחשבות לנוח... אט אט הירגעו והיכנסו פנימה אל השקט שבתוככם... עמוק בפנים...

דמיינו את עצמכם עומדים בלבו של גן ירק... זהו גן נחמד למראה שבו נשתלו הירקות שורות שורות... בתחילת כל שורה יש שלט ועליו רשום שם הירק... אתם מתבוננים בגן ורואים שורה של גזרים... שורה של עגבניות... שורה של צנוניות... וכך עוד שורות רבות של ירקות...

מישהו השקיע הרבה בגן הזה... סביבו יש גדר קטנה... ודחליל גדול ניצב במרכזו... גן חמוד ושובה לב... ובכל זאת, משהו מפריע לכם בו... משהו נראה שונה ממה שאתם מצפים לראות בגן שכזה: הוא מלא בעשבים שוטים... כאילו שכחו לעשב אותו... בין צמחי הירקות צומחים עשבים... העשבים מפריעים לצמחים לצמוח... והם טורדים את מנוחתכם... חבל לכם שגן שיכול היה להיות הרבה יותר יפה מלא בעשבים שוטים... אתם תוהים מה לעשות...

אתם מתכופפים ומתחילים לעשב את הגן... אתם חשים במגע העשבים כאשר אתם תולשים אותם מן האדמה ומריחים את ריחה הטוב של האדמה... חלק מהעשבים יוצאים בקלות, כיוון שהאדמה מעט רטובה... ואת חלקם עליכם למשוך חזק עד ששורשיהם עוזבים את האדמה... רחש הוצאת העשבים מרגיע אתכם מאוד... יש איזו שלווה בעבודה בגן ירק... כששמש נעימה ומחממת מעל... ואפשר לשמוע את קולה של הרוח... תחושה

של נינוחות ממלאת אתכם... נעים לכם להיות בגן הירק... ואתם חשים שהעישוב מרגיע אתכם...

גם בחיים לפעמים קשה לכם לראות את עיקרי הדברים כי יש עשבים שוטים, כל מיני דברים שאינם קשורים... שאינם חשובים לכם באמת... ואתם חשים כיצד פעולת העישוב מסייעת גם לכם להבחין מה חשוב לכם ומה לא... אילו דברים טוב וחשוב לכם להשאיר בחייכם... ואילו דברים אתם יכולים להוציא החוצה...

אתם מנכשים את העשבים בשורה נוספת ובעוד שורה, ומגלים עוד ועוד שורות של צמחים שהתקשו לצמוח... הרבה עשבים צמחו סביבם והפריעו להם לגדול לכיוון שרצו בו... העשבים הפריעו לשורשים שלהם להגיע למקורות מים ומזון... ועכשיו, כשאתם מנקים את הגן, אתם יכולים לראות כמה נוח ונעים לירקות לגדול... וכמה נקי נראה הכול...

אתם עומדים לסיים את עקירת העשבים ומרגישים איך מיום ליום תוכלו להתבונן בחייכם ולדעת מה חשוב לכם להשאיר ובאילו כיוונים ללכת... ועל מה אתם יכולים לוותר... מהו הצמח שיניב ירק... ומיהם ומהם העשבים השוטים... שעדיף להוציא אותם מן הגן...

כשאתם מסיימים, אתם מתבוננים לרגע בגן... שורות שורות של ירקות שעוד מעט יבשילו... אתם מביטים בדחליל השומר על הירקות מפני הציפורים... ובגדר המגנה על השתילים מפני בעלי חיים אחרים... עוד מעט אפשר יהיה לקטוף את הירקות הטריים ולאוכלם... אתם חשים שעשיתם מעשה נכון וחשוב כאשר עישבתם את הגן הזה...

אתם יודעים שיש לכם הניסיון והתבונה הדרושים לכם בחייכם כדי לטפח את הצמחים הטובים והמניבים ולוותר על עשבים שוטים שמיותרים לכם... אתם יודעים להגן על הצמחים המניבים שלכם...

כעת אתם מבחינים כי ביציאה מהגן יש שמשייה שמצלה מהשמש וכיסא

נוח גדול ומזמין... כוס שתייה גדולה נמצאת ליד הכיסא... אתם מאפשרים לעצמכם להתיישב ולנוח מהעבודה... אתם מתבוננים בסיפוק כמה הגן יפה עכשיו... אפשר לראות את הירקות הצומחים בו בבירור ובקלות... אתם מרווים את גופכם במשקה הצונן וחשים כיצד כל טיפה וטיפה ממנו יוצרת בכם תחושה נעימה של סיפוק... סיפוק רב ממלא את גופכם... תוכלו לנשום את הסיפוק וליהנות ממנו... ועם תחושת הסיפוק מעישוב העשבים השוטים בגן והמנוחה הטובה שבאה אחר כך, אתם מתחילים לחזור לאט לאט לכאן, אל החדר הזה... אל הגוף שלכם, אל היום המיוחד הזה...

ועם הידיעה והתובנות החדשות הללו, אתם יכולים להניע מעט את כפות הידיים והרגליים... להניע בעדינות את גופכם... להניע את ראשכם בנינוחות מצד לצד... לנשום נשימה עמוקה... ועוד נשימה... לפקוח לאט עיניים... ולחזור בקצב שלכם לערנות רגילה ולמודעות מלאה... לכאן ולעכשיו.

44. עישוב הגן

45. נשף ההצלחות

קטגוריה:
עבר

למי המדיטציה מתאימה?
לכל מי שמעוניין להיזכר בהצלחות של חייו, לשאוב מהן כוח ולהמשיך ולהצליח.

התאספות

זהו זמן להתאסף ולהתכוונן פנימה. התכוונות עצמית תאפשר לך להיות חלק מפעילות חברתית, מתוך ידיעה מה טוב לך ומה נכון עבורך. התאספות פנימית תיטיב עם ההתאספות החברתית הנדרשת כעת.

א פשרו לעצמכם למצוא תנוחה נוחה... תוכלו לחוש את גופכם על הכיסא או על המזרן... להרפות מעט את השרירים... ולהתחיל, לאט לאט, לחוש תחושה של נינוחות... זהו זמן מנוחה עבורכם... עבור הגוף... זמן שמאפשר לראש להשתחרר מעט מן המחשבות ולהרפות... אפשרו למחשבות שלכם להתפוגג כמו עננים בהירים בשמים הנעים עם הרוח, מתפוגגים ונעלמים... תוכלו לשמוע קולות מבחוץ ואת הצלילים המתנגנים פה בחדר... אפשרו לעצמכם להתמקד בקול שלי... ולחוש איך אתם נינוחים יותר ויותר מרגע לרגע...

אתם מוזמנים היום לנשף... נשף גדול בארמונו של מלך... אתם מתלבשים בבגדים מיוחדים המתאימים לנשף... זהו נשף מיוחד... הוא נועד במיוחד עבורכם... זהו נשף ההצלחות שלכם... כולן תהיינה שם... כל ההצלחות שאתם זוכרים וגם אלה ששכחתם...

אתם מתבוננים במראה לפני צאתכם... הבגדים שלכם יפים ומהודרים... השתקפותכם במראה בבגדים היפים מרגיעה אתכם... עושה אתכם נינוחים לקראת הצפוי... אתם חשים גם התרגשות לקראת הנשף המלכותי... אתם ממששים את הבדים... מגע הבד נעים לכם מאוד... והנה, אתם שומעים את הכרכרה מגיעה... אתם יוצאים החוצה ופוסעים לקראתה...

ואתם עולים לכרכרה... נער הכרכרה מוביל אתכם... הכרכרה מתנועעת כמו עריסה של תינוק... ברכות ובנעימות... אתם יושבים לכם בנוחות... מביטים החוצה מהחלון... שומעים את צעדי הסוסים... ואת קריאותיו של הנער... הנסיעה מרגיעה אתכם...

אתם מגיעים לארמון ישן, יפה וגבוה... נער הכרכרה מסייע לכם לרדת ומוביל אתכם עד לכניסה... בכניסה קוראים בשמכם והמלך בכבודו ובעצמו

מקבל את פניכם ומזמין אתכם... הוא לבוש בגדי זהב ולראשו כתר עם אבנים יקרות... הוא מספר לכם שכל ההצלחות שלכם כבר הגיעו... כל המוזמנים יושבים ומצפים לכם סביב השולחן...

אתם נכנסים לאולם רחב ידיים... נברשות תלויות מעל ומפיצות אור קורן לכל עבר... שולחן גדול ניצב וסביבו אנשים רבים מאוד מאוד... אלה הן ההצלחות שלכם... אתם רואים שם הצלחות שכבר מזמן שכחתם: היום הראשון בו התחלתם לזחול... הצעד הראשון שעשיתם... המילה הראשונה שאמרתם... וגם הצלחות חדשות יותר... הצלחות בעבודה... הצלחות במשפחה...

יש שם המון המון הצלחות... וכולן יושבות ומחייכות אליכם... אתם מתפלאים לראות כמה הצלחות כבר שכחתם לגמרי... כמו אותו יום שבו קראתם את המילה הראשונה בספר... כמו המבחן המוצלח... כמו מילות השבח שקיבלתם...

אתם מתיישבים ומחייכים אל היושבים מסביב לשולחן... כל ההצלחות שלכם ניגשות אליכם אחת אחת ומחבקות אתכם בחום... אתם נזכרים בסיפור הייחודי של כל אחת ואחת... כמה שמחתם בה אז... כמה הייתם גאים... וכמה מהר שכחתם אותן... כמה טוב להיזכר... אתם מקשיבים להצלחות ויכולים לשמוע את המסרים שהן שולחות לכם... מסרים של הצלחות הם מסרים מחזקים...

אני אהיה כעת בשקט כשתי דקות... תוכלו להתבונן סביבכם ולהיזכר בעוד ועוד הצלחות מחייכם... גדולות כקטנות... להקשיב להצלחות... ולמסרים שלהן אליכם... תשמעו את קולי שוב בעוד כשתי דקות...

ואתם נמלאים בתחושה טובה של יכולת... בתחושת מסוגלות... כל ההצלחות הרבות בחדר הן שלכם... והן נפלאות... אתם שומעים את קולן הנעים... אתם נזכרים ברגעים השמחים... ומבינים שהם רבים מספור...

הזמן עובר והגיע הזמן להיפרד... המלך מתחיל להוביל אתכם חזרה אל הכרכרה שלכם... הוא מזמין אתכם לבוא שוב לארמונו ולפגוש את ההצלחות שלכם בכל עת שתרצו, אם תרגישו צורך...

אתם מגיעים לפתח ושם מחכה לכם נער הכרכרה... אתם מתיישבים בכרכרה... חשים בדרך חזרה קלילים יותר... שמחים יותר... ועם התחושות האלה אתם חוזרים לביתכם...

ועם התחושה הטובה והמעודדת הזו, אתם מוזמנים גם להתחיל לחזור לאט ובהדרגה לכאן, אל החדר הזה... אתם מתחילים לחזור הנה... להניע מעט את כפות הידיים והרגליים... להניע בעדינות את גופכם... להניע את ראשכם בנינוחות מצד לצד... לנשום נשימה עמוקה... ועוד נשימה... לפקוח לאט עיניים... ולחזור בקצב שלכם לערנות רגילה ולמודעות מלאה... לכאן ולעכשיו.

45. נשף ההצלחות

46. מסר מהילדות

קטגוריה:
עבר

למי המדיטציה מתאימה?
לכל מי שרוצה להיזכר בדברים נעימים מילדותו.

עלייה

אתה יכול להשיג כעת כל דבר שנחוץ לך. עד כה השקעת עבודה ומאמץ, ובקרוב מאוד הצלחה גדולה תאיר לך פנים. השקעה בדברים הקטנים מובילה אותך להצלחה גדולה. המשך להתקדם.

אפשרו לעצמכם לנוח מעט... להרפות מענייני היומיום... מצאו תנוחה נוחה... עצמו את עיניכם ואפשרו להן לנוח מכל המראות... ותנו לאוזניכם לנוח מהקולות הרבים ולהתמקד בקול שלי... חושו את הכיסא או את המזרן שאתם יושבים או שוכבים עליו... כל החושים שלכם עכשיו נחים... נרגעים יותר ויותר... המוח האחראי למחשבות נח גם הוא... הלב שאחראי לרגשות נח... אתם חשים שלווים יותר ויותר... ונכונים לצאת למסע... מסע בדמיון... מסע שבו הכול יכול להיות... הכול יכול לקרות... והכול בטוח ומוגן... אפשרו לעצמכם לצאת למסע מיוחד... מופלא וקסום... מסע שכולו לטובת התפתחותכם האישית...

דמיינו את עצמכם בבית ישן... בית עתיק ויפה ומשהו בו מושך את לבכם... יש בו רהיטים עתיקים והרבה חדרים... יש בו גרם מדרגות גדול מאוד היורד אל מרתף מתחתיו אתם סקרנים מאוד לדעת מה יש במרתף הזה... ומחליטים לרדת במדרגות... מדרגות אבן עתיקות שמסביבן מעקה עץ עתיק מעוצב... המדרגות מוארות באור רך ועדין...

אתם יורדים בהן וחשים נינוחות נעימה... ככל שאתם יורדים כך אתם שלווים יותר ויותר... יש משהו נעים בריח האופף את המדרגות... אתם יכולים לשמוע את קולות הפסיעה שלכם ברדתכם... אתם נרגעים יותר ויותר... ומגיעים אל המרתף העתיק... גם הוא מואר באור רך... ואתם מגלים שיש בו ספרים וחפצים ישנים... החפצים שמורים היטב... אלה חפצים שהיו לכם כשהייתם קטנים... ומשגדלתם הם הונחו כאן והמתינו לבואכם...

תוכלו למצוא כאן ספרים שקראתם בילדותכם ולהיזכר בהם... משחקים וצעצועים שהיו לכם... אתם חשים שיש מסר חשוב הטמון בחפצים האלה... מסר מהילד או הילדה שהייתם פעם, שחשוב שתיזכרו בו כעת, כיוון שהוא יוכל לסייע לכם...

אתם ניגשים בשמחה לחפצים שלכם... אתם לבדכם בחדר עם חפצי הילדות שלכם... מאפשרים לעצמכם לגעת... למשש... לשחק... ממש להרגיש כמו ילדים קטנים... כמו הילדים שהייתם, כששיחקתם... אני אהיה בשקט שתי דקות ואאפשר לכם לשחק... להשתעשע... להיזכר... תשמעו את קולי בעוד שתי דקות...

תחושה נעימה מלווה אתכם כשאתם נזכרים בצעצועים ובספרים שלכם... שיר ילדות מתנגן לו ברקע... אתם נזכרים שהיו המון רגעים מאושרים בילדות שלכם, שקצת נשכחו... אתם מאושרים לשוב ולהיזכר בהם... ואתם מתחילים להבין את המסר שיכול לסייע לכם במשהו שאתם עסוקים בו כיום... משהו שהילד או הילדה שבתוככם רוצים להזכיר לכם... הקשיבו למסר... (להמתין חצי דקה)...

ולאחר שקיבלתם את המסר, אתם מעיפים מבט נוסף בחפצים שלכם מילדותכם... בזיכרונות... אתם חשים בחמימות שמילאה אתכם... המפגש עם דברי הילדות שלכם ריגש ושימח אתכם מאוד... אתם מתחילים לשוב במדרגות כלפי מעלה... ואתם חשים שאתם עולים בקלילות... כאילו אתם מרחפים מעל המדרגות והן נושאות אתכם גבוה גבוה... גבוה יותר מרצפת הבית... כאילו המדרגות מרימות אתכם קדימה... מביאות אתכם למקום אחר... מקום שאליו אתם שואפים... מקום שאליו אתם רוצים להגיע...

אתם מבינים כי כאשר אתם קשובים למסרים של הילד/ה הפנימי/ת שבכם, קל לכם להתקדם... לעלות עוד ועוד... גם אם לפעמים המסרים שלהם קשים... הם מאפשרים לכם להבין את עצמכם טוב יותר... ואתם מתקדמים ועולים עוד ועוד... אתם נעים קדימה לעבר השגת המטרות שלכם... לאט לאט ובהדרגה אתם מתמקמים במקום המתאים לכם ביותר... וממשיכים להרגיש קלים ונינוחים... צופים בשמחה לעבר הבאות....

ועם הציפייה הנינוחה הזו ועם התובנות שהגיעו אליכם, תוכלו להתחיל ולחזור לכאן ולעכשיו, לחדר הזה... להניע מעט את כפות הידיים והרגליים... להניע בעדינות את גופכם... להניע את ראשכם בנינוחות מצד לצד... לנשום נשימה עמוקה... ועוד נשימה... לפקוח לאט עיניים ולחזור בקצב שלכם לערנות רגילה ולמודעות מלאה לכאן ולעכשיו.

46. מסר מהילדות

47. חיבור לאור

קטגוריה:
חיזוק משאבים

למי המדיטציה מתאימה?
למי שחש קושי וזקוק למשאבים על מנת להתמודד איתו.

מצוקה

כמו כל דבר בטבע יש עתות של קשיים מרובים.
זה הזמן להיעזר במשאבים הפנימיים שלך:
להיות אופטימי ובעל ביטחון ולהתמקד בהגשמת החלומות שלך, למרות הקשיים.

א פשרו לעצמכם למצוא תנוחה נוחה... ולהעניק לעצמכם אפשרות לנוח... גופכם עובד קשה ומתאמץ במהלך כל היום וזוהי הזדמנות לאפשר לו מעט להרפות... וכשאתם נינוחים על המזרן או על הכיסא חושו כיצד כל המקומות בגופכם שנאגר בהם מתח מרפים ונרגעים אט אט... זוהי הרגשה נעימה של שחרור... אפשרו לעצמכם לנשום נשימה עמוקה ועוד נשימה ולתת לאוויר לזרום בגופכם... האוויר זורם במקומות הפתוחים ולעתים הוא מתקשה לזרום במקומות חסומים... הכניסו מודעות למקומות אלה ואפשרו להם להיפתח... קחו עוד נשימה... ועוד אחת... חושו כיצד האוויר מביא עמו רגיעה ושלווה לתוך גופכם, לכל פינה ופינה... ואתם מתחברים יותר ויותר אל השקט שבתוככם...

דמיינו את עצמכם כעץ החי בתוך יער... עץ קטן וירוק... בתוך יער שבו גדלים עצים רבים מאוד... אתם רואים סביבכם סבך של עצים... אתם חשים במגע הענפים של העצים שלידכם... היער שקט ונעים... מעליכם עפות ציפורים... תוכלו לשמוע את קולותיהן הנעימים... ולחוש רוח של יום חורפי... הרוח מביאה איתה ריח נעים של עשב רענן... אתם בין עצים רבים מאוד... השורשים שלכם נעוצים באדמה... ראשכם גבוה... אתם חשים רצון חזק לגדול... לצמוח... להגיע אל ייעודכם... להגשים את חלומותיכם...

עם זאת, כשאתם מנסים לגדול ולהתפתח אתם נתקלים בקושי... העצים סביבכם צפופים כל כך, שחסר לכם מרחב להתפתח... כל ניסיון שלכם לצמוח נתקל בהתנגדות... העצים האחרים אינם מתכוונים להקשות עליכם – גם הם רוצים לצמוח וכך נוצרת צפיפות....

הענפים שלכם מנסים לפרוץ מעלה ולהתקדם, אך הם נתקלים בענפים של עצים שכנים... שזהו גם רצונם... אתם חשים קושי רב... לפעמים נראה לכם שהעצים הגבוהים מאפילים עליכם... אולי מסתכלים עליכם מלמעלה למטה...

הרצון שלכם לצמוח הוא עז ואתם מתבוננים למעלה... אתם רואים את השמים הבהירים ואת קרני השמש החמימות... אתם מחליטים להתמקד באור... להתמקד בשמש הנעימה... וכשאתם מתמקדים בשמש אתם חשים כיצד האור החזק מושך אתכם מעלה מעלה ולאט לאט ובהדרגה מתפנה מקום לצמיחה האישית שלכם... ענפיכם מתחילים לעלות... הגזע שלכם מתחזק... אתם מתמלאים שמחה כי אתם מגלים שכשאתם מתמקדים בשמש אתם יכולים להתקדם ולנוע מעלה...

אפשרו לאורה של השמש להאיר את התקדמותכם, לחמם אתכם ולמלא אתכם במשאבים של צמיחה... האור ממלא את כולכם באמונה ביכולות שלכם... אתם נזכרים במקרים בעבר שבהם הצלחתם להתגבר על קשיים ומכשולים וחשים כי אתם מתעצמים... יכולים להתמודד עם כל מצב כפי שהתמודדתם בעבר... אתם נמלאים באור של אמונה ביכולות שלכם...

אור השמש ממלא אתכם בכוח רצון... מעצים את היכולת שלכם לעמוד בכל מצב ולהמשיך בדרך... הרצון שלכם חזק מאוד ומאפשר לכם להמשיך... חושו את כוח הרצון שלכם להשיג את המטרות שלכם והתמלאו בו בכל גופכם...

אפשרו לעצמכם להתמלא גם בקבלה עצמית... קבלו את עצמכם כפי שאתם... היו סלחנים כלפי עצמכם... אם תוכלו לקבל את עצמכם כמו שאתם, תוכלו להתמודד עם כל מצב בהצלחה... תוכלו לחוש מסופקים יותר... מתוך ידיעה שבכל שלב ושלב עשיתם את הטוב ביותר שיכולתם לעשות באותו רגע...

אפשרו לאור השמש למלא אתכם באמונה הזו... בכוח הרצון שלכם וביכולת שלכם לקבל את עצמכם כפי שהנכם... נשמו לקרבכם את היכולות האלה... מלאו את כל גופכם באור החמים והנעים המאפשר לכם להמשיך ולצמוח...

כעת, כשאתם חשים כיצד הצמרת שלכם כמעט נוגעת בשמש... וקרני השמש מחממות אתכם... אתם יכולים להיזכר בחיוך בהתחלת הדרך... כשהייתם עץ קטן מאוד והתקשיתם להתקדם בסבך היער... כמה צמחתם

מאז והתמלאתם בכוחות נפלאים... כיום אתם עצמכם יכולים לעזור לעצים הקטנים ביער להתקדם ולצמוח... מיום ליום אתם משתמשים בעוצמה שלכם על מנת לעזור לאחרים... אתם משתמשים בכל הדברים שלמדתם כדי לסייע לאחרים בדרכם...

וככל שאתם עוזרים לאחרים... כך אתם הולכים ומתחזקים... העלים שלכם גדלים... הענפים שלכם גדלים, והגזע שלכם הולך ומתרחב, הולך ומתייצב...

ועם הידיעה המשמחת הזו ועם הנדיבות שאתם יכולים לאפשר היום כלפי עצמכם וכלפי אחרים, אתם מתחילים לחזור לכאן, אל החדר הזה... לוקחים נשימה עמוקה... הנה יצאתם למסע מעורר מחשבה וכעת הגיע הזמן להתחיל ולחזור... זוהי הרגשה טובה... מיוחדת... ועם התחושה המיוחדת הזו אתם מוזמנים להתחיל ולחזור לאט ובהדרגה לכאן, אל החדר הזה... להניע מעט את כפות הידיים והרגליים... לנשום נשימה עמוקה, בעדינות לפקוח את העיניים... ואתם חוזרים אט אט... בקצב שלכם... לערנות רגילה... לכאן ולעכשיו.

47. חיבור לאור

48. באר המים

קטגוריה:
חיזוק משאבים

למי המדיטציה מתאימה?
לכל מי שמעוניין להתחבר למקור.

המקור

מקור המים, הבאר, נמצא בעמקי נשמתך, והוא המקור לרצונות ולצרכים שלך.
כדי לממש את עצמך, אפשר לעצמך לחזור אל המקור.

אפשרו לעצמכם למצוא תנוחה נוחה... ולהעניק לעצמכם אפשרות לנוח... גופכם עובד קשה ומתאמץ במהלך כל היום וזוהי הזדמנות לאפשר לו מעט להרפות... וכשאתם נינוחים על המזרן או על הכיסא חושו כיצד כל המקומות בגופכם שנאגר בהם מתח מרפים ונרגעים אט אט... זוהי הרגשה נעימה של שחרור... אפשרו לעצמכם לנשום נשימה עמוקה ועוד נשימה ולתת לאוויר לזרום בגופכם... האוויר זורם במקומות הפתוחים ולעתים הוא מתקשה לזרום במקומות חסומים... הכניסו מודעות למקומות אלה ואפשרו להם להיפתח... קחו עוד נשימה... ועוד אחת... חושו כיצד האוויר מביא עמו רגיעה ושלווה לתוך גופכם, לכל פינה ופינה... ואתם מתחברים יותר ויותר אל השקט שבתוככם...

דמיינו את עצמכם עומדים במרכזו של כפר קטן... זהו כפר עתיק... שהכול מתנהל בו כפי שהתנהלו פעם... מזמן... אתם מתבוננים סביבכם ורואים בתים ישנים... סמטאות... אתם שומעים את קולות האנשים... קולות של שיחה... קולות של צחוק... קולות של רוכלים המציעים את מרכולתם... משהו בכפר הזה מושך את לבכם... אתם מריחים ריחות של תבשילים ואתם חשים צמא... אתם רוצים לשתות מים...

בלב הכפר ניצבת באר... אתם הולכים לעברה... זוהי באר עתיקה בנויה אבן... היא ממוקמת במרכז כיכר גדולה ויפה... על דופן הבאר נמצא דלי שאפשר לשלשל מטה כדי לשאוב מים... אתם ניגשים לבאר ונוטלים את הדלי... מורידים אותו פנימה לעומק הבאר... ככל שהדלי יורד ומעמיק מטה... כך מעמיקה הרגיעה שלכם... אתם נהיים שלווים ורגועים יותר ויותר...

המים בבאר זכים וטובים... עוד מעט תוכלו ללגום מהם... הדלי הגיע למים והוא מתמלא בהם... אתם מתחילים לסובב את הידית המיוחדת על מנת להעלותו מעלה... לאט לאט... הדלי כבד ומלא עד גדותיו... אתם

מתאמצים על מנת להעלותו מעלה... אתם חשים את המאמץ בשרירים... ואתם ממשיכים ומתמידים... רוצים מאוד כבר ללגום מן המים הצוננים... עוד סיבוב ועוד... והנה הדלי מגיע למעלה...

ואתם מוזגים לעצמכם מעט מים לכוס שניצבת ליד הבאר... ואתם לוגמים ממנה לרוויה... המים צלולים וזכים... טעימים מאוד... אתם לוגמים וחשים כיצד הם מרווים כל תא בגופכם... כמה טובים המים האלה...

כמו הבאר הזו, גם בלבכם פנימה נמצא המקור שלכם... המקום שממנו אתם יכולים לשאוב את המים הנכונים שירוו אתכם... המקור מאפשר לכם לדעת מה נכון לכם... מה אתם באמת רוצים... מהם הצרכים שלכם... מהן התובנות שתוכלו לדלות... למצוא את האמת הפנימית שלכם...

במקור הפנימי שלכם יש המון חוזק... יש יכולות שיתרמו לכם בכל דבר שתרצו לעשות... תמיד תוכלו לשאוב מהמקור, מהבאר שלכם, ביטחון עצמי... אמונה... הכוונה עצמית... המקור, הבאר שלכם, הוא המקום הפנימי שממנו תוכלו לשאוב את מה שהכי נכון והכי אמיתי עבורכם... אפשרו לעצמכם להעמיק על מנת לגלות את המקור שלכם... להרגיש מתי אתם פועלים מתוכו...

אני אהיה כעת בשקט שתי דקות ואאפשר לכם לרדת לעמקי לבכם... אל הבאר, אל המקור, ולקבל תשובות לשאלותיכם... תוכלו ממש לשלוח דלי עם חבל שיגיע לעמקי הלב שלכם ולקבל ממנו מסר עבור המשך דרככם... תשמעו את קולי שוב בעוד שתי דקות...

ולאחר שקיבלתם את המסר... אתם חווים תחושה נעימה... אתם מהרהרים במסר ומבינים שיש לכם מקור נפלא... כשאתם שואבים מן הבאר, מן המקור שלכם, אז אתם מוזנים מהמקומות הנכונים לכם... ואתם מרגישים טוב עם עצמכם...

לאט לאט אתם פונים מן הבאר בלב העיר וממשיכים בדרככם בידיעה

שתמיד תוכלו לשוב ולשאוב ממנה מים מרווים... תמיד תוכלו לקבל מן הבאר שלכם הזנה והכוונה... מיום ליום תחושו כיצד אתם יכולים להגיע לבאר הפנימית שלכם ביתר קלות... ותוכלו להיות מדויקים יותר בתחושות שלכם... במילוי ובהזנה של הצרכים שלכם...

ועם תחושות מיטיבות אלה אתם מתחילים לעשות את הדרך חזרה מן הכפר הישן לכאן, אל החדר הזה... בהדרגה, לאט לאט... אתם מתחילים לחזור הנה... להניע מעט את כפות הידיים והרגליים... להניע בעדינות את גופכם... להניע את ראשכם בנינוחות מצד לצד... לנשום נשימה עמוקה... ועוד נשימה... לפקוח לאט עיניים... ולחזור בקצב שלכם לערנות רגילה ולמודעות מלאה... לכאן ולעכשיו.

48. באר המים

49. אוטובוס העתיד

קטגוריה: עתיד

למי המדיטציה מתאימה?
למי שמעוניין לקחת את הכלים שאסף בדרך ולהתבונן בדרכו העתידית.

שינוי

כוחות הסביבה מובילים
אותך אל השינוי
שאתה זקוק לו כל כך.
כעת תוכל לאמץ נקודת
מבט חדשה ולשנות את מה
שדורש שינוי.
אם תראה את השינוי
באופן חיובי,
גם לאחרים יהיה קל יותר
לקבל אותו.

אפשרו לעצמכם לעצום את עיניכם ולמצוא תנוחה נוחה... חושו את מגע גופכם על הכיסא או על המזרן... ואת הטמפרטורה בחדר... אולי אתם שומעים קולות מבחוץ ואת הקולות והצלילים כאן בחדר... אפשרו לעצמכם להתמקד בקול שלי והתחברו לאט לאט למקום שקט בתוככם... לשקט שבכם... היום אתם עומדים לצאת למסע מיוחד במינו... ואולי אתם קצת נרגשים לקראתו... אפשרו לעצמכם לקחת נשימה עמוקה ולמלא את עצמכם ברגיעה, בידיעה שהמסע הזה יגיע בדיוק למקומות הנכונים עבורכם... חושו איך אתם נחים ומרפים את השרירים... יותר ויותר...

דמיינו שאתם עומדים בתחנת אוטובוס וממתינים... היום אתם נוסעים לנסיעה חשובה... המחשבה על הנסיעה המחכה לכם ממלאה אתכם שלווה ועייפיה... אחח אוהריח חאוד לנסוע באוטובוס הישן, המיוחד הזה... והנה הוא מגיע ועוצר על ידכם... הדלת נפתחת ואתם עולים ונכנסים... הנהג יורד ואתם מבחינים שהוא מפנה לכם את המקום... מעתה ואילך אתם נוהגים באוטובוס...

לפני שאתם מתיישבים על מושב הנהג אתם מתבוננים היטב באוטובוס... יש בו הרבה אמצעים ויכולות... הוא נראה לכם מעין ארגז כלים ארוך... בכל ספסל יש משהו שלמדתם בחייכם... תובנה... יכולת... תכונה טובה... משאב פנימי... וכל אלה מצטרפים אליכם לנסיעה אל העתיד...

אתם מתיישבים... ההגה בידיכם ותוכלו לנווט את דרככם... האזור מוכר ועם זאת זהו כביש חדש שאתם נוסעים בו בפעם הראשונה... אתם יודעים שבאוטובוס יש מפה שתסייע לכם למצוא את דרככם...

אתם נוסעים היום לעבר העתיד שלכם... אתם בוחרים היכן ומתי לעצור...

אולי בעוד שנה... בעוד שנתיים או בעוד חמש או עשר שנים...? שם, בתחנה המיועדת, מחכים לכם איש או אישה, בני דמותכם... מהעתיד... תבחינו אולי שהדמות העתידית שלכם שונה מכם מעט... אולי בתספורת... אולי בגזרה... אולי בלבוש...

אתם עוצרים בתחנה ויורדים... דמותכם העתידית מברכת אתכם לשלום... היא מוצאת חן בעיניכם... יש בה משהו רגוע שמשרה עליכם אווירה נעימה... בידיה ארגז כלים דומה לזה שיש לכם באוטובוס... ואתם מבינים שהיא רכשה כלים נוספים שסייעו לה להתמודד עם הדברים שאתם מתלבטים כעת לגביהם... היום תוכלו לשבת ולשוחח עם דמותכם העתידית, והיא תראה לכם את החיים שלה כפי שהם כיום, כלומר בעתיד שלכם...

התיישבתם בפינה נעימה בצל והיא מוציאה אלבום תמונות... עוד מעט היא תראה לכם את הדברים שעברו מאז שהיא היתה אתם ועד היום... כיצד פתרה את כל ההתלבטויות, הבעיות, איך התמודדה עם הדברים שאתם מתמודדים עמם כיום...

האלבום נראה יפה וחדש... התמונות בשחור לבן ויש בהן משהו מיוחד – הן נעות, כמו תמונות בטלוויזיה... הנה אתם כפי שאתם כיום, והנה התמונות המספרות מה התרחש בשנים שחלפו מאז... אני אהיה כעת בשקט שלוש דקות ואאפשר לכם להתבונן בתמונות...

ואתם מסיימים להתבונן בתמונות ולשמוע את סיפוריה המרתקים של דמותכם העתידית... אתם מבינים כמה דברים חדשים... מתברר לכם יותר ויותר כיצד התמודדה עם מצבים, מה עשתה ואיפה היא נמצאת כיום... היא מגישה לכם נייר קלף שעליו כתוב מסר עבורכם... אתם פותחים את הנייר וקוראים את המסר... אולי אתם גם יכולים לשמוע אותו... הוא מרגש אתכם מאוד... (להמתין חצי דקה).

אתם נפרדים בדרך שמתאימה לכם, אם זה חיבוק, ליטוף או בדרך אחרת... בידיעה שתמיד תוכלו להיפגש איתה שוב, עם דמותכם מן העתיד... אתם

חוזרים לאוטובוס הממתין לכם בתחנה... אתם מוסיפים את נייר הקלף לארגז הכלים שלכם שנמצא באוטובוס ומתחילים לנהוג חזרה... אל התחנה שממנה יצאתם... אתם חשים שמעכשיו, מיום ליום תוכלו להצליח יותר ויותר בדרככם, וכי התבהרו לכם כמה דברים חשובים...

ועם התחושה הזו אתם חוזרים לתחנה ומחזירים את האוטובוס לידי הנהג... הנהג מזמין אתכם לחזור לתחנה ולצאת למסעות נוספים בכל עת שתחפצו... הוא מוסר לכם את ארגז הכלים שלכם... בארגז נמצאים כל הדברים שהבאתם איתכם וכל הדברים שאספתם...

ומן התחנה אתם מתחילים לחזור לאט לאט לחדר הזה... למצב של ערנות רגילה ומודעות רגילה... בקצב המתאים לכם אפשרו לעצמכם לחוש שוב את גופכם... ולפקוח את עיניכם...

49. אוטובוס העתיד

50. צלחת האבנים

קטגוריה:
עתיד

למי המדיטציה מתאימה?
למי שרוצה ליצור מדרג ערכים ברור בחייו כדי לחיות בהרמוניה.

סדר קוסמי
זהו זמן מופלא: הצרכים שלך ושל הסביבה פועלים בהרמוניה ובהתאמה. אתה יכול לאפשר לעצמך לצמוח ולקדם יוזמות ורעיונות. הפוטנציאל שלך מגיע לשיאו. שגשוג וברכה ישרו במעונך.

אפשרו לעצמכם למצוא תנוחה נוחה... ולעצום עיניים... שימו לב לקולות הנשמעים מבחוץ ולאלה שאפשר להבחין בהם בתוך החדר... אפשרו לקולות לסייע לכם למקד את תשומת הלב שלכם בקול שלי... אתם יוצאים היום למסע של צמיחה ולמידה... אולי אתם מתרגשים לקראת המסע... תת-המודע שלכם חכם מאוד ואתם יכולים לסמוך עליו, להרפות ולדעת שהוא עושה את העבודה בצורה הטובה ביותר... אפשרו לעצמכם להיכנס, לאט לאט ובהדרגה, לרגיעה, לשלווה... לנוח מעט מן המחשבות ומן העשייה ופשוט לנשום עמוק... להקשיב...

דמיינו את עצמכם יושבים ליד חלון גדול בחדר נאה... מבחוץ מגיעות קרני שמש חמימות שמאירות ומלטפות את פני החדר... המראה יוצר בכם תחושה נעימה של רוגע... על עדן החלון הגדול מונחת צלחת זכוכית גדולה ובתוכה אבני חן רבות... לכל אבן צורה וצבע משלה... כל אבן מיוחדת במינה... אתם מתבוננים באבנים... ממששים אותן... לחלקן מגע חלק ונעים... חלקן משוננות וחדות... יש ביניהן אבנים בצבעים שאתם אוהבים מאוד, ויש אבנים שמושכות את לבכם פחות...

גם החיים שלכם נראים לפעמים כמו צלחת האבנים... הם מכילים המון אֵירועים... מחשבות... המון דברים... ולעתים אתם רוצים שיהיה לכם זמן לשבת ולחשוב מה חשוב יותר ומה פחות... מה באמת משמעותי לכם ועל אילו דברים אפשר לוותר או להקדיש להם פחות תשומת לב... והיום יש לכם אפשרות ליצור סדר בחייכם באמצעות צלחת האבנים... להחליט מה הכי חשוב ומה יכול להמתין לאחר כך... ליצור מעגל קוסמי של הערכים שלכם...

אתם מוציאים את כל האבנים מהצלחת ומניחים אותן בעדינות על אדן החלון... אבן אחר אבן... אתם מתבוננים כיצד קרני השמש מנצנצות באבנים ודרכן... אתם נמלאים רוגע ושלווה... רוקנתם את צלחת הזכוכית וכעת גם

היא מנצנצת... אתם נושמים נשימה עמוקה ומתחילים לסדר את האבנים במעגלים מהאמצע עד לשולי הצלחת... אולי אתם מתלבטים היכן להניח כל אבן ואבן... אפשרו לעצמכם להתלבט על מנת שתוכלו להגיע להחלטה הנכונה ביותר... תת-המודע שלכם חכם והוא יסייע לכם להחליט בקלות...

במרכז תהיה מונחת עוד מעט האבן החשובה לכם ביותר... אולי זו אבן האהבה... אולי אבן המשפחה... ואולי אבן ההצלחה או הקריירה... קחו לכם רגע לבחור מהי האבן הכי חשובה לכם כרגע... ייתכן שבעתיד זה ישתנה... אפשרו לעצמכם בינתיים למצוא מה הכי חשוב לכם בשלב זה של חייכם... (להמתין מעט)...

כעת קחו את האבן שבחרתם וחושו אותה... התבוננו בצבע שלה ובהשתקפות שלה... הניחו אותה במרכז הצלחת... האבן הזו היא הלב, המרכז, הדבר שחשוב לכם כיום יותר מכול...

סביב האבן הזו תוכלו להתחיל ולהניח את שאר האבנים לפי סדר החשיבות של דברים בחייכם... קחו אבן אחרי אבן, בדקו מה האבן מייצגת עבורכם ושימו אותה בצלחת לפי דרגת חשיבותה... אבנים חשובות מאוד יונחו סביב האבן המרכזית ואבנים חשובות פחות יונחו רחוק יותר... כך ייווצרו מעגלים-מעגלים של אבנים, מן החשובות ביותר ועד החשובות פחות... אני אהיה כעת בשקט דקה אחת ואאפשר לכם לסדר את הצלחת בצורה שמתאימה לכם ביותר... תשמעו את קולי בעוד דקה...

אתם מתבוננים בצלחת המסודרת... כמה יפה היא ובורקת... כל אבן מצאה את מקומה... מיום ליום תוכלו לחוש כיצד מערכת האבנים וסדר החשיבות שבה מנחים אתכם... בכל החלטה בחייכם תוכלו להיזכר מה הכי חשוב לכם ולפי זה לפעול... האבנים מנצנצות אליכם בסדר ובהרמוניה... המראה מקסים... ומתוך הסדר הזה שיש בחייכם תוכלו להתקדם ולצמוח לכיוונים הרצויים לכם... להתקדם לעבר המטרות שלכם... על פי עולם הערכים והאני מאמין שלכם...

ועם המתנה הנהדרת הזו, עם היכולת למפות את סדרי העדיפויות שלכם בחיים... לדעת מה חשוב ומה פחות... לחיות על פי נטיות לבכם... אתם מוזמנים להתחיל לחזור לאט ובהדרגה לכאן, אל החדר הזה... ואתם מתחילים לחזור הנה... להניע מעט את כפות הידיים והרגליים... להניע בעדינות את גופכם... להניע את ראשכם בנינוחות מצד לצד... לנשום נשימה עמוקה... ועוד נשימה... לפקוח לאט עיניים... ולחזור בקצב שלכם לערנות רגילה ולמודעות מלאה... לכאן ולעכשיו.

50. צלחת האבנים

51. השקט שאחרי הסערה

קטגוריה:
פתרון תקלות

למי המדיטציה מתאימה?
למי שעבר שינוי משמעותי או תקופה קשה וכעת יוצא לתקופה חדשה.

זעזוע

כוחות רבי עוצמה משפיעים בימים אלה עליך ועל סביבתך. הם עלולים להיות בלתי צפויים וליצור זעזוע בחייך. תוכל לבחון מה מסייע לך להתגבר על הפחדים, ומה עליך לשנות. בעקבות הזעזוע צפויים מזל והצלחה.

אפשרו לעצמכם למצוא תנוחה נוחה... תוכלו לחוש את גופכם על הכיסא או על המזרן... להרפות מעט את השרירים... ולהתחיל, לאט לאט, לחוש תחושה של נינוחות... זהו זמן מנוחה עבורכם... עבור הגוף... זמן שמאפשר לראש להשתחרר מעט מן המחשבות ולהרפות... אפשרו למחשבות שלכם להתפוגג כמו עננים בהירים בשמים הנעים עם הרוח, מתפוגגים ונעלמים... תוכלו לשמוע קולות מבחוץ ואת הצלילים המתנגנים פה בחדר... אפשרו לעצמכם להתמקד בקול שלי... ולחוש איך אתם נינוחים יותר ויותר מרגע לרגע...

דמיינו את עצמכם במרפסת גדולה ומקורה... בבקתה קסומה הצופה אל היער... אתם יושבים על כיסא נוח ומתבוננים קדימה... מרחוק אתם רואים את העצים, את השמים ועננים של גשם... אתם מביטים בעצים שביער... ומאפשרים לעצמכם להירגע באווירת החורף הקסומה הזו... אתם מבחינים בטיפות גשם ראשונות על האדמה...

גשם מתחיל לרדת... לאט לאט הטיפות מתחזקות... והופכות לגשם חזק... הגשם מרטיב את האדמה... אתם שומעים את קולות הגשם היורד... ואת הטיפות... אתם מריחים את ריח האדמה הרטובה... הגשם מתחזק ומתחזק... בתחילה הוא מרגיע אתכם... אך ככל שהוא מתחזק עוד ועוד כך הוא מרגיע פחות...

אתם שומעים קול חזק של רעם מתגלגל... ולאחר כמה שניות אתם רואים ברק בשמים... הגשם מתחזק... השמים מחשיכים... העננים מכסים אותם... סערה הגיעה... טיפות המים מגיעות עד אליכם... ומרטיבות אתכם... עוד רעם נשמע ומתגלגל... ואחריו אורו של הברק, מאיר לרגע את כל היער... ושוב חשוך... וקר... הרוח חזקה ומעיפה עלים וענפים לכל עבר...

הסערה הזו מזכירה לכם סערות בחייכם... רגעי פחד... שבהם הביטחון מתערער... כשנראה שובב שדברים לא עומדים במקומם... כשההרגשה היא שהרוח מעיפה הכול בסערה... בחוזקה... ולפתע משתנה המציאות... ולוקח זמן להתרגל...

הסערה בחוץ ממשיכה להשתולל סביבכם... אולי אתם קצת פוחדים ומחליטים להיכנס פנימה, אל הבקתה המוגנת... בפנים אתם עדיין שומעים את הקולות שבחוץ... לפעמים הרעש נשמע מפחיד יותר ממה שקורה באמת... לפעמים סערות יוצרות הרבה רעש... אבל כשהן שוככות הכול חוזר למקומו בשלום... הרעש מפחיד, אך אחריו חוזרת הרגיעה... יש סערות שיוצרות שינוי בחיים... שיוצרות מצב חדש... ואתם תוהים איזה סוג סערה היא זו שמתחוללת כעת...? לפעמים הסערה אצלנו בראש גדולה יותר מאשר זו שבחוץ... ולפעמים אנחנו יוצרים את הסערה בעצמנו...

ואט אט הסערה שוככת... קולות הרעמים הולכים ומתרחקים... הברקים אינם נראים עוד... הגשם מפסיק לרדת בהדרגה... והשמים מתבהרים... אתם יכולים לצאת החוצה ולהתבונן ולראות מה השתנה... הרוח אולי העיפה עלים ושברה עצים... בעלי חיים שנכנסו למחבוא יוצאים לאטם לחפש אוכל... פרחים שנסגרו בשטף הגשם נפתחים מחדש אט אט... אתם רואים כיצד העולם נרגע ואיתו גם אתם נרגעים יותר ויותר... מבינים שהסערה חלפה ושגם אתם יכולים לעבור סערות ולהיות מוגנים...

קרני השמש חודרות מבעד לעננים ושולחות אור לאדמה... זהו מחזה יפהפה... לראות כיצד האור מחפש לו דרך וחוזר... וכיצד השקט מרגיע את הכול... השקט שאחרי הסערה... אתם מבחינים בעצים איתנים שעמדו בסערה... יש עצים חזקים שנשארים זקופים ושורדים את הסערה, ויש עצים אחרים שכופפים את קומתם, והסערה חולפת מעליהם ואינה פוגעת בהם... כל עץ בדרכו... אתם נזכרים שגם על סערות שהתחוללו בחייכם ידעתם להתגבר, ולבסוף הגיע השקט... וחזר האור... וחזר האיזון לחיים...

קרני השמש מחממות ונעימות... וגם אתם חשים שקטים ורגועים... אתם יודעים שגם אם תגיע סערה נוספת תהיו בטוחים ומוגנים... תוכלו להתמודד איתה בשלום... בחיים יש תקופות של שקט... תקופות של סערה... תקופות רגועות... ותקופות סוערות... יש ביכולתנו לבחור כיצד להתמודד עם הקשיים... ויש לנו משאבים רבים לעשות זאת... אפשרו לעצמכם להיות רגועים ושלווים וליהנות מן השקט עכשיו...

ובתחושה זו של ביטחון ביכולתכם לחוות סערות, לשרוד אותן בדרככם הייחודית... אתם מוזמנים להתחיל לחזור לכאן, אל החדר הזה... לחוש את גופכם... אתם לוקחים נשימה עמוקה... ועוד אחת... מניעים בעדינות את הידיים... ואת הרגליים... בקצב שלכם פוקחים עיניים... וחוזרים למודעות רגילה ולערנות מלאה, לכאן ולעכשיו.

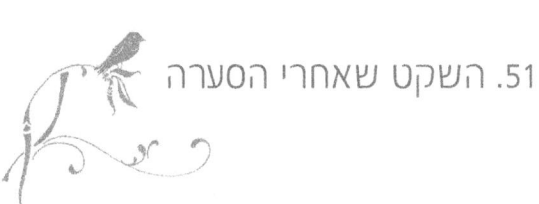 51. השקט שאחרי הסערה

52. ההר

קטגוריה:
חיזוק משאבים

למי המדיטציה מתאימה?
למי שמעוניין להתבונן בחייו ולעשות חשבון נפש על העבר, ההווה והעתיד.

עצירה
זמן להרפות. אתה מוזמן להתכנס פנימה, אל תוך נבכי נפשך, ולאפשר לעצמך להתכוונן מחדש. אפשר למחשבות להיכנס לתנומה שלווה, והתעלה מעל מה שרוחש סביבך.

אפשרו לעצמכם למצוא תנוחה נוחה ולעצום את עיניכם... אולי אתם שומעים קולות מבחוץ או מתוך החדר... הקולות האלה מסייעים לכם למקד את מחשבותיכם לאט לאט בכל חלקי גופכם... אפשרו לעצמכם למקד את תשומת הלב בראש... לחוש כמה שנוח לראש ונעים לו... לחוש כיצד הוא מרגיש מבפנים... נעים לתת לראש תשומת לב... וכעת תוכלו לטייל עם תשומת לבכם לאורך כל הגוף... עד לרגליים, לאט לאט וברכות... לחוש כיצד הטיול הזה מרגיע אתכם עוד ועוד... וכשאתם מגיעים לרגליים, אתם חשים רגועים ושלווים... יותר ויותר...

דמיינו את עצמכם יושבים בנוחות על דשא רחב ידיים... היום הוא יום חורף נעים... קרני שמש יוצאות מבעד לעננים ומחממות בעדינות את גופכם... אתם יכולים למצוא תנוחה נוחה על מרחבי הדשא ולשמוע את השקט שסביבכם... אתם נמצאים לבד ועם זאת אתם חשים בטוחים ושלווים...

מולכם ניצב הר גבוה... הר מרשים... אתם מתבוננים בהר... בגובה שלו... בעמידתו האיתנה... ביציבות שלו... בחוסן שלו... ההר הזה מושך את תשומת לבכם... אולי חלק מההר מכוסה בעצים... וחלקו צחיח ועליו אבנים ואדמה... אולי זהו הר שכיפתו מושלגת... תוכלו לדמיין כיצד ההר שמולכם נראה, כך שיתאים לכם...

ההר משרה עליכם רגיעה ושלווה... משהו בו מרגיע אתכם... מאפשר לכם להתכנס לתוך עצמכם... למקום של שקט... למקום של מנוחה ושלווה... ההר עומד במקומו... בשקט... ההר מאפשר לעצמו התבוננות שקטה...

אתם מבחינים שעל ההר הניצב מולכם יש מראה... מראה מיוחדת במינה... מראה שבה נשקפת דמותכם... דמותכם כפי שהייתם בתקופה טובה בחייכם... בתקופה שבה חייכתם והייתם מאושרים... אתם מתבוננים

בעצמכם כפי שהייתם אז... רואים את גופכם... את המבט והבעת הפנים... רואים כיצד אתם מתנועעים... רואים מה מתרחש באותם זמנים...

אני אהיה כעת בשקט כשתי דקות ואאפשר לכם להתבונן בעצמכם באותה תקופה מאושרת בחייכם... אתם תשמעו את קולי שוב בעוד כשתי דקות...

הצפייה בעצמכם באותה תקופה משמחת אתכם... מאפשרת לכם להיזכר... ואתם נפרדים לשלום מדמותכם של אז... המראה עומדת לשנות את פניה... כעת דמותכם היום נראית במראה הניצבת על ההר... אתם רואים את עצמכם היום, והדבר מאפשר לכם לבחון מה השתנה... מה יכולתם לקחת מאותה תקופה לחייכם היום...? אתם מתבוננים... ההר מאפשר לכם את השלווה על מנת לבדוק זאת... אילו דברים אתם מזמנים לחייכם כיום... (להמתין כחצי דקה).

ושוב המראה משתנה... ואתם רואים את דמותכם בעוד שנתיים, מתבוננת בכם... הדמות הזו כבר התמודדה עם דברים שאתם מתמודדים עמם היום... היא כבר למדה דבר מה, והיא רוצה לשתף אתכם במה שגילתה... בדרך ההתמודדות שבחרה בה... אתם מתבוננים בה ושומעים את קולה... אהיה כעת בשקט דקה אחת ואאפשר לכם לשמוע את המסר שלה... תשמעו את קולי שוב בעוד דקה...

הגיע הזמן להיפרד מדמותכם העתידית שבמראה... אתם שמחים שפגשתם אותה... קיבלתם ממנה מסר חשוב... אתם יודעים כיצד תוכלו לשוב ולדבר איתה כשתזדקקו לה שוב... אתם מבחינים שעל ההר נשמרת הדממה כל הזמן... הוא ממשיך לעמוד שם איתן ויציב... שקט... דומם... אתם מאפשרים לעצמכם לחוש כמו ההר... שקטים ורגועים... יציבים ונינוחים... מקבלים תובנות מעברכם... ומעתידכם... תובנות שמאפשרות לכם למצוא את האיזון והשלווה בחייכם...

ועם ההבנה הזו, אתם מתחילים לחזור הנה... לוקחים נשימה עמוקה... הנה יצאתם למסע מעורר מחשבה וכעת הגיע הזמן להתחיל ולחזור...

זוהי הרגשה טובה... מיוחדת... ועם התחושה המיוחדת הזו אתם מוזמנים להתחיל ולחזור, לאט ובהדרגה, לכאן, אל החדר הזה... להניע מעט את כפות הידיים והרגליים... לנשום נשימה עמוקה, בעדינות לפקוח את העיניים... ואתם חוזרים אט אט... בקצב שלכם... לערנות רגילה... לכאן ולעכשיו.

52. ההר

53. להיוולד מחדש

קטגוריה:
חיזוק משאבים

למי המדיטציה מתאימה?
למי שחש כי הוא רוצה לשנות, להתפתח, לגדול, לצאת לאור.

התפתחות

הדברים מתפתחים כעת לאט לאט ובהדרגה. חיבור אל עצמך ואל הערכים המנחים אותך יוכל לסייע לך להתפתח בדרך המתאימה לך.
התפתחות אטית תיתן פירות בבוא העת.

אפשרו לעצמכם למצוא תנוחה נוחה ולעצום את עיניכם... אולי אתם שומעים קולות מבחוץ או מתוך החדר... הקולות האלה מסייעים לכם למקד את מחשבותיכם לאט לאט בכל חלקי גופכם... אפשרו לעצמכם למקד את תשומת הלב בראש... לחוש כמה שנוח לראש ונעים לו... לחוש כיצד הוא מרגיש מבפנים... נעים לתת לראש תשומת לב... וכעת תוכלו לטייל עם תשומת לבכם לאורך כל הגוף... עד לרגליים, לאט לאט וברכות... לחוש כיצד הטיול הזה מרגיע אתכם עוד ועוד... וכשאתם מגיעים לרגליים, אתם חשים רגועים ושלווים... יותר ויותר...

דמיינו את עצמכם כעובר בן שבועות בודדים השוכן ברחם... בתוך מים חמימים ונעימים... חשים בתנודות של המים... חשים בתנועות של אמכם...

אתם עדיין קטנים מאוד... יש לכם הרבה מקום בבטן... בין קולות פכפוך המים אתם מתחילים לאט ובהדרגה לשמוע גם קולות מבחוץ... אתם מתפתחים לאט... בקלות רבה... בהרמוניה ומתוך התאמה לתהליכים הטבעיים...

דרך חבל הטבור הקשור לאמכם אתם מקבלים את כל הדברים להם אתם זקוקים... אמכם מזינה אתכם היטב... והדבר תורם להתפתחותכם התקינה והבריאה... אתם ממשיכים להשתכשך במים... רגועים ונינוחים... אתם פשוט נחים... יודעים שאתם מקבלים את כל מה שאתם צריכים בכל רגע ורגע... אתם גדלים ומתחזקים כל הזמן באופן טבעי...

תווי הפנים שלכם מתעצבים... וכך גם ידיכם ורגליכם... אפשר להבחין באצבעות הקטנטנות... בכל יום גופכם העוברי גדל וגדל... שכלכם מתפתח... לבכם ממשיך לפעום... אתם גדלים וגדלים... ומתחזקים...

עכשיו אתם יכולים כבר להזיז את הרגליים ואת הידיים... ואפילו למצוץ את האצבע... מיום ליום אתם גדלים והופכים דומים יותר ויותר לתינוק כפי שכולנו מכירים... אתם מתפתחים בהדרגה... אתם יכולים להתהפך מצד לצד... אתם מרגישים מתי אמכם מתנועעת ואוהבים את הטלטולים של גופה.... כשאמכם נחה אתם מתחילים לזוז... קופצים ומתהפכים...

אתם גדלים כל כך וכבר יש פחות ופחות מקום בבטן של אמא... נהיה לכם קצת צפוף... ולוחץ... משהו בכם מאוד אוהב להיות בתוך הבטן... ליהנות מהרכות ומהנוחות... אך משהו בכם מבקש לצאת... למצוא מקום רחב יותר... אולי גם מואר יותר... שבו תוכלו לזוז...

אתם מבשילים, מכינים את עצמכם לרגע שבו תצאו אל העולם... ראייתכם מתחדדת ושמיעתכם מתחזקת... אתם יודעים כי אתם יכולים להיות עצמאים יותר ויותר... לנשום בעצמכם... לקבל את כל התזונה לה תזדקקו גם בלי חבל הטבור...

ואז, אתם מתחילים לדחוף עם ראשכם כלפי מטה... אתם רוצים לצאת החוצה... אתם יודעים שאמכם קשובה לכם וגם היא יודעת שאתם מעוניינים לצאת לעולם... אתם מרגישים שאמא נכונה לעזור לכם... ועם זאת אתם יודעים שתצטרכו לעשות זאת בעצמכם...

אתם ממשיכים לדחוף וללחוץ ועוברים בתוך מנהרה... המנהרה צרה וחשוכה וזה קצת מפחיד... אתם מתאמצים מאוד... בטוחים שעוד מעט תוכלו לצאת ממנה ולראות אור בוהק חזק... עוד מעט תצאו ותוכלו לראות את פניהם של האנשים שאוהבים אתכם בחוץ... העולם שם בחוץ מסקרן אתכם ואתם רוצים לראותו...

לפתע אתם חשים כיצד אתם עוברים את המנהרה וראשכם יוצא החוצה... ואחריו גם גופכם... אתם יוצאים החוצה... אתם בוכים בכי קצר של פרדה מהרחם... אור נעים פוגש את עיניכם... אתם מחובקים בזרועות אמכם... היא מסתכלת עליכם בהתרגשות... לאט לאט ובהדרגה הבשלתם ויצאתם

החוצה, אל האור... אל החיים... אל כל מה שמחכה לכם שם בחוץ...

מיום ליום תמשיכו לגדול ולהתפתח בעולם הגדול... למצוא את דרככם המיוחדת... לאחר שחוויתם חוויה עוצמתית זו של לידה אתם יודעים כי תוכלו להצליח גם באתגרים נוספים שיהיו לכם בחייכם... היכולת כבר קיימת בתוככם והיא רק תלך ותתעצם עוד ועוד...

ועם הידיעה המחזקת הזו אתם מתחילים לחזור למודעות רגילה לכאן, אל החדר הזה... תוכלו להניע מעט את כפות הידיים והרגליים... להניע בעדינות את גופכם... להניע את ראשכם בנינוחות מצד לצד... לנשום נשימה עמוקה... ועוד נשימה... לפקוח לאט עיניים... ולחזור בקצב שלכם לערנות רגילה ולמודעות מלאה... לכאן ולעכשיו.

53. להיוולד מחדש

54. החזון שבי

קטגוריה:
חיזוק משאבים

למי המדיטציה מתאימה?
למי שמעוניין לאפשר לגוף לנוח ולהתמקד בחזון שלו.

כניעה

אין מה לעשות כרגע מלבד לקבל את הדברים כמו שהם. קח פסק זמן והתמקד בחזון שלך.
בינתיים אל תעשה דבר, אלא המתן לסיומה של תקופה זאת של חוסר איזון.

אפשרו לעצמכם למצוא תנוחה נוחה... חושו במגע הגוף שלכם על המזרן או על הכיסא... עצמו את עיניכם... שימו לב לקולות הנשמעים מבחוץ ולאלה שניתן להבחין בהם בתוך החדר... אפשרו לקולות למקד אתכם בקול שלי... אתם יוצאים היום למסע של צמיחה ולמידה... ואולי אתם מתרגשים לקראת המסע... תת-המודע שלכם חכם מאוד ודואג לכם ואתם יכולים להרפות ולדעת שהוא עושה את העבודה בצורה הטובה ביותר... אפשרו לעצמכם להיכנס, לאט אט ובהדרגה, לרגיעה שלווה... לנוח מעט מן המחשבות ומן העשייה של כל היום ופשוט לנשום עמוק... ולהקשיב...

אפשרו לעצמכם למקד את תשומת הלב שלכם בכפות הרגליים... חושו את אצבעות הרגליים... את כפות הרגליים... אפשרו להן לנוח... להרפות... להיכנס לתנומה שלווה... תשומת הלב שלכם מטפסת ועולה אט אט לעבר השוקיים... הברכיים... הירכיים... אתם מביאים איזון ומנוחה לרגליים שלכם...

תשומת הלב שלכם ממשיכה לעלות לעבר האגן... אל חלל הבטן והגב התחתון... הרגיעה מתפשטת בהדרגה בכל האיברים הפנימיים... בלב... ותשומת הלב שלכם עולה אל בית החזה, אל הגב העליון, עוברת אל השכמות והכתפיים... נעה לעבר הזרועות ועד כפות הידיים... אפשרו לכתפיים ולידיים העמוסות כל כך במשך היום להרפות ולנוח... לאגור כוחות מחודשים...

תשומת הלב שלכם מגיעה אל העורף ואל הצוואר... וממנו אל הסנטר... אל הפה... הלסתות שלכם רפויות ונינוחות... רגיעה שלווה נשלחת אל האף והלחיים... אל העיניים... עיניים רכות... ואל שיערכם... הראש נרגע ונח... זוהי תחושה נעימה מאוד... אפשרו לעצמכם פשוט לנוח... לשקוע ברגיעה עמוקה יותר ויותר... עוד ועוד...

כעת כל גופכם רפוי ורגוע... בכל פינה ופינה שקט ונינוחות... וכשגופכם שליו תוכלו למקד את תשומת לבכם בחזון שלכם: ברצון העמוק ביותר שלכם... שנובע ממעמקי הלב... מטרה סמויה מן העין... כמיהה כמוסה... איזה צורך שמחכה לבוא זמנו, להיות מסופק...

אני אהיה כעת בשקט כשתי דקות ואאפשר לכם להתמקד, מתוך רוגע ושלווה, ברצון העמוק והבסיסי ביותר שלכם... בחזון שלכם... אתם תשמעו את קולי שוב בעוד כשתי דקות...

אתם עדיין במנוחה, ואתם יכולים לחזור בתוככם על החזון שלכם, על המטרה שהצבתם לעצמכם... אתם מבינים שמנוחה היא זמן טוב להעלות מחשבות ורעיונות, להרהר בעצמכם ובשאיפות הכי עמוקות שלכם... בכל עת שתרצו בכך, תוכלו להרפות ולנוח... להתמקד ברצונות העמוקים שלכם... בצרכים שלכם... בידיעה שיש לכם יכולת לנוע לכיוון טוב ונכון עבורכם... להגשים חלומות... ללכת בעקבות הלב...

וברור לכם כעת, שממקום של רגיעה ושלווה אתם מסוגלים להתחבר אל תוך עצמכם... אל המקום הראשוני שבתוככם... יש זמנים שבהם דברים מתקדמים באטיות, ויש תקופות שבהן ההתרחשויות מהירות יותר... עם זאת, הדברים תמיד הולכים בכיוון מסוים... ואתם יודעים בלבכם את הכיוון... את היעד... ומיום ליום תוכלו למקד אתם עצמכם עוד ועוד...

ועם התחושה הטובה הזו והידיעה החשובה הזו, אתם מתחילים לחזור ולחוש את גופכם... לעורר אותו לאט... לאט... בהדרגה להניע מעט את כפות הידיים... ואת כפות הרגליים... ללחלח קצת את השפתיים... בעדינות, לפקוח את העיניים... עיניים רגועות... ובקצב שלכם לחזור לערנות רגילה ולמודעות רגילה, לכאן ולעכשיו.

54. החזון שבי

55. אוקיינוס השפע

קטגוריה:
חיזוק משאבים

למי המדיטציה מתאימה?
לכל מי שמעוניין להתחבר לשפע ולזמן שפע לחייו.

שפע

זאת תקופת שיא קסומה,
תקופה של שפע.
תוכל לממש את עצמך.
זוהי הזדמנות
עבורך לגלות את
עצמך מחדש.
אפשר לעצמך ליהנות
מרגע זה
ולפעול בתוכו
לפני שייעלם.

עצמו עיניים ומצאו תנוחה נוחה... קחו נשימה עמוקה ואפשרו לגוף להרפות ולנוח... תוכלו אולי לשמוע קולות מבחוץ... אפשרו לעצמכם להתמקד בקול שלי... חושו כיצד אתם מאפשרים לעצמכם להירגע... לאט לאט... לחוש את מגע גופכם על הכיסא או על המזרן... לחוש כיצד אתם מתחברים למקום פנימי בתוככם... מקום שקט... מקום בוטח... מקום מסוים היודע כי יש לכם בחייכם הרבה דברים טובים... הרבה רגעים משמחים... הרבה אהבה... ואתם יכולים להיזכר בהם ולשמוח בהם... זה מרגיע אתכם... ומאפשר לכם לנוח... אתם מרגישים את פעימות לבכם והן כה רגועות... ואת הנינוחות בכל גופכם...

דמיינו את עצמכם ניצבים על שפת אוקיינוס ענק... זהו אוקיינוס השפע... תוכלו לראות את קו האופק ואת מרחבי האוקיינוס ולהתפעל מגודלו... אפשרו לעצמכם להאזין לקולות הגלים הנשברים בעדנה אל החוף... לשכשוך המים... כפות רגליכם יחפות וחשות את מגע החול ואולי אתם נועלים סנדלי ים או כפכפים...

מרחוק תוכלו לשמוע קולות ציפורים במעופן... אפשר להריח את ריח הים ולהתבונן בצבעים... הים מאפשר לכם לחוות תחושה של חופש...

קול שכשוך המים והצפייה בים יוצרים בכם תחושת רגיעה... אתם מתבוננים בגלים וחשים שקצב הגלים הוא כמו קצב נשימתכם... אתם נושמים ונרגעים יותר ויותר... האוויר נכנס ויוצא בדיוק כפי שהגלים מגיעים לחוף וחוזרים שוב ושוב...

אתם יודעים שזהו אוקיינוס מיוחד במינו... אוקיינוס שבתוכו קיים כל השפע שבעולם... שפע אינסופי... בעולמנו קיים שפע רב, והוא זמין לכל אדם... כל אדם יכול לקבל כמה שירצה ממאגר השפע הגדול, ועדיין יישאר

לכולם... שפע אינו רק כסף. יש שפע של אהבה... של חברים... של הרגשה טובה... של זוגיות טובה... כל דבר שגורם לכם אושר יכול להיות השפע בחייכם... וזכותכם לקבל את הטוב ביותר...

תחושת השפע ממלאה אתכם שמחה... אתם יכולים לבחור כלי כלשהו – כוס או גביע זהב או גיגית גדולה או צינור – כדי למלא בעזרתם שפע ממי האוקיינוס עבורכם... השפע נועד לשרת אתכם ולסייע לכם... תוכלו להשתמש בו כדי להכניס דברים שאתם רוצים לחייכם... תוכלו לאפשר לעצמכם להתפנק בדברים שאתם אוהבים מתוך ידיעה שיש מספיק שפע בעולם ושאתם ראויים לכל מה שתרצו... דמיינו כיצד אתם ממלאים את הכלי בשפע רב יותר ויותר... התחברו לעוצמה וליכולת שלכם להביא את השפע הזה אל חייכם...

אהיה עכשיו בשקט כשתי דקות על מנת שתוכלו להתחבר למקור השפע ולחשוב כיצד תשתמשו בשפע שמגיע אליכם... תשמעו את קולי שוב בעוד כשתי דקות...

ועכשיו, לאחר שהתחברתם למקור השפע והוא הפך לחלק מכם... מחייכם... תוכלו להרהר כיצד עליכם לפעול עוד למען עצמכם... מה תוכלו לאפשר לעצמכם כדי שתרגישו טוב יותר... אילו דברים תרצו לעשות עבור עצמכם עם השפע שלכם... אם אתם חשים שתצטרכו כלי גדול יותר על מנת לקלוט בו יותר מאוצרות ים השפע, תוכלו לשנות את הכלי כרצונכם (לחכות חצי דקה)...

אתם נפרדים מהאוקיינוס העצום הרווי בשפע... מכירים לו תודה... מיום ליום תתחזק בכם התחושה שאתם ראויים לשפע רב... שהשפע שאתם מקבלים נועד עבורכם וביכולתכם לקבל עוד ועוד דברים שאתם צריכים... ים השפע גדול מאוד ויש בו מספיק לכו-לם...

מיום ליום תחזקו את הקשר שלכם לשפע ותזמנו לעצמכם עוד ועוד משאבים שיסייעו לכם בכל דרך שתבחרו ללכת... ים השפע קיים בשבילכם

תמיד... תוכלו לחזור אליו בכל עת ולקבל ממנו עוד ועוד... תחושת הרווחה והנינוחות שהשפע יוצר מחלחלת לכל גופכם מכפות הרגליים ועד קצה הראש... לבכם מתמלא אהבה לנפלאות העולם... אתם חשים התרחבות והתעצמות... תחושה של סיפוק ונינוחות...

ועם התחושה הנפלאה הזו, אתם מוזמנים להתחיל לחזור לאט ובהדרגה לכאן, אל החדר הזה... ואתם מתחילים לשוב חזרה... להניע מעט את כפות הידיים והרגליים... להניע בעדינות את גופכם... להניע את ראשכם בנינוחות מצד לצד... לנשום נשימה עמוקה... ועוד נשימה... לפקוח לאט עיניים... ולחזור בקצב שלכם לערנות רגילה ולמודעות מלאה... לכאן ולעכשיו.

55. אוקיינוס השפע

56. שוק האפשרויות

קטגוריה:
בחירת כיוון

למי המדיטציה מתאימה?
למי שיש לו שפע של אפשרויות והוא מעוניין למצוא דרך לבחור ביניהן.

הנודד

זהו הזמן שלך לבחון
דברים חדשים
ולטעום קצת מכל דבר
כדי להחליט
מה נכון עבורך.
התחבר אל עצמך,
וברר לאן המסע הזה
מוביל אותך.

אפשרו לעצמכם למצוא תנוחה נוחה... תוכלו לחוש את גופכם על הכיסא או על המזרן... להרפות מעט את השרירים... ולהתחיל, לאט לאט, לחוש תחושה של נינוחות... זהו זמן מנוחה עבורכם... עבור הגוף... זמן שמאפשר לראש להשתחרר מעט מן המחשבות ולהרפות... אפשרו למחשבות שלכם להתפוגג כמו עננים בהירים שנעים בשמים עם הרוח, מתפוגגים ונעלמים... תוכלו לשמוע קולות מבחוץ ואת הצלילים המתנגנים פה בחדר... אפשרו לעצמכם להתמקד בקול שלי... ולחוש איך אתם נינוחים יותר ויותר מרגע לרגע...

דמיינו את עצמכם מגיעים לשוק ססגוני ויפה... בשוק הזה יש הכול – דוכנים צבעוניים... רוכלים המכריזים על מרכולתם... מאכלים שמפיצים ריחות טובים... בגדים מכל הסוגים והמינים... כלי בית... שטיחים צבעוניים... הכול...

אתם פוסעים בשוק, מודעים לקולות ולהתרחשויות סביבכם... משהו בכם נשאר רגוע בתוך כל ההמולה... אתם יודעים שבלב השוק יש חלק מיוחד במינו... שאליו אתם מעוניינים להגיע...

אתם שואלים רוכל לאן עליכם לפנות כדי להגיע לשוק האפשרויות... הוא מצביע על דרך שאבניה צבועות בצבעים שונים... אבנים כחולות... ירוקות... אדומות... כתומות וסגולות... אתם מתחילים לפסוע בדרך המגוונת הזו לעבר שוק האפשרויות...

אתם מגיעים לסמטה קטנה בשוק ונכנסים אליה... לשוק האפשרויות יש שער קטן וירוק, שער ישן נושן... אתם פותחים את השער ונכנסים פנימה... בפנים מתנגנת מוזיקה שאתם אוהבים... אתם שמים לב שכאן יש פחות אנשים... האווירה נעימה בשוק האפשרויות ואתם חשים רגועים ושלווים... פה מוצגות כל האפשרויות העומדות לרשותכם... ואתם מוזמנים לבחור...

אתם פוסעים בין הדוכנים ומתבוננים באפשרויות... יש שפע של אפשרויות בכל תחום: בתחום הזוגיות... הקריירה... ההורות... אפשרויות בילוי ופנאי... לימודים... תוכלו לבחור את התחום שבו אתם מתלבטים ולבחון את האפשרויות השונות והמגוונות שמציע לכם השוק המופלא הזה... חלקן מוכרות לכם... חלקן חדשות ונגלות בפניכם רק עכשיו... תמיד יש לפחות שלוש אפשרויות... ובדרך כלל אפילו יותר... אתם פוסעים בשקט... עדיין רק מתבוננים ובוחנים את האפשרויות השונות... הן מופיעות לפניכם אחת אחת...

אני אהיה כעת בשקט כשתי דקות ואאפשר לכם לבחון את האפשרויות השונות שמציע השוק בתחום שבחרתם... תשמעו את קולי שוב בעוד כשתי דקות...

ועכשיו, לאחר שבחנתם את האפשרויות והסתכלתם בדוכנים... תוכלו לבחור באיזו אפשרות אתם מעוניינים... או שתבחרו לאפשר לעצמכם להסתובב עוד ולבחור בהמשך... בצד, אתם מבחינים בדוכן שעד כה לא שמתם לב אליו... זהו דוכן עם מאזניים... תוכלו לשקול באמצעותו את היתרונות ואת החסרונות של כל אפשרות ואפשרות לפני שאתם רוכשים אותה... תוכלו להביא מכל דוכן אפשרויות שונות ולשקול אותן... וכך לברר לעצמכם איזו אפשרות היא הטובה ביותר עבורכם... אתם נעזרים בדוכן הזה ויודעים שכל החלטה שתבחרו בה תהיה הנכונה ביותר שתוכלו לקבל כעת... ושלאחר הבחירה תהיו שלמים איתה... (להמתין כחצי דקה).

בחרתם, רכשתם את האפשרויות הטובות לכם... ואתם מחליטים להתחיל לחזור... אתם יוצאים דרך השער הירוק... ופוסעים חזרה אל השוק הגדול... הולכים בדרך האבנים הצבעוניות שמסמלות את מגוון האפשרויות... בדרככם אתם נתקלים בדוכן של אבנים טובות... ואתם בוחרים לכם אבן שאתם הכי אוהבים... אבן שתוכל לחזק אתכם בבחירתכם באפשרויות שהכי מתאימות לכם... ורק לכם... שתאפשר לכם למצוא את דרככם במסע האפשרויות הבלתי מוגבלות... מסע החיים...

אתם קונים את האבן ושמים אותה בכיס... ואתם הולכים איתה כל הדרך חזרה... עם האפשרויות החדשות שרכשתם במסע היום, וכשהאבן הזו בכיסכם, יש לכם הרגשה טובה... מיוחדת...

ועם התחושה הטובה הזו אתם מתחילים לחזור למודעות רגילה לכאן, אל החדר הזה... תוכלו להניע מעט את כפות הידיים והרגליים... להניע בעדינות את גופכם... להניע את ראשכם בנינוחות מצד לצד... לנשום נשימה עמוקה... ועוד נשימה... לפקוח לאט עיניים... ולחזור בקצב שלכם לערנות רגילה ולמודעות מלאה... לכאן ולעכשיו.

56. שוק האפשרויות

57. מסר מהרוח

קטגוריה:
פתרון תקלות

למי המדיטציה מתאימה?
למי שמעוניין לסגל דרכי עשייה ותגובה עדינות ובכל זאת להשפיע על חייו.

עדינות

כמו שהרוח משנה את פני הנוף לאט לאט,
כך תוכל להשפיע על אנשים ועל מצבים בצורה עדינה. קח זמן לעצמך, כדי להתמקד בצרכים שלך וכדי לסדר את המחשבות לקראת השגה הדרגתית של רצונותיך.

א פשרו לעצמכם למצוא תנוחה נוחה... תוכלו לחוש את גופכם על הכיסא או על המזרן... אתם נחים ומתחילים, לאט לאט, לחוות תחושה של נינוחות... זהו זמן מנוחה עבורכם... עבור גופכם... זהו זמן שמאפשר לראש להשתחרר מעט מן המחשבות ולהרפות... תוכלו לשמוע קולות מבחוץ... אפשרו לעצמכם להתמקד בקול שלי... ולחוש איך שלווה ממלאת אתכם... ואתם נינוחים יותר ויותר מרגע לרגע...

דמיינו את עצמכם יושבים מול הים... מתבוננים בגלים... הגלים מגיעים אל החוף... הופכים לקצף לבן... ולאחר מכן נסוגים, חוזרים לאחור... ושוב באים... ושוב נסוגים... ההתבוננות בגלים מרגיעה אתכם... ואתם יכולים לשמוע את קולם של המים ההולכים וחוזרים, הולכים ובאים...

אתם חשים על פניכם את אוושת הרוח... יש רוח בים... והיא מניעה קלות את שיערכם... אתם תוהים אם הרוח מסייעת לגלים להגיע אל החוף ולחזור או שאולי למים דרך משלהם... אתם מתבוננים בכוח התנועה של הטבע... כוחם העוצמתי של המים... כוחה העוצמתי, ועם זאת העדין, של הרוח... אתם חשים חופשיים, רגועים ומשוחררים... נינוחים יותר ויותר...

ריח המלח עולה באפכם... ריח טוב של ים... אתם שואפים לקרבכם את האוויר הנעים... זה מרגיע אתכם. אתם אוהבים מאוד לשבת ולהתבונן בים... לצד החוף יש סלעים... הם חלקים ומעוגלים, ונראה שהמים והרוח מעצבים בהם צורות... המים נשברים אל הסלעים ובכל פעם משייפים אותם מעט... והרוח מפזרת את החול שנוצר... מפסלת אותם אט אט בדרכה העדינה...

גם אתם מרגישים ביכולת שלכם להשפיע על אנשים ועל מצבים בצורה עדינה... אתם חשים רצון ללמוד כיצד לתת לדברים להיות הם... ממש כמו הים והסלעים והמים... להיות הם ועם זאת להשפיע... באופן עדין... באופן

המסייע להם להתקדם בבטחה ומאפשר להם להישאר שלווים ונינוחים... וגם אתם מעוניינים להישאר שלווים ורגועים...

לפעמים אתם רוצים אולי שאנשים יתנהגו אחרת... שדברים יהיו כמו שאתם הייתם רוצים... כמו הרבה מאוד אנשים, אתם רוצים שהדברים יהיו בשליטה שלכם... וכשזה לא קורה, אתם חשים אכזבה... תסכול... אבל היום יש לכם הזדמנות ללמוד חוכמה עתיקה מהרוח...

הרוח לוחשת לכם משהו... משהו שכמעט ואינו נשמע... אבל לאט לאט אתם מתחילים לשמוע את המילים... ולהבין את המשמעות... הרוח לוחשת לכם סוד, "גם אני," אומרת הרוח, "יכולה להיות סוערת מאוד, ליצור סופות ששוברות את כל מה שסביבן... ואז קשה מאוד לתקן את מה שאני מחוללת..."

ואתם ממשיכים להקשיב לחוכמת הרוח ומתרשמים ממנה... משהו בקולה האוורירי מרגיע אתכם, "...ואני יכולה גם להשפיע על דברים בצורה אחרת, בעדינות רבה... לאט לאט... כל פעם קצת... הנה, אני מעבירה חולות ממקום למקום... עוברת ברכות על פניהם של בעלי החיים ובני האדם... משייפת במשך שנים קצותיהם של סלעים בעדינות... מזרימה את המים ממקום למקום... אני נותנת לדברים להישאר כמו שהם בבסיסם ויוצרת שינוי קטן בכל פעם..."

"ולפעמים," ממשיכה הרוח, "לפעמים אנחנו לא מבחינים בשינויים הקטנים שאנו מחוללים... אולי חיוך קטן שחייכנו למישהו... טפיחה עדינה על שכם... מילה טובה שאמרנו... הקשבנו מבלי להעיר... מבלי לשפוט... נטענו תקווה... זאת היכולת שלנו ליצור שינוי בעדינות אצלנו ואצל אחרים..."

הרוח סיימה את דבריה... לפתע היא חדלה מלנשוב... אתם מהרהרים בדברים שאמרה הרוח ומתחילים להיזכר בכל השינויים הקטנטנים והעדינים שחשתם לאחרונה בחייכם או שחשתם בחייהם של אחרים... כמו גרגרי חול שעפים ממקום למקום... החיוכים הקטנים והמחוות העדינות עולים

עכשיו בזיכרונכם... אולי עולות גם מחשבות... מחשבות על עוד שינויים קטנים שתוכלו ליצור בחייכם...

אני אהיה עכשיו בשקט כשתי דקות ואאפשר לכם להרהר בכך... תשמעו את קולי שוב בעוד כשתי דקות...

הרוח חוזרת לנשוב ומחוללת ברכות סביבכם... אתם חשים כאילו היא מעסה את גבכם... את השכמות שלכם ואת הכתפיים... צמרמורת קלה ונעימה עוברת בגבכם... הרוח שולחת לכם אנרגיה נעימה ועדינה של ריפוי... של נינוחות... של רגיעה... אתם מודים לה על ששיתפה אתכם בחוכמה הקדומה שלה... ונפרדים ממנה לשלום...

ועם הידיעה החדשה הזו, אתם מוזמנים להיפרד לפי שעה מהרוח ולהתחיל לעשות את הדרך חזרה לכאן, אל החדר הזה... הידיעה החדשה ממלאת אתכם שלווה, שמחה ואושר כמו שחוויתם כעת... אתם מתחילים לחזור הנה... להניע מעט את כפות הידיים והרגליים... להניע בעדינות את גופכם... להניע את ראשכם בנינוחות מצד לצד... לנשום נשימה עמוקה... ועוד נשימה... לפקוח לאט עיניים... ולחזור בקצב שלכם לערנות רגילה ולמודעות מלאה... לכאן ולעכשיו.

57. מסר מהרוח

58. שיחה עם חברה טובה

קטגוריה:
חיזוק משאבים

למי המדיטציה מתאימה?
לכל מי שזקוק לתמיכה ולעידוד.

עידוד

בתקופה זאת כושר העידוד שלך במיטבו. אתה מוזמן לעודד את מי שזקוק לך. עידוד אמיתי מן הלב ישפיע על אנשים ויעצים אותם. עידוד אחרים יחזק ויעצים גם אותך.

אפשרו לעצמכם למצוא תנוחה נוחה... לעצום את העיניים... הקשיבו לקולות מבחוץ או מתוך החדר... הקולות האלה מסייעים לכם למקד את תשומת לבכם בקול שלי... זהו זמן עבורכם לנוח... לאפשר לעצמכם לשחרר את הגוף... להרפות... לשחרר את הראש מהמחשבות... הניחו למחשבות לעוף כמו להקה של ציפורים הרחק הרחק לשמים... קחו נשימה עמוקה... ועוד אחת... לאט לאט, חושו איך הרגיעה מתפשטת בכל גופכם...

דמיינו את עצמכם מגיעים לבית של חברה טובה שלכם... זו יכולה להיות חברה שאתם מכירים... או חברה דמיונית... חברה ותיקה מן העבר או אולי חברה שתמיד רציתם שתהיה לכם... כזו שמעודדת אתכם בדרככם ואתם מעודדים אותה...

אתם מקישים על דלת ביתה והיא פותחת לכם בחיוך רחב... מזמינה אתכם להיכנס פנימה... אתם נכנסים ומתיישבים ליד שולחן המטבח... החברה מציעה לכם לשתות... אתם שותים את המשקה האהוב עליכם... ריח נעים באוויר... היא שואלת אתכם לשלומכם... מתעניינת לדעת מה קורה אצלכם... כיצד אתם מרגישים... הישיבה איתה ליד השולחן יוצרת בכם תחושת נועם ושלווה... משהו בחברה הזו ובבית שלה נעים לכם... מרגיע אתכם...

וכשאתם נענים ומתחילים לספר, אתם מגלים שהיא מקשיבה לכם בעניין... שואלת עוד פרטים... הרבה דברים שמעסיקים אתכם מעסיקים גם אותה או העסיקו אותה בעבר... היא מבינה ללבכם, מזדהה איתכם... כשאתם מסיימים לדבר היא אומרת לכם משפטים שמעודדים אתכם מאוד... אתם שמים לב שאכפת לה... אתם שמים לב שהיא מאמינה בכם מאוד... היא חושבת שתוכלו להתמודד עם מה שקורה לכם...

אפשרו לעצמכם לשמוע מה אומרת לכם החברה הטובה שלכם... כיצד היא

מאמינה בכם... כיצד היא בוטחת ביכולות שלכם... היא מעודדת אתכם בתחום שאתם עסוקים בו...

אני אהיה עכשיו בשקט כשתי דקות ואאפשר לכם לשמוע את הדברים... תשמעו שוב את קולי בעוד כשתי דקות...

דבריה של החברה מהדהדים בכם... אתם שומעים אותם שוב ושוב... וכעת החברה מספרת לכם מה עובר עליה... אתם מקשיבים לה בריכוז... מעודדים אותה.... אתם מבחינים ביכולת שלכם לעודד אותה... לשפר את מצב רוחה... אינכם שופטים אותה... אתם מקבלים אותה כמו שהיא ומאפשרים לה להרגיש טוב עם עצמה... בדיוק כמו שהרגשתם כשהיא עשתה זאת עבורכם... אתם חשים כיצד דבריכם משמחים אותה וזה ממלא גם אתכם שמחה...

החברה מגישה לכם כעת קופסה קטנה עם מתנה... אתם פותחים את הקופסה ומוצאים בתוכה קונכייה יפהפייה... אתם ממששים את הקונכייה ומצמידים אותה לאוזן... שומעים ממנה את רחש מי הים... זוהי קונכייה מיוחדת... אתם שומעים ממנה גם מילות עידוד... אתם מתפלאים ועם זאת מבינים שהקונכייה תוכל לאפשר לכם להיזכר ביכולת שלכם לעודד אחרים... וביכולת שלכם לקבל עידוד מאחרים... תמיד תוכלו למצוא את האנשים שאתם יודעים כי ביכולתם לעודד אתכם... אלה המקבלים אתכם כמו שאתם... ובאמת רוצים בצמיחתכם... ותדעו שגם אתם יכולים לעודד אותם... זוהי יכולת חשובה וטובה... ומיום ליום תוכלו להעצים אותה... יכולת העידוד שלכם ויכולתכם לקבל עידוד מאחרים מתעצמת עוד ועוד...

החברה מספרת לכם שהקונכייה הזו הגיעה מאגם השמחה... זהו אגם שלפי אמונת הסינים מימיו מנצנצים בשמחה מול השמים... בעומק המים מסתתרת השלווה... האגם מסמל את השמחה החיצונית והפנימית... השמחה העמוקה שקיימת בפנים וזו הקלילה המגיעה מבחוץ... אתם מוקסמים מהסיפור וחשים כיצד אתם מתמלאים בשמחה הזו... הקונכייה הביאה את השמחה ממימי האגם אליכם...

אתם מקרבים את הקונכייה אל לבכם ומתמלאים עוד ועוד מאותה שמחה מיוחדת... אתם מודים לחברה על השיחה הנעימה ועל המתנה הנפלאה שנתנה לכם... ואתם נפרדים ממנה בדרך שלכם... בלחיצת יד או בחיבוק ואולי בנשיקה... החברה מזמינה אתכם לחזור ולבקר אותה... אתם לוקחים את הקונכייה איתכם, מצמידים אותה ללבכם, ויוצאים לדרככם...

ומביתה של החברה, כשתחושת השמחה מלווה אתכם... אתם מתחילים לחזור אט אט לכאן, אל החדר הזה... לחוש את גופכם... אתם לוקחים נשימה עמוקה... ועוד אחת... מניעים בעדינות את הידיים... ואת הרגליים... בקצב שלכם פוקחים עיניים... וחוזרים למודעות רגילה ולערנות מלאה, לכאן ולעכשיו.

58. שיחה עם חברה טובה

59. הנהר

קטגוריה:
פתרון תקלות

למי המדיטציה מתאימה?
למי שנקלע לקונפליקט בין השכל לבין הרגש.

איחוד מחדש

יש זמנים שבהם אפשר לאחד דברים מחדש. אפילו יריבים יכולים להתאחד סביב עניין משותף. זוהי הזדמנות גם לאחד את הקולות הפנימיים שבתוכך, למצוא את קולך הייחודי ולהקשיב לו.

א פשרו לעצמכם לנוח מעט... להרפות מענייני היומיום... מצאו תנוחה נוחה... עצמו את עיניכם ואפשרו להן לנוח מכל המראות... ותנו לאוזניכם לנוח מהקולות הרבים ולהתמקד בקול שלי... חושו את הכיסא או את המזרן שאתם יושבים או שוכבים עליו... כל החושים שלכם נחים עכשיו... נרגעים יותר ויותר... המוח האחראי למחשבות נח גם הוא... הלב שאחראי לרגשות נח... אתם חשים שלווים יותר ויותר... ונכונים לצאת למסע... מסע בדמיון... מסע שבו הכול יכול להיות... הכול יכול לקרות... והכול בטוח ומוגן... אפשרו לעצמכם לצאת למסע מיוחד... מופלא וקסום... מסע שכולו לטובת התפתחותכם האישית...

דמיינו את עצמכם עומדים ליד נהר רחב... הוא נוצר מיובלים רבים... אם תטיילו לאורכו, תוכלו לראות כיצד כל היובלים מובילים אליו ויוצרים יחד נהר גדול ושוצף... הנהר זורם במורד... מודע לדרכו המיוחדת... מעביר מים טובים ומרווים לצמחים... לבעלי החיים ולאנשים...

אתם מתבוננים ביובלים ובפלגים שמגיעים אל הנהר ובאחרים היוצאים ממנו... אתם רואים שיש כאלה שפשוט יוצאים וזורמים לכיוונים אחרים ויש כאלה שמתפצלים וחוזרים... גם אתם מרגישים לעתים שיש בתוככם קולות שונים... רצונות שונים... צרכים שונים ומגוונים... והדבר מקשה עליכם... הייתם רוצים לאחד את כל הקולות, הצרכים והרצונות לקול אחד ברור שיסייע לכם ללכת לכיוון אחד... ועם זאת אתם יודעים שהקולות השונים עוזרים לכם... מכוונים אתכם ומאפשרים לכם להיות קשובים לכל הרצונות והמאוויים בתוככם...

וכמו הנהר המתפצל ומתחבר כך גם אצלנו, בני האדם, יש קולות שונים... פעמים רבות הלב שלנו רוצה דבר אחד... והראש רוצה דבר אחר... וכשאנו רוצים לדעת כיצד להתקדם אנו חשים מבולבלים, תקועים... כאילו הכוחות המנוגדים מקשים עלינו להתקדם...

דמיינו את עצמכם כנהר... תוכלו לבדוק, אילו יובלים שונים יש אצלכם...? התמקדו תחילה ביובל הראשון: הראש שלכם... תוכלו להודות לו, קודם כול, על מה שהוא עושה למענכם... דמיינו אותו זורם ומעביר מים... זרם המים הוא כמו זרם המחשבות... אילו מחשבות עוברות בראשכם? מה היה הראש רוצה לקדם? מה חשוב לו? מה הוא מרגיש? תוכלו גם לשאול את הראש שלכם מה אתם יכולים לעשות עבורו... תוכלו לברר איתו אם הוא מרגיש שהלב זורם איתו באותו נתיב, או שמא הלב זורם בנתיב מנוגד...?

אני אהיה כעת בשקט כשתי דקות ואאפשר לכם להרהר בכך... תוכלו לשמוע את קולי שוב בעוד כשתי דקות...

וכעת תוכלו לפנות אל הלב... אל יובל הרגשות שלכם... הודו לו על כל מה שהוא עושה למענכם... לאחר מכן תוכלו לשאול אותו, מה הוא מרגיש? מה הוא היה רוצה שיהיה? מה הוא מבקש מכם? אפשרו לעצמכם ממש לשוחח עם הלב (להמתין מעט)... מה הכוונה הטובה שלו עבורכם? מה הוא היה רוצה שיהיה לכם? מה היה רוצה שתעשו? ומה הוא היה רוצה לומר לראש?

כעת תוכלו להתבונן האם יש יובלים נוספים בנהר שלכם... האם יש עוד ערוצים בעלי רצונות מנוגדים? כוונות מנוגדות?... העוצמה שלכם תגדל מאוד. הנהר שלכם יזרום טוב יותר כאשר תוכלו ליצור הסכמה ושיתוף פעולה בין כל היובלים... בין כל הפלגים... אפשרו לעצמכם לאחד ביניהם... איחוד מחדש... איחוד שבו כל אחד ימצא את מקומו... כל אחד מהם: הראש, הלב ואולי אפיקים נוספים ידעו שהקול שלהם נשמע בתוך שכשוך הנהר הגדול והעוצמתי... ועם זאת ידעו לשתף פעולה כדי שהזרימה כולה תהיה אחידה... משמעותית... התבוננו ביובלים שבתוככם: על מה הם מסכימים? מתוך שיתוף פעולה, לאן היו בוחרים לזרום יחדיו?

אני אהיה כעת בשקט למשך דקה נוספת ואאפשר לכם להרהר בכך... תוכלו לשמוע את קולי שוב בעוד דקה...

ואתם מרגישים כיצד כוחו של הנהר שלכם... הכוח הפנימי שלכם... הולך

וגדל מרגע לרגע... מתעצם בזכות יכולתכם המופלאה לשוחח עם הפלגים והיובלים השונים שלו... להקשיב לכל אחד וליצור דרכי עבודה משותפות... זוהי הרגשה נהדרת המפיחה בכם תחושה של חיים חדשים... של התקדמות... של יכולת מופלאה ליצור זרימה... עם גמישות... זרימה שיש בה כיוון... יש בה יכולת התקדמות ויצירת שינוי...

ועם התחושה הנהדרת הזו, כשאתם מלאים בעוצמה חדשה... כשכוחות חדשים ויכולות ישנות-חדשות התעוררו בקרבכם... אתם מוזמנים לחזור... בקצב המתאים לכם... לכאן, לחדר הזה... אתם מתחילים אט אט לשוב למודעות רגילה ולערנות רגילה... לחוש שוב את גופכם... להניע מעט את הידיים... ואת הרגליים... לפקוח את עיניכם ולחזור, בקצב שלכם... לכאן ולעכשיו.

59. הנהר

60. ליצור גבולות

קטגוריה:
מציאת כיוון

למי המדיטציה מתאימה?
למי שמעוניין להציב גבולות ולמצוא דרך שתואמת את צרכיו.

מגבלות

מגבלות יוצרות סדר, ואילו כאשר כל האפשרויות קיימות וכל הגבולות פתוחים, אפשר ללכת לאיבוד.
לכן עליך לברר לעצמך את המגבלות שתוכל להציב במטרה לעשות דברים בדרך שמתאימה לך.

א פשרו לעצמכם למצוא תנוחה נוחה... לכל איבר בגופכם לחוש בנוח... וקחו נשימה עמוקה... חושו את הטמפרטורה בחדר... אפשרו לעצמכם, לאט לאט, להירגע... הקשיבו לקולות הנשמעים מבחוץ... ולקולות שבחדר... לצליליה של המוזיקה... הניחו למוזיקה ולקולי להוביל אתכם לרגיעה ולמנוחה... היכנסו לתוך עצמכם והרפו... לאט לאט... תוכלו לשים לב לנשימה שלכם... לקצב הנשימה... האם האוויר נכנס ויוצא בקלות...? עם כל נשימה הכניסו לגופכם רוגע ושלווה... עם כל נשיפה שחררו את כל מה שאינכם זקוקים לו... לחצים, טרדות, מתחים... נשמו שוב נשימה עמוקה... עברו לנשימה רגילה שנוחה לכם... תשומת הלב לנשימה מרגיעה אתכם יותר ויותר...

דמיינו את עצמכם בשדה בבוקר בהיר... העשב ירוק ורענן וטיפות של טל מנצנצות עליו... השדה רחב וגדול מאוד... מכל כיוון אפשר לראות מרבדים ירוקים בגוונים שונים... מעליהם שמים בצבע תכלת... הנוף יפהפה... רוח קלה מנשבת ואתם חשים את מגעה הרך על הפנים... מסביב שקט מאוד... השהות בטבע, במקום ירוק כזה, מרגיעה אתכם... נעים לכם...

ואתם יכולים לצעוד לכל כיוון שתרצו... כל האפשרויות פתוחות בפניכם... השדה רחב ומאפשר לכם לטייל בתוכו... ואתם מתקשים לדעת באיזה כיוון לבחור... לאן לפנות... אתם חשים חוסר ודאות... לאן יובילו אתכם הדרכים האלה ומה מסתתר בהמשכו של כל צד של השדה האינסופי הזה...?

הייתם מעדיפים שביל אחד ברור... דרך מסודרת... שאתם יודעים לאן היא מובילה... שתהיה נהירה לכם... אבל כשיש כל כך הרבה אפשרויות, קשה לדעת לאן לפנות... ואתם בוחרים כיוון מסוים ומתחילים לפסוע בו, סתם כך... אתם פשוט הולכים ונהנים לצעוד בשדה היפה... כעבור זמן מה אתם מבחינים בשביל שמתפתל לפניכם... בתחילה הוא קטן מאוד וקצת

מטושטש... כמעט בלתי מורגש... אך בהדרגה הוא הופך לדרך של ממש...

אתם חשים הקלה כשאתם שמים לב שהדרך נהיית מסודרת וברורה... ואתם חושבים שאולי השביל הזה מוביל למקום כלשהו... מישהו אולי כבר הלך בו קודם או הכין אותו... אתם גם מבינים שלשביל הזה יש מטרה... תכלית כלשהי... ואתם מרגישים שהדרך שבחרתם מתאימה לכם...

ואתם ממשיכים ללכת והנוף משתנה... סביבכם יש עוד ועוד עצים... ושיחים... זהו כבר לא השדה הרחב שהייתם בו... יש פה גם גדרות המסמנות שטחי מרעה של בעלי חיים... אתם ממשיכים ללכת... מקשיבים לקול הפרות והכבשים מסביב... ובצד הדרך אתם מבחינים בדיר של עזים...

סביב השביל שאתם הולכים בו יש גדרות... הן יוצרות מעין חלקות של חוות בסביבה כפרית... הנוף שהפך להיות מיושב יוצר אצלכם תחושה רגועה יותר... שלווה יותר... קיים סדר בדברים... קרבתם של אנשים אחרים יוצרת בכם תחושה שאתם לא לבד... והגידור יוצר אצלכם בהירות... איפה לצעוד ואיפה לא...

אתם מבינים שהדרך הזו משקפת משהו בחייכם... שקל לכם יותר כשהדברים ברורים... כשיש גבולות שאתם מציבים... גבולות לעצמכם וגם לאנשים אחרים... קל לכם יותר כשאתם מגדירים מה מתאים לכם לעשות... מה אתם רוצים... מתוך חיבור עמוק לעצמכם... אז, אתם מבהירים לעצמכם מה אתם רוצים ואומרים זאת כך שהסביבה יכולה להבין בדיוק מהם הגבולות שלכם: עד כמה, למשל, אתם מוכנים לעזור... או לעשות...

לפעמים יש תחושה שגבולות מגבילים... שהם מצמצמים אולי את האפשרויות... ועם זאת, אתם יודעים שגבולות משרטטים סדר... מבהירים מה נכון ומה לא... ובחיים, כמו בדרך הזו שבה אתם הולכים היום, קל יותר ללכת בשטח הברור מאשר לשוטט בשדה הפתוח לגמרי...

כעת אתם מביטים אחורנית אל השדה הפתוח... אתם זוכרים שאתם

אוהבים מדי פעם גם להיות במקום רחב ידיים, ללא גבולות... להסתקרן... לצעוד בשדה שבו כל הדרכים אפשריות ואפשר לחקור את כולן ולראות לאן הן מגיעות... יש זמנים שבהם הדרך הסלולה, המגודרת מתאימה לכם יותר... ויש תקופות בהן אתם כמהים למרחבים... לשדה הפתוח... הבהירות והידיעה של הכיוון וההנאה מבדיקת דרכים חדשות, לא מוכרות, חשובות לכם באותה מידה...

ועם התובנה החשובה הזו, אתם מתחילים לחזור למודעות רגילה לכאן, אל החדר הזה... תוכלו להניע מעט את כפות הידיים והרגליים... להניע בעדינות את גופכם... להניע את ראשכם בנינוחות מצד לצד... לנשום נשימה עמוקה... ועוד נשימה... לפקוח לאט עיניים... ולחזור בקצב שלכם לערנות רגילה ולמודעות מלאה... לכאן ולעכשיו.

60. ליצור גבולות

61. חוכמת הינשוף

קטגוריה:
מציאת כיוון

למי המדיטציה מתאימה?
למי שמעוניין לראות את הדברים במבט-על, כדי להבין אותם יותר לעומק.

אמת פנימית

אפשר לעצמך להרפות, על מנת להגיע לתובנה אמיתית לגבי הנושא המעסיק אותך. התובנה מגיעה מתוך הבנה של עצמך ושל אחרים, והיא תוכל לאפשר לך שקט. הודות לתובנות אמיתיות, תוכל גם להנהיג לעבר חזון.

א פשרו לעצמכם לנוח מעט... להרפות מענייני היומיום... מצאו תנוחה נוחה... עצמו את עיניכם ואפשרו להן לנוח מכל המראות... ותנו לאוזניכם לנוח מהקולות הרבים ולהתמקד בקול שלי... חושו את הכיסא או את המזרן שאתם יושבים או שוכבים עליו... כל החושים שלכם עכשיו נחים... נרגעים יותר ויותר... המוח האחראי למחשבות נח גם הוא... הלב שאחראי להרגשות נח... אתם חשים שלווים יותר ויותר... ונכונים לצאת למסע... מסע בדמיון... מסע שבו הכול יכול להיות... הכול יכול לקרות... והכול בטוח ומוגן... אפשרו לעצמכם לצאת למסע מיוחד... מופלא וקסום... מסע שכולו למען התפתחותכם האישית...

דמיינו את עצמכם עומדים למרגלות עץ גדול... זהו עץ עתיק יומין ששורשיו נטועים עמוק באדמה... גזעו עבה וענפיו נשלחים לכל עבר... הוא גדול ויציב מאוד... העץ הזה נוסך בכם תחושת רגיעה וביטחון... אתם מסתכלים כיצד הוא מחבר בין האדמה לשמים... חיבור פשוט וברור... לצדו, אתם חשים כמוהו... רגליכם נטועות באדמה וראשכם מעלה, כלפי השמים...

אתם שומעים קולות מענפי העץ... ומבחינים בינשוף היושב על אחד הענפים... זהו מין ינשוף שלא ראיתם מעולם... ינשוף גדול במיוחד... ואתם שומעים שהוא קורא לכם... הוא מזמין אתכם להצטרף אליו למסע... מסע מלא תובנות... תובנות שיש רק לינשופים חכמים...

הינשוף הגדול יורד מהעץ ונעמד לצדכם... אתם מבינים שהוא מציע לכם לעלות על גבו... אתם מהססים מעט אך מביטים בו ויודעים שאתם יכולים לסמוך עליו... אתם עולים על גבו ומצטרפים אליו למסע... השמים בהירים ורוח נעימה מלטפת את פניכם כאשר הינשוף ממריא ויוצא לדרך... אתם יושבים על גבו וחשים נינוחים ובטוחים... מוכנים לתעופה...

מנקודת המבט של הינשוף אפשר לראות דברים בצורה שונה... הוא לוקח אתכם אל מעל לביתכם... אתם יכולים להתבונן במתרחש בו כצופים... כאילו אתם בתוך הבית אך משקיפים מהצד... כשאתם על הינשוף למעלה אתם צופים בעצמכם... איך אתם מתנהגים... מה אתם אומרים... מהן המחשבות שלכם... מהם הרגשות שלכם...

אתם מתבוננים בעצמכם ממעוף הינשוף במשך יום שלם... צופים בעצמכם קמים בבוקר... רואים מה אתם עושים ולאן אתם הולכים... וכך אתם מתבוננים במעשיכם כל היום... עד לכתכם לישון...

אהיה עכשיו בשקט כשלוש דקות שבהן תוכלו לצפות מלמעלה במתרחש בחייכם במהלך כל היום... לקבל תובנות לגבי הדרך שאתם מתנהלים... מה הייתם רוצים לשנות ומה הייתם רוצים להשאיר כפי שהוא...? אתם תשמעו את קולי שוב בעוד כשלוש דקות...

צפיתם בעצמכם במשך יום שלם... קיבלתם תובנות חדשות לגבי עצמכם... הן מאפשרות לכם להבין את הדברים באופן שונה – איזו התנהגות שלכם אתם רוצים לשנות... ומה הייתם רוצים לשמר...

הינשוף הגדול ממשיך לעוף חזרה אל העץ שממנו יצאתם למסע... אתם יורדים מעל גבו והוא לוחש משהו באוזנכם... אפשרו לעצמכם לקבל מסר מחוכמתו של הינשוף... (להמתין כחצי דקה).

שמרו עמכם את המסר שקיבלתם... אתם מודים לינשוף על המסע ונפרדים ממנו לשלום בדרככם שלכם... הינשוף חוזר לענף שלו על העץ... לתנומת הבוקר שלו... ואתם מתחילים לחזור לכאן בידיעה שתמיד תוכלו לשוב אל הינשוף, לצאת איתו למסע נוסף ולקבל עוד תובנות מחוכמתו הרבה...

ועם הידיעה המעצימה הזו, אתם מתחילים לחזור ולחוש את גופכם... לעורר אותו לאט... לאט... בהדרגה להניע מעט את כפות הידיים... ואת

כפות הרגליים... בעדינות, לפקוח את העיניים... עיניים רגועות... ובקצב שלכם לחזור לערנות רגילה ולמודעות רגילה, לכאן ולעכשיו.

61. חוכמת הינשוף

62. לסדר את החדר

קטגוריה:
פתרון תקלות

למי המדיטציה מתאימה?
למי שמעוניין לעשות סדר בדברים מסוימים בחייו בדרך לשינוי.

זהירות
דברים גדולים לא יוכלו להתקדם כעת, לכן נצל את הזמן לטיפול בדברים הקטנים – פרטי הפרטים. בצע בדייקנות ובצניעות את כל הסידורים השגרתיים. בתום זמן זה צפויה הצלחה.

א פשרו לעצמכם למצוא תנוחה נוחה ולעצום את עיניכם... אולי אתם שומעים קולות מבחוץ או בחדר... הקולות האלה מסייעים לכם למקד את מחשבותיכם, לאט לאט, בכל חלקי גופכם... אפשרו לעצמכם למקד את תשומת הלב בראש... לחוש כמה שנוח לראש ונעים לו... לחוש כיצד הוא מרגיש מבפנים... נעים לתת לראש תשומת לב... וכעת תוכלו לטייל עם תשומת לבכם לאורך כל הגוף... עד לרגליים, לאט לאט וברכות... לחוש כיצד הטיול הזה מרגיע אתכם עוד ועוד... וכשאתם מגיעים לרגליים, אתם חשים רגועים ושלווים... יותר ויותר...

דמיינו את עצמכם נכנסים לחדר... זהו חדר קצת חשוך... ולא ממש מאוורר... הוא גם לא מסודר... חפצים רבים מדי נמצאים בו, מונחים בכל רחבי החדר... הם יוצרים תחושה של עומס... של חוסר בהירות... קשה להשתמש בחפצים האלה כאשר הם נמצאים בערבוביה כזו... היום יש לכם הזדמנות ליצור סדר בחדר הזה... אולי זה חדר שמוכר לכם מביתכם ואולי מבית אחר... אולי החדר הזה נברא כעת בדמיונכם...

יכול להיות שלפעמים גם אתם מרגישים שאתם עמוסים מדי... במחשבות... ברגשות שמציפים אתכם... בעשייה... אולי ראשכם עסוק ועמוס בפרטים שונים רבים מדי... וקשה לכם להיות יעילים... לעשות דברים בצורה טובה... הראש שלכם הוא כמו החדר הזה המבולגן... אתם יודעים שברגע שתערכו סדר בדברים... ברגע שתחליטו מה חשוב ומה לא... תפנו מקום לרגיעה... לסדר במחשבה... לשקט פנימי... לאיזון...

אתם מתחילים לסדר את החדר. ראשית, אתם מוציאים החוצה את כל הדברים... חשים וממששים אותם... מתבוננים בהם... חלקם מזכירים לכם דברים מהעבר... מאורעות משמחים, או מאורעות שהייתם רוצים לשכוח... המון זיכרונות טמונים בחפצים שנערמו לאורך זמן... ולכן אולי לא קל

לכם להוציא אותם מהחדר... ובכל זאת אתם מבינים שעכשיו הוא הזמן... שצפויה לכם הקלה ורגיעה אחרי שהכול יהיה מסודר ונקי ומאורגן... אחרי שתשחררו דברים שאינכם זקוקים להם עוד... אתם יודעים שזוהי הזדמנות עבורכם לשנות דברים שמזמן מזמן רציתם לשנות... אתם לוקחים את כל הדברים שהוצאתם מהחדר ומתחילים לארגן אותם בקבוצות... מה שצריך ומה שלא צריך... מה ישן ואפשר לזרוק ומה הייתם רוצים לשמור... מה חשוב ומה חשוב פחות...

לפני שאתם מחזירים את הדברים למקום, אתם מנקים את הארונות בחדר... ואת החדר עצמו... ריחו של הניקיון מרגיע אתכם ויוצר בכם הרגשה של התחדשות... אתם מתכננים לכל דבר את המקום הראוי לו... וכיצד לארגן כל חפץ במקומו... אתם מתחילים להרגיש טוב יותר כי אתם מבינים שעוד מעט יהיה פה סדר... ואתם מבינים שגם בחיים שלכם, גם בראש העמוס מחשבות לעייפה, יש באפשרותכם לעשות סדר...

אתם מסדרים את הפריטים לפי נושאים... לפי קבוצות... ולכל דבר יש מקום... והרבה דברים אתם זורקים כי אתם מבינים שאינכם זקוקים להם עוד... אתם יכולים להרפות מהם עכשיו... עם כל דבר שאתם זורקים החוצה, אתם מפנים מקום... מקום שיכול להישאר ריק... או להתמלא בדברים חדשים שאתם בוחרים... שאתם באמת רוצים...

סיימתם לסדר את החדר בדיוק לפי טעמכם... אתם מתבוננים בו ופשוט לא מאמינים... כמה נעים וכמה יפה... אתם שואפים לקרבכם את הריח הטוב... אתם יכולים למצוא בדיוק כל חפץ שאתם מחפשים... ליהנות מהדברים שאספתם לחייכם... יש מקום ל"הכול"... וזה מרגיע אתכם כל כך...

קידמתם מאוד משהו שרציתם לקדם כבר זמן רב... אתם מבינים כי מיקוד ועשיית סדר בבית... בראשכם... בלבכם... יכולים להוות בסיס להמשך... ליצירת שינוי משמעותי בחייכם... לקרב אתכם עוד ועוד לחיים כפי שהייתם רוצים לחיות אותם... כפי שהייתם רוצה לחוות אותם... כעת אתם חשים שזה אפשרי וזה משמח אתכם מאוד...

ועם תחושות הרעננות והשמחה... אתם מתחילים לחזור למודעות רגילה, לכאן, אל החדר הזה... תוכלו להניע מעט את כפות הידיים והרגליים... להניע בעדינות את גופכם... להניע את ראשכם בנינוחות מצד לצד... לנשום נשימה עמוקה... ועוד נשימה... לפקוח לאט עיניים... ולחזור בקצב שלכם לערנות רגילה ולמודעות מלאה, לכאן ולעכשיו.

62. לסדר את החדר

63. אחרי הפסגה

קטגוריה:
מציאת כיוון

למי המדיטציה מתאימה?
למי שהגיע לסיום פרויקט/עשייה בהצלחה, וכעת מתחיל מחדש.

לאחר הסיום

כל פסגה, מופלאה ככל שתהיה, מכינה אותנו לשלב הבא, שהוא
(כמו בלידה מחדש)
לא מוכר.
אפשר לעצמך ליהנות מן הפסגה שאליה הגעת, אך לרגע לא להיות באופוריה ובשאננות מן העתיד לבוא.

א פשרו לעצמכם למצוא תנוחה נוחה וקחו נשימה עמוקה... ועוד נשימה... תוכלו לשים לב לנשימה שלכם... האם היא מהירה או אטית... האם היא נעה בקלות או נתקלת בקושי במקום מסוים בגוף... שימו לב לזרימת האוויר מבחוץ אל גופכם... ומגופכם חזרה החוצה... ההתמקדות בנשימה מאפשרת לכם להירגע לאט לאט... בקצב המהיר של היומיום לפעמים אנו שוכחים לנשום... זוהי הזדמנות לנשום עמוק יותר ויותר ולאפשר לעצמכם לנוח... להרפות... אפשרו לנשימה שלכם לקחת אתכם עמוק לתוך עצמכם... אל חוויית הקיום הבסיסית ביותר... לנשימה... ליכולת המופלאה של הגוף להזין את עצמו בחמצן כל הזמן... אתם לוקחים נשימה ועוד נשימה... מאפשרים לעצמכם שלווה... היא מתגברת עם כל נשימה... ואתם כבר נינוחים לגמרי...

דמיינו את עצמכם עומדים על ראשו של הר... זהו הר גבוה... התאמצתם מאוד להגיע אליו, והנה עכשיו אתם ניצבים בראשו... ומתבוננים סביבכם... זהו יום נעים מאוד ושמש נעימה זורחת... הראות בהירה ואפשר לראות מפסגת ההר את העמקים סביב, את הפסגות הנמוכות יותר... האוויר נעים על פניכם, רוח קלילה נושבת...

אתם מאושרים להיות על הפסגה הזו... הגעתם אליה... סוף סוף עשיתם זאת... תחושה נעימה של הצלחה אופפת אתכם... כמה טוב להגיע למקום שייחלתם לו... כמה נאה הנוף מהפסגה...

אור נעים ורענן עוטף אתכם בשקט ובשלווה... הפסגה מאפשרת לכם לנוח... להתבונן על המסע שעברתם... ועל המסעות שעוד נכונים לכם... ועם זאת לנוח... מעט להרפות מהמחשבות ופשוט להיות... תחושה של אושר פשוט ממלאת את לבכם... תוכלו לנשום עמוק לתוך התחושה הזו. זאת תחושה נפלאה...

אתם מתבוננים בסיפוק בדרך שעשיתם עד לכאן... התאמצתם והגשמתם חלום... חלום ששאפתם אליו זמן רב... וכעת יש רגע שבו אתם מתבוננים סביבכם ותוהים לאן להמשיך עכשיו... בפסגה, על אף שהיא נעימה, אי אפשר להישאר לנצח... הגעתם לראש ההר, וכעת הגיע הזמן להמשיך ולצעוד...

כעת מתחילה תקופה חדשה בחייכם... כמו לידה מחדש... זוהי תקופה שונה.... תקופה חדשה עומדת בפתח ואתם נרגשים ממגוון האפשרויות העומדות בפניכם... ממגוון ההזדמנויות החדשות... ועם זאת, אתם חשים בלבול... מהו הכיוון שבו עלינו לצעוד...? האם אנו מעוניינים להתחיל ולכבוש פסגה נוספת... גבוהה יותר...? או לנוח מעט...? האם נאפשר לעצמנו להסתגל לשגרה חדשה...?

לאחר זמן מה ולאחר ששאפתם לקרבכם את אוויר הפסגות הצלול, הרענן... אתם מבינים שזהו הזמן להתחיל לרדת... אתם נוצרים בלבכם את התחושות הנפלאות של ההצלחה ויודעים שזהו הרגע להמשיך בדרך... להתחיל לרדת מהפסגה הזו... אתם קמים ומתחילים לרדת... נזהרים שלא להחליק... יורדים לאט לאט ובהדרגה מן ההר ומתבוננים סביבכם... המחזוריות של הטבע יוצרת עליות ומורדות... פסגה ושוב חזרה לשגרה... אתם יודעים שהירידה עכשיו היא תחילתה של דרך חדשה... ואתם חשים שמשהו משתנה....

אתם יורדים תוך תשומת לב לצעדיכם... למדרון... אתם עוברים בתוך ערפל ולרגעים לא ממש רואים את הנתיב.... אתם חשים שהערפל הוא כמו התחושה שלכם... חוסר בהירות לגבי הכיוון שממנו ממשיכים כעת... הערפל נמשך ואתם הולכים בזהירות... מדי פעם עוצרים ובוחנים את הנתיב... לאן הוא מוביל? אולי אתם פוחדים ליפול למטה, אך תחושה של ביטחון ביכולת שלכם למצוא את הנתיב עוטפת אתכם... ולאט לאט ובהדרגה הערפל מתפוגג והשמים חוזרים ומתבהרים...

ביציאה מהערפל אתם צופים במחזה עוצר נשימה... סמוך להר אתם רואים קשת יפהפייה הנפרשת לפניכם בשמים... קשת בשלל צבעים: אדום, כתום,

צהוב, ירוק, כחול... הקשת נפרשת מולכם כמו גשר... אתם עוברים דרכה מבעד לכל הצבעים... חשים כי הצבעים מלווים אתכם בהמשך דרככם... הם עוזרים לכם לבחור את הדרך הנכונה לכם לאחר הפסגה... להבין לאן היא מובילה... איזו למידה חדשה היא מאפשרת... אתם עוברים בקשת ומתמלאים מכוחה... מתמלאים באנרגיה טובה של התחלה חדשה... תחושת תודה על כברת הדרך שעברתם וציפייה לבאות... ואתם שואפים אליכם את האנרגיה הצבעונית והמרפאת של הקשת... ויודעים שתוכלו למצוא את הדרך הנכונה והטובה לכם...

מיום ליום דברים יתבהרו... מיום ליום כיוונים חדשים ייפתחו ואתם תוכלו לבחור בכיוון הנכון לכם... ועם התחושה המופלאה הזו אתם מתחילים לחזור לאט ובהדרגה לכאן, אל החדר הזה... ואתם מתחילים לחזור הנה... להניע מעט את כפות הידיים והרגליים... להניע בעדינות את גופכם... להניע את ראשכם בנינוחות מצד לצד... לנשום נשימה עמוקה... ועוד נשימה... לפקוח לאט עיניים... ולחזור בקצב שלכם לערנות רגילה ולמודעות מלאה... לכאן ולעכשיו.

63. אחרי הפסגה

64. במעלה ההר

קטגוריה:
פתרון תקלות

למי מתאימה המדיטציה?
למי שעומד לפני סיום של תקופה/פרויקט/עשייה בתחום מסוים ומתמודד עם שלבי הסיום האחרונים.

לפני הסיום

אתה צועד בדרכך זמן מה, ועושה זאת היטב ובהתמדה.
נותרו רק צעדים בודדים עד הפסגה.
אולי אתה פוחד להגיע עד למעלה — לסיים תקופה ולהתחיל תקופה חדשה, אך אתה מסוגל לכך!
קח נשימה ופסע, חגיגית, לעבר הפסגה.

אפשרו לעצמכם למצוא תנוחה נוחה וקחו נשימה עמוקה... ועוד נשימה... תוכלו לשים לב לנשימה שלכם... האם היא מהירה או אטית... האם היא נעה בקלות או נתקלת בקושי במקום מסוים בגוף... שימו לב לזרימת האוויר מבחוץ אל גופכם... ומגופכם חזרה החוצה... ההתמקדות בנשימה מאפשרת לכם להירגע לאט לאט... בקצב המהיר של היומיום לפעמים אנו שוכחים לנשום... זוהי הזדמנות לנשום עמוק יותר ויותר ולאפשר לעצמכם לנוח... להרפות... אפשרו לנשימה שלכם לקחת אתכם עמוק לתוך עצמכם... אל חוויית הקיום הבסיסית ביותר... לנשימה... ליכולת המופלאה של הגוף להזין את עצמו בחמצן כל הזמן... אתם לוקחים נשימה ועוד נשימה... מאפשרים לעצמכם שלווה... היא מתגברת עם כל נשימה... ואתם כבר נינוחים לגמרי...

החיים מזמנים לנו עליות ומורדות: הרים גבוהים עם פסגות שהם כמו חלומות... ואחריהם עמקים... ירידות ושוב עליות... גם לכם היו בחייכם עליות שטיפסתם בהן והצלחתם להגיע לפסגה ומורדות שירדתם בהם... כעת תוכלו לנוח בידיעה שתתמודדו בהצלחה עם כל מצב שייקרה בדרככם...

דמיינו את עצמכם עומדים במעלה הר גדול ביום חורף שמשי... שמש טובה מחממת אתכם... אתם מתבוננים סביבכם... מעליכם שמים עם עננים רכים ומרגיעים... אתם מתבוננים בהר... ריחות של סוף החורף עולים באפכם... אתם נהנים מריחות הפרחים... פרפר יפהפה חולף על ידכם... אתם שומעים את האוושה העדינה של משק כנפיו... חשים את רפרופו על פניכם... אתם חשים נינוחים ובטוחים...

היום אתם עומדים להגיע אל ראש ההר... אתם יודעים שאתם מסוגלים לכך, כיוון שאתם כבר צועדים במעלה ההר תקופה לא קצרה... יש לכם היכולת להמשיך ולהתמיד במסע הזה ולהגיע לפסגה... הפסגה כבר נראית בהישג ידכם... ואתם מתחילים לטפס...

אתם שומעים עלי שלכת תחת רגליכם... חשים ברוח הנעימה על הפנים בזמן הצעידה... מהרהרים בעלייה שלפניכם... ייתכן שהיא נראית לכם קשה... אולי אתם מהרהרים בפסגה עצמה... מה היא צופנת עבורכם... מה תוכלו לראות ממנה שעדיין לא ראיתם... אולי אתם חוששים קצת להגיע אליה... שמא תאבדו משהו כשתגיעו לפסגה... ואולי לא...

לפעמים הפסגה נראית לכם משוננת וחדה... אתם תוהים אולי תהיו בה לבד... לפעמים היא נראית לכם קצת מאיימת כי משהו ישתנה בחייכם ברגע שתגיעו אליה... ועם זאת אתם רוצים מאוד להגיע לפסגה... כבר הרבה זמן שאתם מחכים לכך... ואתם חשים שאוויר הפסגות יעשה לכם טוב...

אתם ממשיכים לטפס... הטיפוס נהיה קשה יותר ויותר... אבל יש לכם היכולת להמשיך ולהתמיד בו... אתם ממשיכים ועולים... צעד ועוד צעד... הנוף השליו מסביבכם מרגיע אתכם... מאפשר לכם להמשיך לנוע... להמשיך לצעוד... לנשום את האוויר, שנהיה צלול יותר ויותר... אתם נכנסים בדרככם לתוך סבך של עצים... וקצת מתקשים לראות לאן עליכם להמשיך מתוכו... מפלסים את דרככם בין העצים... ולאט לאט מצליחים למצוא את השביל ולצאת מהסבך...

ולרגע אתם עוצרים לנוח... לוקחים נשימה עמוקה... המנוחה מאפשרת לכם להתבונן לאחור... עשיתם כברת דרך ארוכה מאוד... אפשרו לעצמכם להיזכר בעשייה שלכם... בהצלחות שלכם בדרך... מה הביא אתכם עד לכאן... במהלך כל הדרך היתה מטרה שעמדה לנגד עיניכם... וכעת, כשאתם קרובים מאוד לפסגה, אתם חשים שעוד מעט המטרה תושג... אתם חשים התרגשות מפעמת בחזה... התרגשות לקראת הפסגה... השגת המטרה...

והנה אתם כבר רואים את הפסגה מעליכם וקולות של ציפורים נשמעים כאילו הן שרות רק עבורכם... הציפורים שרות שיר אהוב ומוכר ומלוות אתכם אל הפסגה היפהפייה... אתם מתבוננים בנוף... ואז לוקחים נשימה עמוקה במיוחד ומשלימים את הצעדים האחרונים... אולי הם נראים קשים ועם זאת, להפתעתכם אתם פשוט מדלגים אליה... אל הפסגה... בקלילות...

וכעת אתם עומדים ומסתכלים על הנוף... זהו נוף מרהיב ביופיו... מתחתיכם עמק מופלא... שיחים, עצים ועשב צובעים אותו בירוק... נהר כחול חוצה את הירוק... מהמקום שאתם עומדים בו, אתם יכולים לראות כעת דברים שאולי לא הבחנתם בהם קודם... איילה ניצבת על צלע ההר... נשר דואה מעליכם... בשמים תכלת בהירה וקסומה...

אוויר הפסגות נעים... רוח קלילה מלטפת את הפנים... ויוצרת תחושה טובה... תחושה שמשהו הסתיים... פרק בחייכם עבר... ומשהו חדש עומד להתחיל... ואתם מתרגשים... מתרגשים לדעת שעשיתם את כל הדרך... והגעתם עד לכאן בכוחות עצמכם... זוהי תחושה נפלאה...

נשמו אל תוך גופכם את התחושה הזו... חושו את הסיפוק בהגעה עד לכאן... ומכאן תוכלו להתחיל ולחזור לאט ובהדרגה לכאן, אל החדר הזה... ואתם מתחילים לחזור הנה... להניע מעט את כפות הידיים והרגליים... להניע בעדינות את גופכם... להניע את ראשכם בנינוחות מצד לצד... לנשום נשימה עמוקה... ועוד נשימה... לפקוח לאט עיניים... ולחזור בקצב שלכם לערנות רגילה ולמודעות מלאה... לכאן ולעכשיו.

64. במעלה ההר

טבלת המדיטציות על פי סוגיהן וייעודיהן

לספר התמורות הסיני יש היגיון מחזורי פנימי משלו, וספר זה נכתב תוך הקפדה על שימור סדר המצבים שלו.

החלוקה לתחומים בטבלה הבאה נועדה להקל עליכם למצוא את המדיטציה הרצויה והמתאימה לכם ביותר.

מדיטציות לעבר

שם המדיטציה	שם הקלף	למי המדיטציה מתאימה	מס' הקלף	מס' עמוד
הכרת תודה	נכסים רבים	לכל מי שמבקש להכיר תודה על השפע שיש ברשותו ולהזמין שפע נוסף לחייו.	14	78
מכתב מהילד הפנימי	המשכיות	למי שמעוניין להיזכר בזיכרונות טובים ומחזקים מילדותו ולהתעצם בעזרתם.	32	150
נשף ההצלחות	התאספות	לכל מי שמעוניין להיזכר בהצלחות של חייו ולשאוב מהן כוח להמשיך ולהצליח.	45	202
חדר העוצמה	עוצמה רבה	למי שמעוניין להיזכר בעוצמות הפנימיות שלו.	34	158
מסר מהילדות	עלייה	לכל מי שרוצה להיזכר בדברים נעימים מהילדות.	46	206

מדיטציות לעתיד

שם המדיטציה	שם הקלף	למי המדיטציה מתאימה	מס' הקלף	מס' עמוד
מפגש עם העצמי העתידי	התנהלות	למי שמעוניין לקבל תובנות מן האני העתידי שלו כדי לדעת כיצד להתנהל כיום.	10	62
אוטובוס העתיד	שינוי	למי שמעוניין לקחת את הכלים שאסף בדרך ולהתבונן בדרכו העתידית.	49	218
חלון הראווה	שינוי יסודי	לכל מי שמעוניין לשנות ולראות את תמונת השינוי בחייו.	21	106
פאזל חיי	התפרקות	למי שחש שדברים מתפרקים בחייו ומעוניין ליצור תמונת מציאות שלמה.	23	115
השבט	המשפחה	למי שתר אחר הייעוד שלו, אחר תפקידו בחברה.	37	171
צלחת האבנים	סדר קוסמי	למי שרוצה ליצור מדרג ערכים ברור בחייו כדי לחיות בהרמוניה.	50	223

מדיטציות לחיזוק משאבים

שם המדיטציה	שם הקלף	למי המדיטציה מתאימה	מס' הקלף	מס' עמוד
הנביטה	התחלות קשות	לכל מי שחווה את חוסר הוודאות, את הפחד וההתרגשות שבהליכה בדרך חדשה.	3	34
ברכבת התחתית	המתנה	לכל מי שנאלץ להמתין למשהו שאין אפשרות שיקרה מיד.	5	42
לאפות את הלחם	ריסון	לכל מי שמתנסה בתהליכי שינוי ויצירה וממהר מדי להשלים.	9	58
צבעוניות בחיים	קהילה	למי שמעוניין בחיזוק יכולתו לקבל את השונה וליצור קהילה שפועלת בשיתוף פעולה.	13	74
יום של פינוק	התלהבות	למי שזקוק לפסק זמן ולפינוק.	16	86
מסר סיני עתיק	קידום	למי שזקוק לעידוד ולמסר של קידום והצלחה.	19	98
כדור פורח	רגע של חן	לכל מי שמעוניין לטייל במקומות שחלם להגיע אליהם.	22	110
מעיין התמימות	תמימות	לכל מי שמעוניין להרפות משליטה ולאפשר לעצמו להיות כאן ועכשיו.	25	122
סוללות אנרגיה	אנרגיה פוטנציאלית	למי שמרגיש צורך להיטען באנרגיה חדשה.	26	126
צלילה לעומק	סכנה	למי שמעוניין במסע למעמקי נפשו.	29	138
לשוט בסירה	מכשול	למי שנתקל במכשולים בדרכו ומעוניין להתמודד איתם.	39	178
אוקיינוס השפע	שפע	למי שמעוניין להתחבר לשפע ולזמן שפע אל חייו.	55	242
שיחה עם חברה טובה	עידוד	לכל מי שזקוק לתמיכה ולעידוד.	58	132

שם המדיטציה	שם הקלף	למי המדיטציה מתאימה	מס' הקלף	מס' עמוד
המגנט	משיכה	למי שמעוניין למשוך ולמגנט אל תוך חייו את הדברים הרצויים והנכונים לו ביותר.	31	149
האור הפנימי	התקדמות	למי שמעוניין להתחזק מהאור הפנימי שבו.	35	163
באר המים	המקור	לכל מי שמעוניין להתחבר למקור.	48	215
חיבור לאור	מצוקה	למי שחש קושי וזקוק למשאבים על מנת להתמודד איתו.	47	210
החזון שבי	כניעה	למי שמעוניין לאפשר לגוף לנוח ולהתמקד בחזון שלו.	54	239
להיוולד מחדש	התפתחות	למי שחש כי הוא רוצה לשנות, להתפתח, לגדול, לצאת לאור.	53	211
ההר	עצירה	למי שמעוניין להתבונן בחייו ולעשות חשבון נפש מול העבר, ההווה והעתיד.	52	231

מדיטציות ל"פתרון תקלות" בדרך

שם המדיטציה	שם הקלף	למי המדיטציה מתאימה	מס' הקלף	מס' עמוד
השראה שמימית	הכוח היוצר	למי שרוצה להתחבר לכוחות היצירה שבו ולהעצים אותם.	1	27
אמא אדמה	סבילות	למי שרוצה להיכנס להיריון ו/או להתחבר לאמהות שבה. למעוניינים להתחבר לצד הנשי הרך ולאפשר לדברים לקרות מעצמם.	2	31
יונת השלום	עימות	לכל מי שכועס על מישהו אחר. לכל מי שנקלע לוויכוח או ריב ורוצה להתבונן במצב כדי להגיע לפתרון.	6	46
קן הנמלים	כוח מאוחד	למי שמבקש לחזק את יכולתו להשיג מטרות באמצעות עבודת צוות ואיחוד כוחות.	7	51
הדרך לזוגיות טובה	אחדות	למי שמחפש זוגיות, למי שרוצה לשפר את הזוגיות שלו, למי שרוצה להקים משפחה.	8	54
לקטוף את הפירות	שלום	לכל מי שרוצה לראות את עצמו במקום של הצלחה, במיוחד למי שחווה פחד מהצלחה.	11	66
לפני הפשרת השלגים	קיפאון	למי שחש תקוע או לא מספיק בתנועה ומעוניין לחוות את הצמיחה וההבשלה המתרחשות מתחת לפני השטח.	12	70
גבעות של מתינות	ענווה	לכל מי שמעוניין לנהוג במתינות כלפי סביבתו.	15	83
שירת הצפרדעים	תיקון	למי שחש שמשהו הוזנח בחייו ורוצה לשנותו.	18	94

שם המדיטציה	שם הקלף	למי המדיטציה מתאימה	מס' הקלף	מס' עמוד
ממלכת התזונה הנכונה	הזנה	לכל המעוניינים לאכול מתוך הקשבה לגוף.	27	130
שק המטלות	גודש	למי שעסוק וטרוד מאוד ומעוניין במעט שקט ושלווה.	28	134
אש משותפת	סינרגיה	למי שמעוניין ביצירת שיתופי פעולה.	30	142
צמיחה אל האור	ביקורת	למי שמתמודד עם ביקורת.	36	166
דלי המים	שחרור	למי שמעוניין לשחרר מחייו דברים מסוימים ולפנות מקום לדברים חדשים.	40	182
עישוב הגן	פיתוי	למי שזקוק לניקוי ולשחרור מהישן ומעוניין בהצמחת החדש בחייו.	44	198
תיבת המחשבות	ניגוד	לכל מי שמעוניין לחזק את יכולתו לחשוב באופן חיובי.	38	174
מִשפל לגאוּת	הפחתה	למי שחייו נמצאים כעת בתקופה פחות טובה וחשוב לו לשנות זאת, לעבור משפל לגאות.	41	186
לסדר את החדר	זהירות	למי שמעוניין לעשות סדר בדברים מסוימים בחייו בדרך לעריכת שינוי.	62	270
השקט שאחרי הסערה	זעזוע	למי שעבר שינוי משמעותי או תקופה קשה וכעת יוצא לתקופה חדשה.	51	226
הנהר	איחוד מחדש	למי שנקלע למצב שיש בו קונפליקט בין השכל לבין הרגש.	59	258
מסר הרוח	עדינות	למי שמעוניין לסגל דרכי עשייה ותגובה עדינות ובכל זאת להשפיע על חייו.	57	250
במעלה ההר	לפני סיום	למי שעומד לפני סיום של תקופה/ פרויקט/עשייה בתחום מסוים ומתמודד עם שלבי הסיום האחרונים	64	278

מדיטציות למציאת כיוון

שם המדיטציה	שם הקלף	למי המדיטציה מתאימה	מס' הקלף	מס' עמוד
סיפור המערה	חוסר ניסיון	למי שמעוניין להתמודד עם דרכים חדשות, וללמוד להיעזר באחרים.	4	38
פשוט לזרום	הסתגלות	לכל מי שרוצה להרפות משליטה ולזרום עם הזרם, להיות כמו מים.	17	90
מסע עם הרוח	התבוננות	למי שזקוק לרגע של התבוננות כדי להסתכל על חייו בצורה שונה.	20	102
צמיחה מחודשת	נקודת מפנה	למי שהגיע לפריחה בנקודה מסוימת ומתחיל מסע למידה חדש.	24	118
עת לסגת	נסיגה	למי שהולך בדרך מסוימת ומבין שעליו לסגת וללכת בדרך אחרת – ליצור שינוי.	33	154
צומת דרכים	החלטיות	למי שעומד לפני החלטה ומתקשה לבחור.	43	194
מצפן הרגשות	תועלת	למי שמעוניין להתחבר למצפן הלב וכך למצוא את הכיוון המתאים והנכון עבורו.	42	190
ליצור גבולות	מגבלות	למי שמעוניין להציב גבולות ולמצוא דרך שתואמת את צרכיו.	60	262
שוק האפשרויות	הנודד	למי שיש שפע של אפשרויות והוא מעוניין למצוא דרך לבחור ביניהן.	56	246
חוכמת הינשוף	אמת פנימית	למי שמעוניין לראות את הדברים במבט-על כדי להבין אותם יותר לעומק.	61	267
אחרי הפסגה	לאחר סיום	למי שהגיע לסיום פרויקט/עשייה בהצלחה, וכעת מתחיל מחדש.	63	274

ביבליוגרפיה

אונורה, ק. (2004) **בשבח האיטיות**. מאנגלית: אורי בלסם. כנרת, זמורה-ביתן, דביר.

אושו (1994) **אושו זן טארוט**. משחק ההתעלות של הזן. תל אביב: הוצאת גל.

בן-שחר, ט. (2008) **באושר ובאושר – כיצד לחיות חיי סיפוק ושמחה – פסיכולוגיה חיובית בחיי היומיום**. תל-אביב: מטר.

גבאי,א. (2008). קלפי שיקופים להתבוננות פנימית.

גראם, ה. (1996) **השימוש בדמיון מודרך**. מאנגלית: גילה וולף. תל אביב: הוצאת אור-עם.

הכט, י. (2009) **החינוך הדמוקרטי – סיפור עם התחלה**. מהדורה מעודכנת. המכון לחינוך דמוקרטי.

היי, לואיז, ל'. (1994) **אתה יכול לרפא את חייך**. מאנגלית: יעל שינפלד. הוצאת אור-עם.

וינג, ר.ל. (1979) **אי-צ'ינג ספר עבודה**. מאנגלית: ורדה בן טל. מרקם.

ויסמן, נ. (1983) **ספר התמורות הסיני – אי צ'ינג**. הוד השרון: אסטרולוג.

רטר, ד., וא. (1998) **תקשורת עם התת מודע**. ספר ללימוד דמיון מודרך ו-NLP. הוצאת רטר.

רטר, ד., וא. **שינוי המתחיל בדמיון** - חוברת תוספות ודפי עבודה שנה א'. הוצאת רטר.

רטר, ד., וא. **שינוי המתחיל בדמיון** - חוברת תוספות ודפי עבודה. שנה ב'. הוצאת רטר.

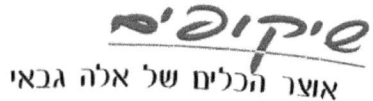

שיקופים
אוצר הכלים של אלה גבאי

להשלמת הערכה אפשרו לעצמכם לרכוש את:
קלפי שיקופים להתבוננות פנימית —
ערכה מהודרת ובה שישים וארבעה קלפי מסרים לפי ספר התמורות הסיני.
הקלפים מאפשרים עבודה עם יחידים וקבוצות ועבודה עצמית.
טקסט הקלפים מופיע בגוף הספר, ועם זאת הקלפים, בפני עצמם, הם משחק מעצים ומחזק בדרך החיים.

למידע מקצועי ואפשרויות הפעלה עם המדיטציות שבספר
ופרטים על הסדנאות ועל הקורסים הקרובים אתם מוזמנים להיכנס לאתר האינטרנט
www.shikufim.info
מזמינה אתכם לשתף אותי בתהליכי העבודה עם הספר.
אשמח לשמוע את חוויות העבודה, הערות, הארות והצעות שלכם להפעלות לפני ואחרי המדיטציות.

להזמנות הספר ו/או הקלפים: אלה גבאי | טלפון 050-6866033
או במייל ella@shikufim.info

הליום החופש לעוף

המכון לפיתוח יצירתיות ועוצמה מתחדשת

אלה גבאי ורונן שפירא הקימו בשנת 2012 את מכון הליו"ם — המכון לפיתוח יצירתיות ועוצמה מתחדשת. במסגרת הליו"ם יצאו לאור שני מוצרים:

"ערכת אימון משה — ספירלת הצמיחה" משחק אימון לצמיחה לפי סיפור יציאת מצרים. הערכה מבוססת על חוכמתו של משה רבינו, שהוציא את עם ישראל ממצרים, ומאפשרת לנו לצאת מהשעבודים וההתניות שלנו אל עבר צמיחה והתחדשות.
הערכה מכילה ארבעים ותשעה קלפים, שבעה קלפי תקופה וספר הדרכה.
הערכה מזמנת לנו מסע אימוני בן שבעה שלבים, הרלוונטי לכל תחומי חיינו. אנו מזמינים אתכם לצאת למסע בכל פעם מחדש, לחוות את הדרך נפתחת לפניכם,
להתמודד עם ההרים והמדבריות ולגלות שוב ושוב ארצות חדשות בחייכם.

"ערכת החופש לעוף" משחק לפיתוח היצירתיו ויכולת המעוף.
משחק המאפשר לנו לעוף ולהגשים את הפוטנציאל שטמון בכל אחד ואחת מאיתנו.
החופש לעוף הוא סיפור חייו של האדם היוצר, כמו גם סיפור חייה של היצירה.
חייהם של היוצר והנוצר משתלבים וארוגים זה בזה לאורך כל הדרך.
הערכה מכילה קלפים מצולמים ובהם תמונות מעולם התעופה של הטבע.
מטרת הערכה היא לאפשר לכל אחד ואחת מאיתנו להתבונן מעבר לנמצא מולנו: לחלום, ליצור, לדמיין, ובדרך זו לחיות חיים עשירים ומאושרים יותר.
ערכה זו נועדה להצית בכולנו את הניצוץ היצירתי ולתת לו לבעור באש טובה ומחממת

שתי הערכות מתאימות לעבודה פרטנית וקבוצתית, לאימון ולהנחיה.
היוצרים של שתי הערכות: אלה גבאי ורונן שפירא.

לפרטים נוספים ורכישת הערכות - אתר הליו"ם www.helium.org.il

להזמנת סדנאות ממכון הליו"ם מוזמנים ליצור קשר בטלפון: **050-6866033**

אימון משה - ספירלת הצמיחה
משחק אימון לצמיחה לפי סיפור יציאת מצרים
הלין
הלין
אימון משה
ספירלת הצמיחה
משחק אימון לצמיחה לפי סיפור יציאת מצרים

הלין

מדיטציה לכל סיטואציה
הדיסק

רשימת המדיטציות:
1. שיחה עם חברה טובה - לעידוד עצמי ולתמיכה במצבים אחרים - 17:55
2. ממלכת התזונה הנכונה - לאכילה מתוך הקשבה לגוף - 19:01
3. להיוולד מחדש - תרגול תהליך לידה מחדש - 17:49

מדיטציות נוספות ניתן למצוא באתר: www.shikufim.info

את המדיטציות בדיסק המצורף מנחה איילת שחר - מאסטר ב-NLP ובדמיון מודרך. איילת נמנית עם חלק מצוות "נקודתיים", מרכז לתהליכי זוגיות. יש לה קליניקה פרטית שבה היא מעבירה סדנאות ב-NLP ובדמיון מודרך ותהליכים אישיים - מפגשים של אחד לאחד כדי לענות על צרכים אישיים וליצור שינוי.

לפרטים נוספים אפשר לפנות אליה בטלפון: 052-8899499 או
במייל: open2nlp@gmail.com

עריכה, מיקס ומאסטר: יהונתן שצמילר
עוזרי הפקה:
אריק ירקוני מא.ב נועם אלקטרוניקה
דרור עמית מ-NewTone Sound Production